협동조합
교과서

공동체
살리는
시리즈
③

협 동 조 합
교 과 서

검색으로 찾을 수 없는 보물지도

초판 1쇄 인쇄 | 2015년 10월 25일
초판 1쇄 발행 | 2015년 10월 30일

지은이 | 하현봉
발행인 | 김태영
발행처 | 도서출판 씽크스마트
주   소 | 서울특별시 마포구 신수동 448-6 한국출판협동조합 C동 201호
전   화 | 02-323-5609 · 070-8836-8837
팩   스 | 02-337-5608

ISBN 978-89-6529-047-6 03320

이 도서의 국립중앙도서관 출판예정도서목록(CIP)은 서지정보유통지원시스템 홈페이지(http://seoji.nl.go.kr)와
국가자료종합목록시스템(http://www.nl.go.kr/kolisnet)에서 이용하실 수 있습니다.(CIP제어번호: CIP 2015019591)

협동조합
교 과 서

검색으로 찾을 수 없는 보물지도

하현봉 지음

추천사를 부탁하는 저자의 메일을 받고 '저 같은 사람이 어떻게?' 도리질하며 처음에는 거절했습니다. 하지만 느낀 대로 몇 자만 써달라기에 우리 강화마을협동조합에서 컨설팅하던 열정이 떠올라 졸필이지만 결국 펜을 들었습니다.

조합을 결성하면서 조합이 나아갈 방향에 대해 고민이 많을 때 저자는 "협동조합이 지향해야 할 목표가 뚜렷해야만 어려운 난관이 닥치더라도 잘 헤쳐나갈 수 있다"고 조언하며 자신감을 불어 넣어주었습니다.

소상공인 협업화사업 덕분에 저자와 만나서 신뢰와 헌신이 가장 중요하다는 말을 듣고 우리 조합은 그동안의 실패를 거울삼아 다시 한 번 힘을 모았습니다. 이사들이 어렵게 마련한 돈을 무기한 무이자로 천만 원씩 내놓아 공장을 짓고 그렇게 바라던 첫 제품을 출하했습니다. 여기까지 오도록 지도편달해 준 저자의 뚝벅이 정신과 이상이 담긴 이 책을 자신 있게 추천합니다.

— 강화마을협동조합 상임대표 **주혁종**

협동조합기본법이 발효되고 그 이듬해에 협동조합 설립을 준비하면서, 하현봉 대표의 첫 번째 책 『협동조합으로 성공하기』로 큰 도움을 받았습니다. 그래서 무사히 성남시 최초의 디자인협동조합 '몽당(夢黨)디자인협동조합'을 설립할 수 있었고, 협업화사업 지원 조합으로 선정되어 좌충우돌 첫 해를 보내고 2년 차 협동조합이 되었습니다. 저희 조합도 이제 하 대표의 두 번째 책을 통해 성공하는 협동조합을 넘어, 대한민국을 대표하는 디자인협동조합으로 함께 성장하고자 합니다.

2014년 중소기업청의 협동조합활성화지원사업으로 하 대표와 인연을 맺었으며, 부지런하고, 겸손한 삶의 자세에서 많은 것들을 배웁니다. 어떻게 아는지, 딱 필요한 그 시점에 주는 전문적이고 실질적인 조언도 큰 힘이 됩니다. 모쪼록 이번 책도 저희 협동조합을 비롯하여, 협동조합을 통해 꿈꾸는 많은 분들께 힘이 되길 바랍니다. 여러분도 이 책과 함께 꿈꾸는 '夢黨'의 멤버가 되시길 기원합니다.

– 몽당디자인협동조합 이사장 **정재경**

저희는 아주 우연한 기회에 협동조합을 결성하게 되었습니다.

대부분 비슷한 업종에서 오래 일해 조합원들이 서로를 안 지 평균 5년 정도 된 사이입니다. 사진작가인 동료 조합원으로부터 요즘 뜨는 사업이 헬리캠을 활용한 무인 항공촬영이라는 정보를 입수했습니다. 항공촬영 사업에 비전이 있음을 확인한 후에 사업 추진 방법을 놓고 난상토론을 벌인 결과 최종적으로 협동조합으로 가자는 의견일치를 보았습니다.

협동조합으로 창업에 성공한 저희는 일반협동조합보다 처음 출자금을 훨씬 많이 분담하는 등 힘든 고비가 많았습니다. 그나마 창업 초반에 매출이 발생하여 근근이 조합을 운영하고 있었으나 영상일이라서 장비에 따라 결과물에 확연히 차이가 났습니다. 고가의 장비를 이용하다 보니 자금 문제가 제일 먼저 다가왔습니다. 이에 여러 가지 대책을 찾다가 정부의 협동조합 협업화사업에 참여하였습니다. 그러면서 저희 조합에 배정된 하현봉 협동조합 컨설턴트의 상세한 컨설팅으로 많은 도움을 받았습니다. 그러면서 저자가 협동조합 관련 책을 집필 중임을 알았고, 나중에 추천사를 써드리겠노라고 농담(?)처럼 했던 말이 떠올랐습니다. 흔쾌히 추천사를 쓰겠다고 했기에 이렇게 두서없는 글을 씁니다.

저희 삼우미디어협동조합은 설립초기 2년간의 어려움을 딛고 지금은 안정된 시스템 속에서 영상미디어 제작사업에 매진하고 있습니다. 힘들었던 과거를 회상하면 만감이 교차할 따름입니다. 높은 전문성으로 저희 조합이 이만큼 성장하기까지 많은 도움을 준 다올협동경영연구원 하현봉 대표의 책이 모든 협동조합, 조합원 및 예비 협동조합 창업자들에게 진짜 교과서가 되리라 확신합니다.

– 삼우미디어협동조합 이사장 **유한석**

이제 우리 서구맛빵협동조합은 70여 평의 공동작업장과 공동판매장을 갖춘 조합이 되었다. 여기까지 오는 과정이 정말 쉽지 않았다. 협동조합이란 모이기만 한다고 되는 것이 아니라는 사실을 뼈저리게 느끼며 포기하고 싶을 때도 있었다.

그러나 포기하지 않으면 길이 보이며 협동조합 스스로의 노력이 앞서야 한다는 사실도 깨달았다. 2012년 말, 협동조합기본법 시행과 정부의 협동조합활성화사업은 우리 협동조합이 도약하는 중요한 계기가 되었다. 대구 서구청에서 우리의 노력에 관심을 보이기 시작했다. 역시 하늘은 스스로 돕는 자를 돕는다는 옛 속담이 맞나보다. 하지만 아직 갈 길이 멀다.

우리 협동조합이 제3호 제품을 막 개발했을 무렵인 2014년 12월 말, 자신을 협동조합 전문가이자 컨설턴트로 소개한 어떤 사람이 찾아왔다. 바로 이 책의 저자였다. 우리 협동조합을 성공사례로 자신의 책에 소개하고 싶다고 했다. 사실 우리 조합은 그동안 대구의 지역 언론을 비롯해 여러 미디어의 관심을 많이 받았다. MBC TV의 기획프로그램 촬영도 했다. 그러나 협동조합 성공사례나 우수사례로 소개한다는 데는 응하기가 쉽지 않았다. 그러기에는 아직 부족하다고 느꼈기 때문이다.

그러나 우리 협동조합에 관심을 가지고 멀리서 찾아온 저자의 정성과 열정을 봐서라도 원고를 읽어보고 결정하기로 했다. 상당한 분량으로 협동조합 사례를 다양하게 소개했고, 협동조합이 사업 기회를 찾고 성공적인 결과를 낼 방법을 모색하는 등 협동조합에 도움이 되고자 하는 노력이 가득 담겨 있었다. 큰 감동을 받았다. 협동조합 이사장으로서 때로는 힘들었던 터라 크게 동기부여가 되었다. 이 책이 우리나라의 많은 협동조합에, 저자가 힘주어 강조하는 것처럼, 성공하는 협동조합으로 가는 길잡이가 되었으면 한다. 저자가 앞으로 협동조합을 위해 더 많은 일을 하길 바라며, 건투를 빈다.

— 대구서구맛빵협동조합 이사장 **손노익**

저자 하현봉 선생을 만난 것은 '2014년 소상공인협동조합 활성화사업 학술대회'에서였습니다. 이 대회는 '소상공인협동조합의 핵심 성공요인'의 논문 발표와 토론을 통해 협동조합 정책방향 제시 및 산학협력 증진 계기를 마련하기 위한 자리였습니다. 저자는 협동조합 외부전문가 그룹을 대표하여 토론회 패널로 참석했던 것으로 기억합니다. 그때 협동조합은 의미가 큰 제도이지만 제대로 운영되려면 정부 등 외부 지원을 기대하기 전에 조합원으로서 참여와 협동 마인드부터 굳건히 세우라고 하면서, 조합원의 헌신적 참여와 자립의지가 절대적으로 중요하다고 강조하였던 하 선생의 모습이 아직도 눈에 생생합니다.

저는 세탁업소 단체 간부를 맡고 있어 우리 세탁업자의 사정을 속속들이 잘 알며, 저 역시도 세탁업을 합니다. 주변의 동네 세탁업자는 대부분 겨우 생업을 유지하는데 엎친 데 덮친 격으로 대형세탁업자의 덤핑 공세로 이젠 거의 고사 상태지요. 이런 상황에서 2012년 말, 협동조합기본법이 시행된다는 정보를 접하고 무릎을 딱 쳤습니다. 바로 이거다 싶었습니다.

그런데 막상 주변의 세탁업자와 같이 협동조합을 만들어놓고 보니 여러 가지 난관이 생겼습니다. 조합원 각자 본업이 있으니 모여서 회의 한 번 하기가 쉽지 않고 공동사업의 추진 방향을 한 데 모으기도 어려웠습니다. 게다가 조합원 간에 갈등까지 생겨 머리가 다 아플 지경이었죠.

지난봄에 조합 운영과 관련해 물어볼 것이 있어서 하 선생과 이야기를 나누다가 이 책의 출간 소식을 들었습니다. 요즘 다양한 미디어나 여러 단체에서 협동조합을 지원한다며 말들은 많지만, 딱히 손에 잡히는 협동조합 서적이나 읽을거리가 마땅치 않아 보입니다.

저 역시 협동조합 이사장으로서 리더십을 발휘하는 데 꽤 어려움을 느끼고 있었기에 이 책에 더 큰 호기심을 느꼈습니다. 저자가 협동조합 현장을 발로 뛰며 체득한 경험이 많은 협동조합에게 의지가 될 것으로 보고 일독을 권합니다.

- 크린클럽세탁협동조합 이사장 손병열

협동조합기본법에 의한 협동조합을 준비하던 중 가장 힘들었던 점은 조합의 목적사업에 동참하는 조합원의 협동조합에 대한 이해도 문제였다. 심지어 한국커피협동조합의 취지를 설명하는 자리에서는 그거 동업하는 거 아니냐는 질문도 받았으며, 협동조합법인을 설립하는 과정에서는 법인설립과 등기 시에 들어가는 임원의 인감증명서조차 받아내기 힘들어 설득하는 데 긴 시간을 보내기도 했다. 이처럼 아직 우리나라에서 기본법에 의한 협동조합이 이제 태동기에 있어 조합결성을 준비하는 자도 이론적 접근을 시도하는 학자도 그 실제와 쟁점에서는 다양한 이해관계가 존재하는 현실에 직면하게 될 것이다. 이에 협동조합 준비부터 설립, 이후 실천과제를 수행하는 데 안내자 역할과 카운슬링은 없어서는 안 될 필수불가결한 요소가 되었고, 그 최일선에서 하현봉 컨설턴트를 만났다.

조합에서 갈등이 생겼을 때 저자의 원조는 큰 힘이 되었으며, 결국 우여곡절 끝에 작지만 커다란 꿈을 가지고 협동조합 활동을 시작하였다. 하 컨설턴트의 첫 저작에서 협동조합 이론과 실무의 기초를 닦는 데 큰 도움을 받았고 『협동조합 교과서』에서 가장 궁금하게 여겼던 협동조합의 다양한 사례와 성공으로 나아갈 방향을 안내 받았다.

매사 열정적인 활동으로 귀감을 보이는 하현봉 컨설턴트의 역작을

통해 우리 조합도 로치데일협동조합 못지않은 건실한 협동조합으로
성장해 나가기를 기대해 본다.

– 한국커피협동조합 이사장 **정종기**

협동조합의 역사는 19세기 영국에서 시작되었다고 한다. 한 사람이나
한 회사의 힘으로 모든 사업을 영유하고 이익을 추구하기에는 비용이
많이 들고 효율이 떨어진다. 이 때문에 작은 조직이 모여 큰 조직을 만
들어 서로 힘을 합쳐 이익을 추구하는 것이 협동조합이라 생각한다.

협동조합의 사업형태와 기능, 목적은 다양하게 구성되어 있으며, 판
매를 목적으로 하는 조합, 구매를 목적으로 하는 조합, 가공을 목적으
로 하는 조합 등 다양한 형태의 조합이 있다.

모든 조합의 궁극적인 목적은 경제적 약자들이 상호 협동사업을 통
하여 이익을 실현하는 것이다. 우리가 상상하기 어려운 여러 분야에서
협동화사업이 진행되고 있다.

이번에 출간하는 『협동조합 교과서』는 그런 다양한 협동조합을 연구
하고 발전시키기 위한 내용을 담고 있다.

현직 협동조합 이사장으로서 이 책에 많은 기대를 가지게 되며 아울
러 협동화사업하는 데 좋은 지침서가 되리라 전망한다.

– 한국출판협동조합 이사장 **권혁재**

아름다운 동행

이 원고가 거의 마무리되어 가던 무렵, 협동조합 이사장 한 분으로부터 문자메시지 하나를 받았다. "저는 협동조합 30년 할 생각으로 시작했습니다. 응원 부탁드려요!"

이 분의 '각오'에서, 저자는 큰 힘을 얻었다. 그렇다! 최소한 30년이다! 협동조합을 하려면 적어도 이 정도의 각오는 되어 있어야 한다. 협동조합을 하다보면 어렵고 힘들 때가 적지 않을 것이다. 부디 잘 극복하고, 훌륭한 협동조합이 되어 30년을 넘어 더 오래도록 지속하길 바란다.

이 책은 바로 이런 분들을 위한 책이다.

나 홀로 안 되니 모여서 해보자는 분들을 위한 책이다. 협동조합에 관한, 협동조합을 위한 책이다. 홀로 창업할 수도 있지만, 이제는 함께 사업을 시작하고 운영도 같이 해보자는 이야기다. 그리고 사회적으로 의미 있는 일을 하려는 분들에게도 협동조합이 좋은 동반자가 될 수 있다는 사실을 알리고자 하는 책이다.

다른 나라에서는 이미 협동조합이 사회적으로나 경제적으로 중요한 역할을 하고 있으므로 일반 독자도 다양한 협동조합 사례가 소개된 이 책을 읽어보면 유익할 것이다.

협동조합의 역사적 배경이나 이론적 차원에서 어려운 얘기를 꺼내려고 하지 않는다. 그런 방면에는 국내외적으로 많은 저작물이나 논문, 번역서들이 나와 있기 때문이다.

저자가 졸저(拙著)『협동조합으로 성공하기』를 발간한 지도 거의 2년이 흘렀다. 많이 미흡했으나 협동조합에 대한 깊은 관심을 가진 독자들을 만날 수 있었던 것은 큰 행운이었다. 첫 저작(著作)은 협동조합 이론 및 실무안내서로서 부족한 점이 많았을 텐데, '쉽고 친절한 해설로 일독(一讀)을 권할 만한 책'이라는 과분한 칭찬을 듣기도 하였다. 그러나 여기에 만족하고 있을 수만은 없었다.

저자는 협동조합기본법이 발의된 시점을 전후하여 본격적으로 협동조합연구에 뛰어들었고, 2013년부터 정부(중소기업청)의 협동조합활성화지원사업에 참여하였다. 협동조합기본법에 따라 설립되는 협동조합의 현장에서 설립부터 운영, 경영곤란 해소를 위한 컨설팅, 조합원 교육 및 강의까지 바쁘게 움직인다. 더불어 조합원들과 애환과 고락을 같이 나누어 왔다. 이 책은 지난 4~5년간에 걸친, 협동조합에 대한 저자의 관심과 열정, 그리고 치열한 노력의 산물이다.

저자는 협동조합 현장에 가장 가까이 있었으며, 또 앞으로도 그러리라고 확신한다. 이러한 자신감을 바탕으로 계속 설립되는 협동조합의 지속가능성을 높이고, 협동조합에 대한 독자의 이해를 높이기 위해 집필하였다.

이 책은 성공하는 협동조합으로 가는 이정표가 되고자 한다. 저자는 이 책임과 임무(!)를 다하기 위해 국내외의 다양하고 많은 협동조합을 순례(巡禮)하였다. 여러 전문가의 자료를 읽었으며, 국내외 수많은 협동조합의 홈페이지를 방문하여 관련 정보를 수집하였다. 특히 협동조합기본법상으로 설립된 협동조합 중에서 우수사례를 발굴하기 위하여 국내의 주요 협동조합을 직접 방문하고 조합 경영진도 만났다. 수박겉핥기식 소개가 아니라 위기와 난관을 극복하면서 성공하는 협동조합으로 성장하는 과정을 공유할 필요가 있기 때문이다.

이 책의 제1장 [협동조합을 돌아보라]에는 책 전체를 관통하는 협동조합에 관한 저자의 관찰과 판단이 들어 있다. 협동조합기본법 시행 이후 신생(新生) 협동조합의 안정적 정착과 지속가능성을 높이기 위하여 협동조합의 모든 구성원이 진지하고도 냉정한 통찰력을 가지고, 힘을 모을 때가 되었음을 강조하고 있다.

제2장 [우리나라 협동조합의 어제와 오늘]에서는 협동조합특별법에 의한 협동조합의 역사가 시작된 농업협동조합법(1957) 이후 근래의 협동조합기본법상의 협동조합까지의 역사와 현황을 추적하였다. 우리나라 협동조합의 사례와 함께 설립 후에 사업 추진이나 운영을 할 때 부딪히게 되는 문제점이나 어려움을 알아볼 것이다. 특히 협동조합기본법상의 협동조합을 집중적으로 살펴보았다.

제3장 [협동조합이 가는 길]에서는 해외 여러 나라의 협동조합 주요 사례를 살펴본다. 널리 알려졌거나 대표성, 상징성이 있는 협동조합이나 연합단체들이다. 협동조합 역사나 사업에서 유명하거나 주목할 만

한 협동조합은 거의 포함하였다. 이들 조합을 단순히 소개하는 데 그치지 않고, 협동조합기본법을 기반으로 설립되는 협동조합이 성공하는 조합이 되기 위한 시사점을 얻고자 한다.

제4장 [협동조합, 이래야 성공한다]에서는 협동조합이 반드시 유의하고 실행해야 할 사항을 집중적으로 다루었다. 협동조합 사업모델의 이념적 구성요소, 협동조합의 사업 카테고리 또는 사업모델 유형, 협동조합의 사업모델 구축 시 유의사항과 대응 방법을 살펴보았다. 특히 협동조합을 설립하거나 협동조합이 신규 사업이나 투자를 할 때 미리 점검 또는 평가할 수 있는 툴(tools)로서 저자가 착안한 모델을 제시한다. 이 모델의 활용으로 협동조합 설립운영의 시행착오를 줄이고, 지속가능성이 높은 협동조합이 되는 데 실질적 도움이 되기를 바란다.

이 책은 협동조합의 길을 가는 분들이 성공적이어야 한다는 강한 소망을 담고 있다. '혼자서는 작은 일만 할 수 있지만, 함께 할 때 우리는 많은 일을 할 수 있다'라고 헬렌 켈러 여사는 말했다. 저자의 소망도 이 위대한 여인의 생각과 다르지 않다.

이 책에서 저자는 협동조합기본법상으로 설립되는 신생 협동조합이 사업기회를 찾고, 이를 통해 성공적으로 사업수행을 하는 데 도움이 되려고 혼신의 시도와 노력을 하였으나 미흡할 수도 있다. 협동조합 분야의 강호제현(江湖諸賢)의 많은 가르침과 질정(叱正)을 부탁드린다. 아울러 이 책이 '성공하는 협동조합'과 '실패하는 협동조합'의 차이를 가르고, 우리나라 신생(新生) 협동조합이 '성공하는 협동조합'이 되는 데 교과서 역할을 하며 '디딤돌'이나마 되기를 바랄 뿐이다.

모든 협동조합은 자발적인 열정을 그 출발점으로 한다. 협동조합 책을 내게 된 것도 협동조합 현장에서 발로 뛴 저자의 열정 때문이다. 이

책과 더불어 갓 걸음마를 뗀 협동조합들이 성공적으로 정착하고, 지속 가능한 협동조합이 되기 위해 더 많이 노력하는 계기가 될 것을 믿어 의심치 않는다.

이 책의 원고뭉치를 들고 찾아간 저자를 따뜻하게 맞이하고, 협동조합에 큰 관심을 보이며 흔쾌히 출판에 동의해준 도서출판 씽크스마트 김태영 대표, 원고를 정성스럽게 보살핀 편집부에도 진심으로 감사의 말을 전한다.

오늘 이 날까지 수십 년 동안 삶의 동반자로서 깊은 신앙심으로 버팀목이 되어준 아내 윤수현에게는 변함없는 사랑의 마음을, 아빠의 뒷받침이 부족해도 불평 한 마디 없이 묵묵히 미래를 개척해가는 은하와 수영에게는 한없는 응원과 격려를 보낸다.

2015년 7월
효성동산의 서재에서, 하현봉 올림

차례

제3장 협동조합이 가는 길

제4장 협동조합, 이래야 성공한다

1장.
협동조합을
돌아보라

세상에 비약은
없다!

그게 돈이든 사업이든 한 나라의 경제성장이든, 크고 많으며 지속적으로 늘어나야 최고로 치던 시절은 지났다. 승리니 경쟁이니 해가며 대다수를 패배자로 만들어버리는 시대도 끝났다. 이제 우리 앞에는 모여서 나누며 같이 살아가야 하는 삶만이 기다리고 있을 뿐이다.

'소유(所有)의 경제'의 종말을 선언한 미래학자가 있다.

그는 미래의 세상이나 경제환경은 '공유'(公有)의 경제시대라고 공언한다. 그는 바로 『소유의 종말』, 『제3차 산업혁명』의 저자 제레미 리프킨(Jeremy Rifkin)이다. 그는 미래시대의 새로운 경제환경에서는 경제의 패러다임[1]이 '소유'에서 '연결'로 바뀐다고 하였다. 여기서 연결은 관계를, 관계는 '네트워크'(network)를 의미한다.

---

1   패러다임(paradigm)은 토머스 쿤이 『과학혁명의 구조』에서 처음으로 사용한 용어로, 사물이나 현상에 대한 인식체계나 보는 관점을 의미한다. 태양과 지구의 관계를 인식하는 천동설(天動說)과 지동설(地動說), 두 이론의 관점 또는 인식체계의 차이를 대표적인 예로 들 수 있다. 어느 쪽이 옳고 그름을 떠나 그 시대에 천동설에서 지동설로 인식체계가 바뀐 것을 패러다임의 변화라고 할 수 있다.

이러한 새로운 경제환경을 상징하는 '공유의 경제' 시대에는 이른바 '소유의 경제' 시대의 중심무대였던 시장(市場, market)이 연결이나 관계로 이루어진 네트워크에 그 중심무대를 양보하게 된다는 것이 리프킨이 주장하는 핵심이다. 앞으로 비즈니스의 성공은 고객이나 거래상대방과 어떻게 장기적 관계 즉, 네트워크를 형성할 수 있느냐에 좌우된다는 말이다.

지금까지 경제활동의 주류에 속했던 기업보다는 협동조합이 이러한 공유경제에 훨씬 더 가깝다. 협동조합의 기본 'DNA'라고 볼 수 있는 '협동'에는 네트워크적 협력 개념과 상당히 유사한 의미가 포함되어 있기 때문이다. 이와 같이 리프킨은 '소유에서 공유로!'라는 경제 패러다임의 전환을 예고하여, 협동조합을 포함한 사회적경제권에 희망과 가능성의 불빛을 비쳐주고 있다.

세계적인 컨설팅기관은 제레미 리프킨 같은 학자와는 다른 관점에서, 우리나라에서 협동조합이나 자원봉사기관 등 사회적경제(social economy) 기구의 역할을 강조하였다. 1998년 우리나라의 외환위기에 즈음하여 「한국재성장보고서」를 낸 컨설팅회사 맥킨지(Mckinsey)는, 그로부터 15년 후인 2013년 4월에 「제2차 한국보고서」를 발표하였다.

'한국, 새로운 성장방식이 요구된다'(Beyond Korean Style; Shaping a new growth formula)라는 제목의 이 보고서에서, 맥킨지는 우리나라에서 지난 40~50년간 지속되어온 대기업 위주의 국가경제 또는 사회경제의 성장방식에 대전환이 필요함을 지적한다.

왜 그런가? 한국은 기업 위주, 특히 대기업 집단 위주의 성장으로 전체 GDP는 계속 오르고 있지만, 고용창출기여도는 크게 떨어지고 있다. IMF 외환위기 당시와 비교할 때, 현재 국민경제에서 차지하는 대기업

집단의 고용창출의 비율은 전체의 18퍼센트에서 2퍼센트 수준으로 크게 저하되었다. 고용창출의 비중이 대기업에서 경쟁력이 상대적으로 낮은 중소기업 및 저임금 서비스업으로 이동하고 있다는 이야기다. 이는 맥킨지 보고서의 표현대로 '양질의 일자리'(high quality jobs)의 감소 또는 고용의 질이 떨어지고 있음을 의미한다.

맥킨지는 지금까지의 사회경제적 성장방식은 더 이상 유효하지 않으니, 한국경제가 지속가능성 있는 성장을 위해 이제라도 국가경제 전체의 성장혜택이 그 구성원인 국민에게도 좀 더 골고루 분배되는 성장방식을 찾으라고 조언한다.

또한, 한국이 새로운 성장전략 수립 차원 또는 사회경제적 과제로, '지역형 비즈니스'를 많이 창출하기를 권고한다. 대기업을 포함한 기업 위주의 고용창출은 분명히 한계에 부딪힌 만큼 지역 기반으로 일자리 즉, 고용을 창출하지 않으면 대안이 없다는 말이다.

이와 같은 지적은 대기업 위주의 국가 경제성장(GDP, 경제성장률 등)이 양질의 일자리 창출과 같은 국민 전체적 삶의 질 향상으로 연결되지 않고 있어 이에 대한 근본 대책 또는 국가 전체, 사회경제 전반적 방향 전환이 필요함을 시사한다. 그러나 현재 우리나라 자영업 또는 소상공업이 양질의 고용을 창출하는 대안이 되기에는 문제가 많다.

맥킨지는 개인 소상공인이 아니라 네트워크 곧 지역주민의 필요를 조직화하는 비즈니스 창출이 필요함을 역설했다고 볼 수 있다. 이러한 사업조직으로 대표적인 것이 협동조합임은 두말할 필요가 없다.

외국기관의 지적이 크게 유쾌하지는 않지만, 현재 우리나라의 사회경제적 상황을 반추(反芻)해 볼 때 공감되는 부분이 적지 않다.

왜
협동조합인가?

우리는 종종 내셔널 지오그래픽(National Geographic)이나 '동물의 왕국' 같은 프로그램에서, 아프리카 사바나초원을 무대로 '백수(百獸)의 왕' 사자가 얼룩말 사냥에 실패하는 모습을 보곤 한다. 얼룩말의 뒷발질이 아무리 강해도 얼룩말 한 마리가 혼자 사자를 당해낼 수 없음은 불문가지(不問可知)이다. 그러나 얼룩말이 무리지어 있으면 함부로 공격하지 못한다. 그리하여 얼룩말이 '살아날 길'이 생긴다.

협동조합 분야의 석학 그레그 맥레오드(Greg MacLeod) 신부는 '들판에 홀로 선 나무는 강풍이 불면 뿌리째 뽑힐 수도 있고 위태롭지만, 수십 그루의 나무가 군락(群落)을 지어 모여 있으면 오히려 방풍림(防風林)이 되어 각각의 나무가 굳건히 서 있을 수 있다'라고 했다.[2]

한편, 협동조합의 사회경제적 모델로서의 중요성과 역할을 주장한

---

2   그레그 맥레오드, 『From Mondragon To America: Experiments in Community Development』(몬드라곤을 보는 또 다른 시각: 협동조합으로 지역개발하라), 한국협동조합연구소(2012) 참조.

이론 하나를 소개하고자 한다.

미국의 경제학자 데이비드 C. 코튼(David C. Korten)은 자신의 책 『When Corporations Rule the World』[3]에서, 현재의 세계경제는, 약자는 빈곤으로, 강자는 경제성장으로 흐르고 있다고 비판하였다. 설령 일부 국가에서 비약적인 경제성장을 하였다 해도 그것은 경제 기적이 아니라 '가짜번영'이라고 하였다.

그는 '강자', '기득권', '글로벌 지배를 꿈꾸는 자들', '엘리트들' 등으로부터 경제성장의 결과를 '강탈'당하고 있다는 표현까지 사용하면서, 이러한 차별적 이중구조에서 사회적 소외계층이 '빼앗긴' 정치적, 경제적 권리를 되찾아야 한다고 말한다. 이를 위한 핵심적인 수단 즉, 이론적 프레임워크로 코튼이 제시하는 '경제는 지역으로!'는 균등하게 분배되지 않은 경제성장의 프레임에서 벗어나라는 것이다. 사회적 소외계층, 나아가 경제성장의 과실을 제대로 누리지 못하는 '우리들' 대부분은 부(富)가 편중되는 부당한 현상에서 벗어나야 하는데, 이를 위해 그는 민주적 다원주의와 지역 기반의 사회경제 활동을 강조한다.

이는 국제협동조합연맹(ICA)[4]의 「협동조합 7원칙」 안에 협동조합의 의무이자 생존하기 위한 전략으로 '지역사회에 대한 기여'가 들어있는

---

3 1997년, 『기업이 세계를 지배할 때』(세종서적)라는 제목으로 번역되어 나왔고, 2014년에 제 2판이 『경제가 성장하면 우리는 정말로 행복할까』(출판사 사이)로 재번역되었다. 부제(副題)는 '끝없는 경제성장의 추구는 과연 나와 그대를 부유하고 만들고 있는가?'이다.

4 국제협동조합연맹(International Cooperative Alliance)은 협동조합에 관한 세계 최고의 권위 있는 기구이다. 세계 각국의 협동조합을 회원으로 하며, 협동조합에 관한 원칙(협동조합 7원칙)을 제정하고, 협동조합활동을 권장 및 지원하는 일을 주요역할로 한다. ICA는 세계 300대 협동조합을 종합분석한 '글로벌 300 보고서'를 발간하였다. 주요 조직 또는 기관으로는 전체총회와 지역총회(유럽, 아시아-태평양권역 등 4개 권역), 이사회, 전문위원회(4개 분야), 지역사무소 등이 있다. 우리나라의 농업협동조합은 1963년에 가입하여 1972년에 정회원으로 승격하였다. ICA 본부는 스위스 제네바에 있다.

것과 일맥상통한다.

코튼의 주장과 논거의 옳고 그름을 떠나, 오늘날 우리 사회의 여러 가지 사회경제적 현상, 특히 영세슈퍼마켓과 SSM(기업형 슈퍼)·대형마트의 사회적 대립만 놓고 봐도 그의 주장은 근래에 우리나라의 협동조합에 대한 높은 관심과 관련하여 시사하는 바가 크다.

협동조합으로
어떤 사업모델이 가능할까?

축구선수 치고 작은 키에 로스 블라우그라나(Los Blaugrana)라고 하는 적청색 세로줄무늬 유니폼을 입고 많은 사람들의 감탄을 자아내는 플레이를 펼치는 리오넬 메시 덕에 더욱 유명해진 스페인 프로축구팀 'FC바르셀로나'와 '까먹는 오렌지'에서 '마시는 오렌지'로 오렌지 소비 방법을 획기적으로 바꾸어 캘리포니아 오렌지농가들의 고민을 해결한 '선키스트'는 협동조합이다.

우리나라에도 주목할 만한 협동조합의 사례는 적지 않다. 70여 년의 역사를 지닌, 우리나라에서 보기 드문 장수기업 '서울우유', 친환경농산물을 매개로 생산자와 소비자를 연결하면서 협동조합활동을 이어온 소비자생활협동조합 '한살림'이나 '아이쿱' 등은 개별법(특별법) 상의 사례들이다. 협동조합에 관한 개별법 또는 특별법 시대의 이들 협동조합은 뒤에 나타나는 협동조합들에 많은 교훈과 시사점을 주고 있다.

협동조합기본법 시행 이후 지역의 영세빵집으로서의 열악한 환경을 스스로 떨치고 일어나 단결하고 신제품을 개발하며 협동조합이 가는 길을 잘 보여주는 '서구맛빵협동조합', 지역주민의 사회경제적 수요를 발판으로 그 지역의 사회경제적 네트워크를 활용하여 로컬푸드 사업 같은 지역형 비즈니스를 창출하고 있는 '안심협동조합'이나 '강화마을협동조합'도 앞으로 주목할 가치가 충분히 있는 협동조합이다.

제3장(사례편)에서 자세하게 소개할 다양한 업종과 유형의 외국 협동조합도 협동조합이 주요한 사업이나 활동의 플랫폼 또는 수단 역할을 할 수 있음을 보여준다.[5]

원래 협동조합은 자발적 조직이고 자주적 '운동'에 근거한 사업조직이다. 협동조합은 아래에서 자생적으로 출현해 170여 년이나 면면히 이어져 왔고, 앞으로도 사업모델의 역할을 확대해나갈 수 있는 것이다.

앞서 언급한 맥킨지의 제안이 우리 사회경제 문제의 완벽한 해답은 아니라 해도, 대기업을 위주로 한 성장전략이나 기존의 개별 소상공인 지원정책이 한계에 부딪히고 있어 새로운 성장전략을 찾아야 할 단계 또는 시기임을 부정할 수는 없다.

사회경제적 대안으로 지역에서 '일자리'를 창출하려면 결국 지역기반 중소기업 또는 소상공인이 고용창출의 주역이 되어야 하지만, 그러기에는 현재 자영업자(소상공인)들이 많은 문제점이나 한계점을 노출하고 있다.

그렇다면 결론은 분명해진다. 이제 우리나라는 대기업이나 개인이 아닌, 네트워크에 기반을 둔 지역형 비즈니스가 활성화되어야 한다. 그 지역 주민의 필요와 욕구를 조직화해서 사업모델로 만들어야 하는 것이다. 일반협동조합이라면 어떻게 수익창출을 할 것인가, 사회적협동

---

5   외국 협동조합 사례의 자세한 내용은 제3장 [협동조합이 가는 길] 참고하기 바란다.

조합이라면 조합의 설립비전을 달성할 수 있는 사업프로세스는 어떤 방식이 되어야 할 것인가를 확정할 수 있어야 한다.

바로 이것이다! 협동조합이 바로 사회경제적 비즈니스 모델이고, 목적이나 비전달성을 뒷받침할 수 있는 사업모델로서 협동조합이 필요한 이유이기도 한 것이다.

앞에서 살펴본 대로 2012년 말, 협동조합기본법을 포함하여 관련 시행규칙까지 모두 발표된 것을 계기로, 본격적인 사업모델로서 창업이나 경쟁력 확보를 위한 사업자 간 연대수단으로서 협동조합이 다수 설립되고 있다.

그런데 왜 우리나라에서 상법 외에 별도로 협동조합기본법이 제정되어 시행되었을까? 기존의 상법으로 충분히 영리법인 또는 기업을 얼마든지 만들어 사업활동을 할 수 있는데, 굳이 협동조합으로 영리법인을 만들 수 있도록 한 이유는 무엇일까?

또 왜 협동조합기본법이 일반협동조합이라는 영리법인을 만들어 영리사업을 수행할 수 있도록 하는 한편, 이와 별개로 사회적협동조합이라고 하는 비영리법인을 같은 기본법 내에 포함시켜 규정했을까? 뿐만 아니라, 정부가 협동조합활성화사업과 같은 지원사업을 통해 사업자협동조합을 중심으로 협동조합의 사회경제적 역할 제고에 앞장서는 이유는 무엇일까?

우선, 협동조합기본법이 협동조합의 설립에 필요한 최소 조합원을 5명으로 낮춘 것은 협동조합으로 사업할 의지만 있으면 협동조합을 설립할 수 있도록 하기 위해서이다.

그리고 서로 다른 '물줄기'를 이루며 각개약진(各個躍進)하던 사회경제적 사업이나 단체들이 협동조합기본법을 매개로 서서히 협동조합으로 합쳐지는(완전한 통합은 아니더라도) 과정으로서 의의가 있다. 지금까지 제각각 수행되어 온 사회경제적 사업이 협동조합기본법 틀 내에서 영리사업은 일반협동조합으로, 비영리사업은 사회적협동조합으로 분담이 되도록 설정한 것이다.

우리나라에서는 미국발 세계 금융위기가 한창이던 2008년 전후로 협동조합기본법보다 훨씬 앞서 '사회적기업육성법'이 제정, 시행되었다. 사회적기업은 어떤 면에서는 주식회사의 '옷'을 입었으나, 주식회사 중심인 기업으로는 수행하기 어려운 사업 분야를 담당해왔다. 이외에도 마을기업(행정자치부), 자활공동체(보건복지부) 등 정부의 소관부처별로 사회경제적 차원의 사업이 진행 중이었다.

이렇게 협동조합기본법을 근거법으로 하여 영리법인을 설립하고 수익사업을 할 수 있게 된 것은, 기존 기업중심의 사업수행 관행을 뛰어넘어 협동조합이 사업수행 모델로 당당히 진입하였음을 의미한다. 그만큼 사회경제적 환경이 크게 변하였고, 그 변화의 중심에 우리의 '협동조합'이 서게 되었다.

그렇다!
협동조합이다!

동네빵집이든, 세탁소든, 대리운전자든 따로따로 영업하면 서로 '사업 경쟁자'이지만 모여서 같이 하면, 즉 협동조합을 만들어 사업자협동조합의 조합원이 되면 그때는 '사업동반자'가 된다. 경쟁에서 협력으로, 상황이 완전히 역전된다는 이야기다.

시장규모는 이미 포화상태라 '레드오션' 분야가 적지 않은데 신규업체가 계속 설립되면 서로 경쟁자가 되고, 경쟁자 수는 끊임 없이 증가하게 된다. 그런데 이런 경쟁관계가 협동조합을 매개로 전환된다면 어떻게 될까? 우리는 앞으로 이러한 사례들을 만나게 될 것이다.

협동조합특별법 또는 개별법 시대에는 지금의 '한살림' 같은 생협(소비자생활협동조합)을 설립하려면 최소 300명의 조합원이 필요했다. 이제는 협동조합기본법에 의해, 최소한 5명의 조합원만 확보되면 협동조합의 설립이 가능해져서 협동조합이 사업을 시작할 수 있는 비즈니스 모델로 기능한다!

이는 현행 협동조합기본법의 테두리에서 크게는 두 가지 유형, 세부적으로는 다양한 협동조합 사업모델이 가능해졌음을 의미한다.

협동조합은 영리법인인 '일반협동조합'과 공익사업을 조합 사업량의 40퍼센트 이상 수행해야 하는 비영리법인인 '사회적협동조합'으로 나뉜다. 원칙적으로 일반협동조합이 수행할 수 있는 사업 분야에 제한은 없다. 조합 정관에 규정만 해놓으면 어떤 사업이든지 할 수 있다.[6]

어떤 사업모델 카테고리 내의 협동조합이든, 어떤 사업으로 협동조합을 설립운영하든 협동조합으로 살아가려면, 협동조합으로 원하는 일을 하려면, 협동조합으로 사업을 하려면, 단도직입적으로 말해 협동조합을 해서 '성공'하려면 어떻게 해야 하는지, 문제상황에 어떻게 대응해야 하는지를 앞으로 이 책을 보면서 이해하게 될 것이다.

협동조합은 처음 출현할 때부터 자본조달에 어려움이 많다는 사실이 협동조합 역사적으로나, 경험적으로 이미 잘 알려져 있다. 협동조합은 경쟁에서 승리와 영리를 추구하는 주식회사에 비하여, 자본조달이 힘들기는 하지만 역설적으로 협동조합이기에 이를 극복하는 사업방법상의 대안으로 의미가 있다.

협동조합은 조직 정체성인 공존공생, 협력과 연대라는 가치 또는 원칙이 사업수행 동력(動力)으로 작용하고, 그리하여 궁극적으로 협동조합으로서의 성과를 창출할 수 있게 할 때만 사업모델로서 경쟁력을 갖는다.

국제협동조합연맹(ICA)이 정의한 바 있는, 우리가 익히 알고 있는 협

---

6   일반협동조합은 금융업과 보험업은 불가능하며, 협동조합의 특성상 의무적으로(기본법상) 수행해야 하는 사업이 있다. 바로 조합원 또는 직원에 대한 교육 훈련, 정보제공 사업, 협동조합 간 협력사업, 지역사회에 대한 기여사업은 반드시 정관에 포함하여 수행해야 한다.

동조합의 가치[7]를 그 조합의 사업적 기회와 성과로 연결시킬 수 있을 때 경쟁력이 생긴다는 말이다.

---

7   "협동조합은 자조·자기책임·민주·공정·연대 등의 가치를 기본으로 하며, 조합원은 협동조합 선구자들의 전통에 따라 정직·공개·사회적 책임·타인에 대한 배려 등의 가치를 신조로 한다."

공급부족에서 수요부족 시대로의
전환과 협동조합 모델

역사적으로 성공했거나 백년 이상 장기간 지속하고 있는 협동조합들은 공급자 우위(또는 수요초과)의, 물자 생산이나 공급이 절대적으로 부족하던 시대에 탄생한 경우가 대부분이다.[8] 협동조합 역사 초창기를 보면 생활필수품이 극도로 부족하고, 농민들이 고금리 부채에 시달리는 등 견디기 어려운 사회경제적 환경 속에서 협동조합들이 출현했다.

협동조합기본법 시행으로 이제 겨우 협동조합으로 자유로운 사업이 가능해진 우리나라는 예외로 하고, 불과 몇십 년 전까지만 해도 외국의 대형 협동조합 대부분은 사업상의 위기가 그리 심각하지 않았다.

그러나 결국 실패의 길로 들어섰던 독일 소비자협동조합 '도르트문트 카셀'이나 미국 농업협동조합 '팜랜드(Farmland)', '애그웨이(Agway)' 등 거의 백년 가까운 역사를 지닌 대형 협동조합들이 아주 먼 과거가 아닌 1990년대에 파산하거나 사라졌다. 경영전략상의 실패도 문제였

---

8   구체적 사례들은 제 3장 [협동조합이 가는 길]을 참고하기 바란다.

겠지만 근본적으로 대량생산 또는 대량공급이라는 거스를 수 없는 사업환경 변화에 적응하지 못하거나 전략적 대응이 실패했기 때문이다.

협동조합 역시 물품생산과 소비에서 공급부족 시대의, 생산만 하면 판로를 확보할 수 있었던 흐름을 같이 탔다. 그러나 이러한 시장메커니즘에 변화가 오기 시작했다. 수요초과 시대는 끝났다고 보는 것이 일반적이다.

그 변화를 잘 보여주는 사례가 미국 농업협동조합이다. 사업확대를 지속하며 성장해가던 대형 농업협동조합들이 파산하고 말았다. 농산물의 과잉생산과 수요부족, 이로 인한 가격하락 등의 원인 때문이었다.

협동조합기본법이 발효되어 수많은 협동조합이 설립되고 있는 우리나라도 마찬가지이다. 협동조합으로 사업을 시작하기만 하면 수요가 자동적으로 창출될 수 있는 시장상태가 아니다. 계속해서 사업기회 탐색 및 수익모델 구축, 연구개발 및 마케팅으로 신규수요를 창출하지 않으면 분명 지속가능성을 보장할 수 없다.

협동조합도 사업조직인 이상 반드시 성과를 내고, 또한 성장해야 한다. 조직의 지속가능성을 높이기 위해서는 더욱 그렇다. 지속가능성을 위해서는 성장이 필요하며, 성장은 곧 협동조합의 수익창출이나 조합 설립 목적의 충실한 달성을 의미한다. 협동조합의 1차적 목적은 조합원의 권익과 복지증진이기 때문이다.

그래서 특히 협동조합기본법상의 협동조합 대부분을 차지하는 사업자협동조합은 '모여서' 협동조합이라는 공동체 조직을 만들 뿐만 아니라 경쟁력 있게 사업을 수행하여 성과를 창출해야 하는 엄중한(!) 과제를 풀어야 한다.

협동조합의 가치와 비전을 실현하려면 경제적 지속가능성을 확보해야 한다. 일반협동조합은 영리법인으로 제품이나 서비스 등 거의 모든 분야에서 시장의 치열한 경쟁을 접하게 된다. 대부분의 협동조합이 조합원만으로 사업수행 또는 유지가 사실상 불가능하다. 특히 영세사업자로 이루어진 사업자협동조합은 더욱 그렇다.

만약 사업자협동조합이 사업기획 탐색과 사업모델 구축에서 사업체인 협동조합의 역량을 제대로 발휘하지 못하면, 시장에서 경쟁이 어렵다. 즉 협동조합 외부고객의 외면을 받는다. 또한 협동조합 내부 구성원인 조합원의 결속력(협동)은 급히 와해되며, 조합 이탈가능성까지 높아진다.

뒤에서 외국 주요 협동조합의 일부가 '잘못되는' 사례를 살펴보겠지만, 협동조합이라는 조직 자체에 근본적 문제가 있다고는 할 수 없다.

다만, 대내외적 환경변화에 따른 경쟁력 확보라는 협동조합 내외부적 요구와 협동조합적 가치와 원칙을 어떻게 조화시킬 것인지는 참으로 중요한 문제이다.

우리나라에서 협동조합기본법상으로 설립된 많은 협동조합들은 장기적으로 지속가능하기 위해서는, 결국 조합원이 자조(自助)·자립에 의한 조합원소유 협동조합 또는 공동체소유 협동조합이라는 대원칙을 지켜나가면서, 협동조합의 '기본DNA'인 협동을 통해 더 높은 경쟁력을 확보하는 길 외에는 달리 방법이 없다.

사업모델로서 협동조합의
유효성은 높아진다

협동조합기본법 제정으로 협동조합이 흡수할 수 있는 사업이나 창업의 범위는 크게 확대되었다. 자활공동체 같이 협동조합적 가치와 원칙에 의거해 활동이나 사업을 수행하면서도 협동조합의 법인격을 갖지 못했던 많은 단체, 기존 민법상의 비영리법인들이 협동조합의 법인격을 취득하는 등 상법상의 일반 기업이 감당하기 어려웠던 사회경제적 수요를 일반협동조합이나 사회적협동조합 형태의 법인격으로 흡수할 수 있게 되었다.

게다가 협동조합기본법과는 별도로 사회적경제기본법이 발의되어 현재 국회심의과정에 있으며 늦어도 2016년 중에 시행될 예정이다. 정부와 국회는 협동조합기본법 외에 사회적경제 조직을 포괄하는 법을 제정하고 실시하는 노력을 통하여 협동조합, 마을기업 등 사회적경제 전체를 동반 성장시키겠다는 비전을 갖고 있으며, 이는 사회적경제 조직의 사회경제적 중요성이 더욱 높아지고 있음을 의미한다.

사회적기업, 마을기업에 이어 협동조합(협동조합기본법)까지 2007년 이후 여러 갈래로 출현한 '사회적경제' 조직을 사회적경제권이라는 하나의 통합영역으로 재규정하고, 집중 지원 및 관리하게 된다. 지금까지 사회적기업은 고용노동부, 마을기업은 행정자치부, 협동조합은 기획재정부가 맡는 등 주관부서가 분산되어 정책수립이나 집행이 중복되거나 혼선이 있었는데 사회적경제기본법은 이러한 문제점을 고려하고 있다.

우리나라 협동조합기본법에서 규정한 바와 같이, 협동조합은 사업조직이다.[9] 따라서 구성원의 비전을 구현하기 위한 사업수행을 해야 한다. 그래서 사업수행 과정에서 수익창출이 필요한데 거기에는 십중팔구 사업상의 리스크가 따라붙는다.

일반적으로 조직은 자신의 사업모델 또는 사업수행의 실패위험을 낮춤으로써 경영목표나 조직목표를 달성하거나, 목표달성의 실패요인을 줄여나가지 않으면 안 된다. 이러한 당위성에서 협동조합이 예외일 수 없다. 이와 더불어 협동조합의 근본적 존재 이유는 자생적(自生的), 자발적 사업을 지속가능하게 수행해내는 데 있다.

그러므로 협동조합이 사업모델을 구축했다 해도 그것을 평가하고 실행 가능하도록 전략적으로 구체화하며, 사업수행계획을 수립하는 절차나 과정이 반드시 요구된다. 그래야만 사업모델이 실제 사업으로 수행될 때 실패 위험을 줄이거나 사업성공 가능성을 높일 수 있다.

협동조합기본법 시행(2012년 12월) 이후 협동조합의 신고수리 및 설립인가가 급증하면서 협동조합 상당수가 사업모델의 구체성 미흡과 같

---

[9]   우리나라 협동조합기본법 제2조는 협동조합에 대해, '재화 및 용역의 구매, 생산, 판매, 제공 등을 협동으로 영위함으로써 조합원의 권익을 향상하고, 지역사회에 공헌하고자 하는 사업조직'이라고 함으로써 협동조합이 사업모델임을 규정한다.

은 사유로 그 조합의 주요사업을 착수조차 못하고 휴면상태에 빠졌다.

기획재정부는 이러한 상황을 개선하기 위한 내용을 반영하여 2014
년 1월 21일자로 개정 협동조합기본법을 공포하였고, 동년 7월 22일을
시행일로 삼았다.

개정된 주요 내용은 신생 협동조합의 경쟁력을 높이기 위해서라면,
출자금의 자본금 인정 등으로 협동조합 운영상 편의성을 도모할 수 있
게 하였다. 그리고 신설 또는 운영상 어려움을 겪는 협동조합에 대한
경영지원 및 교육훈련 지원조항을 신설하였다.[10]

아울러 본법 제10조 4항을 신설하여 협동조합 지원차원에서 국가
및 공공단체가 국제기구, 외국 정부 및 기관과 교류·협력 사업을 할 수
있게 만들었다. 기존 상법상 중소기업의 역차별 발생가능성 해소를 위
한 내용도 포함하였다.[11] 협동조합을 중소기업의 범위에 포함시키기로
한 것이 대표적이다.[12]

---

[10]　협동조합기본법 개정법 참조.
· 제10조의 2(경영 지원) 기획재정부장관은 협동조합 등 및 사회적협동조합 등의 설립·운영에 필요
한 경영·기술·세무·노무(勞務)·회계 등의 분야에 대한 전문적인 자문 및 정보 제공 등의 지원을
할 수 있다.
· 10조의 3(교육훈련 지원) 기획재정부장관은 협동조합 등 및 사회적협동조합 등의 설립·운영에 필
요한 전문인력의 육성, 조합원 등의 능력향상을 위하여 교육훈련을 실시할 수 있다.

[11]　개정(2014. 1. 21.) 협동조합기본법상으로 상법상의 주식회사 등 영리법인도 협동조합으로,
사단법인 등 비영리법인은 사회적협동조합으로 전환할 수 있다. 또 협동조합은 다른 법인의 흡수
합병이 가능해졌고, 협동조합연합회에는 공제사업이 허용되었다. 또한 협동조합의 문제점 중 하나
인 출자금의 자본금 인정문제도 일부를 쟈본금으로 인정할 수 있게 하는 등의 내용이 담겨 있다.

[12]　중소기업기본법의 일부개정(2014. 1. 14.)으로, 협동조합이 다른 법인과 공정한 경쟁을 통해
활성화될 수 있도록 현행법의 중소기업자 범위에 협동조합과 협동조합연합회를 포함한다는 내용
이 삽입되어, 협동조합이 기존 중소기업이나 법인형태의 다른 사업조직과 경쟁하는 데 약간 기여
한다. 한편, 개정 협동조합기본법에 '사회적협동조합 공공구매 제도'를 규정하여 사회적협동조합이
'중소기업제품 구매촉진 및 판로지원에 관한 법률'에 규정된 지원내용과 유사한 지원을 받을 수 있
다.

중소기업청은 2013년부터 산하의 소상공인시장진흥공단과 함께 협동조합 활성화사업을 펼치고 있다. 이는 대기업과 경쟁이 거의 불가능한 소상공인, 특히 순이익이 기초생계비에도 미치지 못하는 '한계소상공인'의 경쟁력강화 사업이다.

　소상공인으로 구성된 협동조합에 대해 공동장비를 갖추는 등 사업기반 구축을 포함하여 그 조합의 경영이나 운영에 관한 소프트웨어 측면의 지원을 그 주요내용으로 한다.

　법령상, 정책상으로 협동조합을 지원하는 조치에는 사업모델로서 협동조합의 유효성을 높이기 위한 정부의 노력이 반영되어 있다. 특히 협동조합기본법상의 일반협동조합이나 사회적협동조합의 경쟁력을 향상시키기 위한 항목이나 내용이 상당히 들어가 있다.

　그러나 협동조합에 대한 인프라 구축 차원에서 이루어지는 법령 개정 등 정책적 노력이나 지원조치는 결국 '간접적'이고 2차적일 수밖에 없다. 협동조합의 사업 성공이나 지속가능성은 결국 그 조합에 달려 있다. 사업수행과 지속가능성의 기본적인 열쇠는 협동조합 스스로가 쥐고 있다. 궁극적으로는 각각의 조합이 자립가능한 사업모델이 되어야 한다.

　일반협동조합이라면 영리법인답게 경쟁력을 확보하고 수익을 창출하고, 사회적협동조합이라면 주사업(主事業)을 성공적으로 수행하여 지속가능성을 확보해야 한다. 협동조합기본법 시행 이후에 이 법에 의거하여 설립된 협동조합들 중 상당수가 제대로 사업수행을 못하게 된 이유는 크게 두 가지이다. 먼저 협동조합은 설립되었지만 조합원과 시장의 니즈(needs)를 충족시킬 만한 사업모델을 만들지 못했거나, 아니면 그 사업의 수행전략이 적절치 못했기 때문이다.

일반협동조합이냐 사회적협동조합이냐에 상관없이 모든 협동조합은 하나의 사업조직인 만큼 그 성공과 지속가능성을 높이기 위해 철저한 준비가 필요하다. 협동조합기본법에 근거하여 설립된 협동조합이 모두 사업수행에 실패하거나 운영상에 문제가 있는 것은 아니지만, '5명이 모이기만 하면' 협동조합이 설립, 운영되고 좋은 성과를 낼 수 있을 것처럼 오도(誤導)해서는 안 된다는 말이다.

총론적으로 협동조합이라는 사업모델은 충분히 경쟁력을 가질 수 있으나, 문제는 개별 협동조합에 귀결(歸結)된다. 협동조합이 각각 얼마나 사업 분야와 기회를 잘 포착해 수익창출이나 사업목적을 달성할 수 있도록 사업프로세스 즉, 유효한 사업모델을 구축해서 협동조합적 가치에 기반해 성과를 창출할 수 있느냐 하는 것이다.

다만 이제 갓 시작하는 협동조합이나 사업수행 역량이 부족한 협동조합이 사업기회를 포착하고, 이를 사업모델로 구축하여 수행 가능한 사업계획으로 구체화하기는 쉽지 않다. 기본으로 돌아가라는 말이 있다. 협동조합도 사업조직이고, 사업수행에서 난관에 부딪힐 수 있다. 그래도 '협동조합적 방식'으로 사업을 수행해야만 협동조합의 강점 또는 장점이 잘 발휘될 수 있다. 협동조합의 문제는 자발성과 참여정신 등 협동조합 고유의 가치와 정신, 원칙을 활용하여 풀어나가야 한다. 이것이 바로 협동조합이기 때문이다.

그러므로 이미 2백 년 가까운 역사를 지닌 외국 협동조합 사례, 우리나라의 협동조합 개별법(특별법), 기본법을 통틀어 주목해볼 만한 협동조합 사례에서 배울 점을 찾고 이를 응용하는 데는 큰 의미가 있다.

국내외 협동조합의 사업모델 및 이를 실현해나가는 사례에서 얻게 될 시사점이나 교훈은, 우리나라 신생 협동조합이나 사업수행에 어려움을 겪는 협동조합들에 많은 도움이 될 것이다.

이를 위하여 제3장 [협동조합이 가는 길]에서 유럽을 중심으로 여러 나라의 협동조합을 순례(巡禮)하려고 한다.

해외의 다양한 협동조합 중 성공한 사례, 실패한 사례 그리고 성공한 협동조합 중 심각한 시행착오를 겪었던 경우도 접할 것이다. 경쟁력 확보를 위해 무리한 경영을 하다가 파산하거나, 협동조합의 정체성을 상실하고, 거의 일반기업 조직으로 되어버린 사례도 만날 예정이다. 아울러 각 나라에서 거의 2백 년 가까이 협동조합이 큰 사회경제적 비중을 차지하고 중요한 역할을 수행하면서 지속되고 있음도 확인할 수 있다.

그리하여 이들 협동조합이 어떻게 시작되었는가, 처음에 협동조합으로 뭉치게 된 계기는 무엇이었는가, 당초의 설립목적을 달성하기 위해 어떻게 협력하였고 어떤 전략을 사용했는가 등 오늘날 우리 협동조합이 배울 만한 중요한 시사점을 얻을 것이다.

협동조합적 딜레마에
유의하자!

우리나라에 향후 설립될 협동조합은 운영과정에서 자금이나 인력부족, 자금조달 곤란 등 난관에 부딪히거나 협동조합 내외부의 환경적 도전에 직면할 것이다.

이러한 도전적 상황이나 어려운 문제를 극복하려고 비(非)협동조합적[13] 시도를 하다가 협동조합의 정체성(identity)을 상실하는 '협동조합 딜레마'(Cooperative Dilemma)[14]에 빠질 수도 있으므로 유의해야 한다. 협동조합 역사가 비교적 오래된 외국에서는 역사적으로도 '협동조합 딜레마'가 많이 나타난다.

미국과 유럽에서 비교적 오래 지속 중인 협동조합 상당수가 협동조

---

[13] 이 책에서는 '비(非)협동조합적'의 의미를 협동조합의 자본조달이나 의사결정에서, 조합활동의 참여정도나 지분기여도에 따른 투표권 부여 등 협동조합의 1인 1표제를 벗어나는 제도나 규칙을 만들거나 적용한 것으로 미국식 협동조합제도, 이른바 '신개념 협동조합' 또는 '신세대 협동조합'의 개념으로 사용하였다.

[14] 김현대, 『협동조합도시』(한울, 2013.) p.100에서 인용된 『협동조합 딜레마(A Cooperative Dilemma)』(Murray Fulton, Kathy Larson)라는 책제목을 재인용하였다.

합적 딜레마에 부딪힌 적이 있다. 협동조합의 고유한 가치와 정체성을 지키려니 조합의 경쟁력이 떨어지고, 경쟁력을 높이려니 협동조합의 장점이나 정체성을 상실하는 상황에 처하였다.

특히 미국의 많은 협동조합은 협동조합이 취약한 경쟁력을 보완하기 위해 협동조합 고유의 가치와 원칙에 충실하기보다는 조금 '변칙적' 운영을 시도하다가 결국 실패하였다.

근래(2013년)에 파산 처리된 파고르전자(FAGOR, 몬드라곤 그룹 소속)[15]나 유럽 다른 국가의 협동조합(프랑스, 독일의 일부 소비자협동조합), 미국의 농업 부문 신세대협동조합들(팜랜드, 애그웨이 등)이 협동조합적 딜레마를 극복하지 못하고 사라졌다.

자립능력을 갖춘 협동조합도 환경적응이나 전략적 난관 때문에 실패할 수 있다. 협동조합으로 완전히 실패한 것은 아니어도 협동조합의 정체성을 상당부분 상실했거나 협동조합의 장점을 잃고 아예 주식회사 같은 다른 조직유형으로 전환해버린 경우가 적지 않다.

---

15 물론 파고르의 파산에 대한 견해는 엇갈린다. 스테파노 자마니(이탈리아) 같은 협동조합 분야의 석학은 협동조합적 가치와 원칙에서 벗어난 경영을 했기 때문에 파산했다고 본다. 국제화전략에 의한 무리한 글로벌생산체제 구축이 파고르전자 파산의 직접적 원인이라는 관점이다. 한편 파고르전자의 파산은 스페인 가전제품 수요가 급격히 감소하면서 몬드라곤 그룹 내에서 파고르전자를 포기하고, 전자 부문의 역량을 몬드라곤 그룹 내의 다른 부문으로 재배치하는 전략적 결정의 결과라는 의견도 있다.

협동조합에 대한
진지한 접근이
필요하다

협동조합의 성공가능성은 어느 정도인가?

물론 대답은, '알 수 없다!'이다. 이 질문에 답하는 것은 협동조합이 '대안경제' 역할을 할 수 있느냐, 아니냐의 논쟁처럼 무의미하다. 협동조합도 다른 사업조직(주식회사 등의 기업)과 마찬가지로 만능조직(萬能組織)이 아닐 뿐만 아니라, 이른바 '만병통치약'도 아니기 때문이다.

협동조합기본법 이전에도 국내외를 통틀어 수많은 협동조합이 있었다. 역사적으로 이름을 남긴 협동조합도 있고, 설립초기의 어려움을 극복하지 못하고 사라진 조합도 많다.

어쨌든 우리나라는 협동조합에 관한 기본법과 특별법이 공존하는 나라이고, 특히 기본법이 시행된 이후 많은 협동조합이 설립되고 있다.

이들 협동조합이 모두 성공적이거나 협동조합으로서 사업이나 활동이 순항(順航)하고 있다면 더할 나위가 없겠으나, 협동조합 상당수가 운영상의 어려움을 겪고 있으며 일부는 협동조합 활동을 포기하였다. 이것이 부인할 수 없는, 우리 협동조합의 '현주소'이다.

정부는 이러한 상황을 인식하고, 협동조합의 사업환경을 조성하는 생태계 구축을 위하여 정책적, 제도적으로 많은 노력을 한다. 그러나 협동조합을 실제로 운영하는 당사자의 어려움과 문제점들이 있다.

협동조합기본법상으로 설립될 우리나라 신생 협동조합 중에도 외국 협동조합의 실패 사례나 협동조합적 딜레마에 직면하였던 협동조합과 같은 조합이 나올 개연성이 있다. 이제는 협동조합을 진지하게 생각해야 한다!

"맘 맞는 사람 5명 이상 있으세요?"

이 질문은 협동조합기본법 시행초기에 자주 볼 수 있었던 협동조합 홍보 포스터 카피의 일부이다. 그런데 협동조합에 대한 오해를 불러일으키기에 딱 좋은 구호다. 협동조합기본법 시행 덕분에 5명의 조합원만 있으면 정관을 비롯해 설립에 필요한 서류를 갖추어 설립신고(일반 협동조합의 경우)를 해서 별다른 하자가 없는 한 설립할 수 있기 때문에 협동조합 설립이 이전보다 훨씬 쉬워졌다. 그러나 '마음 맞는 사람' 5명만 있으면 협동조합을 정말 잘 운영할 수 있는가?

'맘 맞는 사람 5명 이상 있으세요?'가 아니라, '확실한 수익창출이 가능한 사업모델이 준비되셨어요?'라고 홍보해야 할 것이다.

170여 년의 협동조합 역사를 지닌 외국에서 나타난 협동조합 실패 사례들[16]은 우리 협동조합에 타산지석이 된다. 협동조합도 시장의 치열

---

16   1980년대 후반: 그동안 성장해오던 프랑스 소비자협동조합들이 까르푸 같은 대형유통업체 등장 등 유통환경의 급변과 이에 대한 대응실패로 쇠퇴현상을 보이기 시작, 소비자협동조합과 관련 연합사업조직들의 도산 발생

1990년대 중반 :

• 독일, 오스트리아, 벨기에의 대규모 소비자협동조합들은 소매 유통환경의 급격한 변화에 적응을 실패해 도산

• 캐나다의 대규모 농업협동조합 '사스카체완 밀협동조합'(Saskatchewan Wheat Pool)은 주식회사

한 경쟁에서 안전지대일 수만은 없으며, 경쟁력 확보에 실패하면 생존하지 못함을 보여준다.

그 협동조합의 불운한 결과는 사업모델과 이를 구체적으로 실현하기 위한 사업전략이 시대나 지역, 환경 차원에서 유효성을 상실했을 때, 관련된 시장환경과 부합하지 못하거나 협동조합의 내외부적 필요성을 충족하지 못해 경쟁력을 상실했을 때, 결국 지속가능성을 잃어버리는 실패로 연결되었으므로 이에 유의해야 한다고 알려준다.

앞에서 살펴본 바와 같이, 일부 협동조합이 파산하거나 주식회사 형태의 기업으로 조직을 변경하는 등 협동조합으로는 조직을 유지하지 못한 경우가 있다. 협동조합의 가치와 정신보다는 자체역량을 무시한 과도한 사업확대와 자본조달 등 협동조합의 정체성 또는 방향성을 상실했기 때문이다.

외국에 비해 우리나라 협동조합의 역사는 그리 길지 않은 까닭에, 미래에도 확실한 지속가능성이 예견되는 협동조합의 성공 사례나 실패 사례가 아직 분명히 드러나지는 않는다. 다만 실패한 많은 기업과 마찬가지로, 협동조합도 자체 원인이나 외부환경 요인으로 내외부적 환경에 적응하지 못하거나 내부 고객인 조합원 혹은 외부 고객의 수요충족에 실패하면 사라질 수 있다.

방식(투자자금조달을 위한 무의결권주식 발행 등 일종의 '기업공개')의 자금조달을 시도했으나 실패, 협동조합 정체성도 함께 상실하는 결과로 연결

2000년대 :
- 미국 과일류 가공업체였던 TVG(Tri Valley Growers)농협이 경영전략 실패로 파산 신청(2000년)
- 미국 상위 10대 농협이던 '팜랜드', '애그웨이'가 수익성 무시, 무리한 사업다각화 등 경영실패로 파산(2002년)
- 백색가전제품(식기세척기, 오븐 등) 생산업체인, 몬드라곤 그룹의 핵심기업 파고르전자 파산(2013년)

몇 가지 우려되는 점에도 불구하고 궁극적으로 협동조합이 미래의 기본 트렌드가 될 것이라는 제레미 리프킨의 견해를 한 번 더 인용하고자 한다.

그는 자신의 저서 『제3차 산업혁명』에서 로봇이 우리 일자리의 많은 부분을 대체하는 산업자동화가 고도화되는 미래사회에서는 '협동조합이 우리의 사회경제적 희망'이 된다고 하였다.

협동조합이라는 법인을 만들어놓고, 사업을 제대로 착수조차 못하거나 성공적인 사업성과 창출에 실패한다면 그에 대한 궁극적이고 최종적인 책임은 그 조합과 소속 조합원에 있지, 정부나 지방자치단체나 기타 제도적, 환경적 요인에 있지 않다. 조합원 참여가 부족하거나 단결이 잘 안되어 결국 조합운영이 부실해진다면 그 책임과 결과는 누가 져야 하는가?

협동조합이 어떤 사업을 추진하든, 다시 말해 협동조합이 어떤 사업모델을 가지고 조합을 운영하든 협동조합의 가치와 정신은 협동조합 사업모델의 가장 기본적 인프라이며, 또한 협동조합의 특질을 규정짓는 DNA이기도 하다는 사실을 명심해야 한다.

2장.
우리나라 협동조합의
어제와 오늘

우리나라 협동조합의 역사

우리나라 협동조합은 역사적으로 크게 3단계로 구분이 가능하다. 전통적으로 농경사회였던 우리나라에는 향약, 두레, 계 등 협동조합적 상호부조의 정신으로 연결할 수 있는 '사회적 시스템'이 없지 않았다. 그러나 전통적 공동체 개념에 대한 논의는 생략하고, 대신 1950년대 이후 협동조합의 시대 흐름을 중심으로 알아보고자 한다.

좀 더 구체적으로는 농업협동조합법에 의한 농업협동조합 설립을 계기로 시작된 개별법 또는 특별법 협동조합 시대와 2012년 말부터 시작된 협동조합기본법 시대로 구분하여 이 양시대(兩時代)의 협동조합 사례들을 중심으로 우리 협동조합의 '어제'를 돌아보는 동시에 협동조합의 '오늘'을 살펴볼 것이다.

우리나라는 1957년, 농업협동조합법에 의한 농업협동조합 설립을 시작으로, 8개 특별법 협동조합 중에서는 제일 마지막으로 소비자생활협동조합(설립근거법: 소비자생활협동조합법)이 설립(1999년)되었다. 이어서 2007년에는 사회적기업육성법이 제정되더니 드디어 2012년에 협동조합기본법이 시행되면서 '협동조합기본법' 시대로 진입하였다.

이와 같이 우리나라의 근대적 협동조합 역사는 1957년 이전의 '협동조합 전사(前史) 시대', 1957년부터 2012년까지의 '특별법 협동조합 시대', 그리고 2013년 이후의 '협동조합기본법·특별법 공존 시대'[1]로 나눌 수 있다.

우리나라 협동조합의 시대 구분

1957년 이전	1957~2012년	2013년 이후
협동조합 전사(前史) 시대	특별법 협동조합 시대	협동조합기본법 시대 (협동조합기본법·특별법 공존 시대)

여기서 1957년 농업협동조합법 이전을 '협동조합 전사(前史) 시대'라고 한 것은, 1930년대에 종교단체 등 일부 자생적 협동조합 운동[2]을 제외하면 일제 식민통치의 강제적 농민조직(소위 식산계(殖産契)로 불림) 형태인 조합 중심이라서 자유로운 협동조합 설립 시대를 맞이한 오늘날에는 큰 의미가 없어 보이기 때문이다.

이와 같이 우리나라의 협동조합 역사를 구분하였을 때 협동조합 사업모델 차원에서 중요한 시사점을 발견할 수 있다. 협동조합특별법 시대에는 협동조합을 설립하기 위해 최소 3백 명에서 1천 명의 조합원이 있어야 했다. 이는 일반인이 협동조합을 만들어 사업을 수행하기는 사실상 불가능했음을 의미한다.

---

1   이하 편의상 '협동조합기본법 시대'라고 한다.

2   그 대표적인 예가 기독교인이면서, 독립운동가로 유명한 조만식 선생이 중심이 된 운동이다. 선생은 민족자본 육성과 경제적 자립을 도모하기 위해 물산장려회(1923년)에서 생활개선운동, 농촌운동, 자작자급운동 등 구체적 실행방안을 제시하였다.

우리나라의 활발한
협동조합들

2012년 말 협동조합기본법 시행을 전후로 하여 협동조합의 사회경제적 비중이 크게 높아졌지만, 그렇다고 지난 50여 년간의 농업협동조합을 포함한 개별법(특별법) 협동조합의 역사적 기여도를 과소평가할 수는 없다. 소비자생활협동조합(생협)에 의한 소비자(소비) 부문과 농업협동조합에 의한 생산자(농어민)의 조직화는 상당히 중요한 의미를 지니고 있다.

'한살림'이나 '아이쿱'³ 등 소비자생활협동조합은 총매출액이 수천억 원에 이를 정도로 나름대로 '소비공동체'의 역할을 해내고 있다. 스위스 소비자협동조합 '미그로'의 규모에는 크게 못 미치지만 협동조합의 장점과 역할을 보여주는 데는 부족함이 없다.

---

3   소비자생활협동조합들은 사실 특별법상의 협동조합이다. 소비자생활협동조합법의 제1조에는, '상부상조의 정신을 바탕으로 소비자들의 자주·자립·자치적 생활협동조합활동 촉진함으로써, 조합원의 소비생활 향상, 국민의 복지·생활문화 향상에 이바지한다'라고 나와 있다.

우리나라의 특별법상 협동조합은 경제주체의 자유로운 선택이 가능한 비즈니스 모델이라기보다는 일종의 정책적 수단의 역할을 수행하여 왔다. 그러나 이러한 협동조합특별법 시대에도 협동조합적 정신과 가치에 충실한 협동조합이 적지 않았다. 농업협동조합의 지역별 단위 농협이나 소비자생활협동조합법상의 소비생활협동조합(소비자생협 또는 생협)들은 협동조합기본법이 발효되기 훨씬 전부터 자발적인 협동조합 활동을 해 왔다.

한국의 농업협동조합

• 한국에서는 농업, 임업 분야의 '농협중앙회'가 유일하게 '글로벌 300 리스트'(세계협동조합연맹, ICA)에 포함(농업협동조합 분야 3위), 총매출액 약 320억(2008년 기준), 지역농협·품목농협, 지역축협·품목축협, 인삼농협 등 지역조합이 1,100여 개

• 농·수·축협 전체의 조합원 400만 명, 자산 400조 원, 농협 단독으로는 조합원 240만 명, 자산 약 248조 원

다시 말해 협동조합특별법 시대에도 협동조합기본법상 협동조합이 보고 배울 만한 사례가 있는데, 서울우유협동조합이나 햇사레협동조합, 도드람양돈협동조합 등이 대표적이다. 그리고 강원도 원주시 지역을 주요 활동무대로 하는 원주협동사회경제네트워크는 협동조합으로 지역개발도 가능함을 보여준다.

특별법 협동조합의 역사에서 농협의 역할을 협동조합의 사업모델적 측면을 고려해 되돌아볼 필요는 충분히 있다. 농업협동조합은 '협동조

합성'의 관점에서 논란[4]이 있었지만, 지역의 단위농협(지역농협)을 중심으로 우리나라 농민의 조직화에 상당한 기여를 해 왔다.

남평농협(전남 나주), 외서농협(경북 상주), 서원농협(강원 횡성), 불정농협(충남 괴산) 등의 지역농협이 협동조합적 가치와 정신으로 조직화되어 훌륭한 성과를 낸 사례에 속한다. 이들 지역농협은 다음 장에서 좀 더 자세히 살펴보기로 한다.

이들 특별법상 지역농협이나 품목농협 등 일부를 제외하면 신생 협동조합에 큰 참고가 될 사례는 많지 않다. 사업모델 차원에서 영리법인인 협동조합기본법상의 일반협동조합을 특별법인 농업협동조합법상의 지역농협과 동일선상에 놓고 비교해서는 안 된다. 일단 설립 분야의 다양성이나 협동조합을 설립할 수 있는 최소 조합원 규모를 비롯한 설립의 용이성에서 차이가 크기 때문이다.

협동조합 관련법으로 특별법과 기본법이 공존하게 되었지만, 다양한 사업모델 측면을 고려할 때 특별법 시대의 협동조합은 그 사업수행 수단의 기능을 이제 협동조합기본법상의 협동조합에 넘길 수밖에 없게 되었다.

물론 특별법 협동조합의 기능과 역할이 끝났다고 할 수는 없으나, 적어도 경제사회적으로 많은 문제와 이슈가 제기되는 우리나라에서 사회적 취약계층의 고용이나 사업기회 창출 등 다양한 사회경제적 수요

---

4   대법원 판례(대법원 2007. 11. 30. 2007도6556) 참조.
    1999. 9. 7. 법률 제6018호로 제정된 농업협동조합법의 여러 규정에 비추어 보면, 농협중앙회는 국민경제 및 산업에 중대한 영향을 미치고 있고 업무의 공공성이 현저한 기업체에 해당한다. (중략) 농협중앙회는 국민경제 및 산업에 중대한 영향을 미치고 있고, 업무의 공공성이 현저하여 국가가 법령이 정하는 바에 따른 지도 감독을 통하여 그 운영 전반에 관하여 실질적인 지배력을 행사하고 있는 기업체로서 특가법 제4조 제1항 제2호 소정의 정부관리기업체에 해당한다고 보기에 충분하다.

와 욕구를 충족시키기에는 적임(適任)이 아니다.

특별법 협동조합이란?

• 기본법 이전의 협동조합은 설립 및 지원근거를 가지고 있으며, 현행 협동조합기본법과 대비적으로 '특별법'이란 용어를 사용

→ 「협동조합법」이라는 표현이 들어간 법률로는 「농업협동조합법」, 「중소기업협동조합법」(1961), 「수산업협동조합법」(1962), 「엽연초생산협동조합법」(1963), 「신용협동조합법」(1972), 「소비자생활협동조합법」(1999) 등 모두 6개

→ 그밖에 「산림조합법」(1980), 「새마을금고법」(1982) 등 2개는, 협동조합이라는 명칭은 쓰고 있지 않지만, 「독점규제 및 공정거래에 관한 법률」 제60조(*)의 조합에 해당하는 경우

*

1. 소규모의 사업자 또는 소비자의 상호부조를 목적으로 할 것

2. 임의로 설립되고, 조합원이 임의로 가입 또는 탈퇴할 수 있을 것

3. 각 조합원이 평등한 의결권을 가질 것

4. 조합원에 대하여 이익배분을 행하는 경우에는 그 한도가 정관에 정하여
   져 있을 것

협동조합특별법 시대의 협동조합 사례

서울우유협동조합

우리나라에서 젖소를 사육하는 낙농가를 조합원으로 하는 서울우유협동조합은 농업협동조합법에 의하여 농업협동조합이 법적으로 출현하기 훨씬 이전에 태어난 협동조합이다.

1937년 7월에 경성우유동업조합 창립을 시작으로 하여 1945년 9월에 이름을 서울우유동업조합으로 바꾸었으며, 농업협동조합법 제정 5년 후인 1962년에 농협중앙회의 조합회원이 되었다. 1993년 유통부문의 경쟁력강화를 위해 자회사로 서울우유 유통주식회사를 설립하는 등 성장을 지속하였다.[5]

서울우유협동조합은 서울, 인천, 경기도 등 수도권과 강원도 철원군, 충청남도 천안시, 충청북도 진천군 및 음성군 등 중부지방에서 5마리 이상의 젖소를 사육하는 농가를 그 조합원으로 한다. 다만 서울우유협동조합은 특별법인 농업협동조합법의 적용대상이기 때문에 서울우유 조합원은 조합의 관할구역 내에 거주하거나 관련사업을 하고 있어야 한다는 제한조건이 부과된다.

서울우유와 비교될 만한 외국 협동조합들 중에서 가장 대표적인 조합이 이탈리아의 낙농우유협동조합 '그라나롤로'이다.

서울우유는 우유 종류, 발효유류(요구르트 제품), 유음료류(두유제품), 치

---

5   서울우유협동조합의 자세한 연혁은 이 조합 홈페이지(www.seoulmilk.co.kr/enterprise/history.sm)를 참조하기 바란다.

서울우유가 협동조합임을 알리는 홈페이지 메인화면(일부)

서울우유협동조합 홈페이지에 나타난 사회공헌 캠페인

즈류, 가공식품(크림, 버터), 소위 브랜드커피류 제품까지 거의 유제품(乳製品)으로 약 50여 종을 생산하며, 한국파스퇴르, 남양유업, 매일유업, 연세우유, 건국우유 등과 우유시장을 분할하지만 독보적 시장점유율 1위를 차지하는 협동조합 기업이다.

　서울우유의 품질관리를 위한 노력은 각별한 데가 있다. 그 대표적 예가 '젖소주치의'라고 할 수 있는 밀크마스터(Milk Master) 제도이다.

원유(原乳) 생산단계부터 고품질 우유를 만들기 위해 도입하였다. 이는 고객들의 신뢰확보를 위한 우유품질관리시스템으로 수의사에게 일정 수의 젖소를 배정하여 질병방지 등 일종의 '주치의' 역할을 담당하게 한다.

이와 함께 우유의 품질관리를 위해 제조, 가공, 유통 보전 등 소비자가 우유를 마시게 되기까지 유통과정상의 모든 단계에서 '위해요소중점관리기준'(HACCP)을 철저히 준수하기 위해 힘쓴다.

'우유사랑활동!' – 사회적 기여

그러면, 협동조합적 관점에서 서울우유의 운영상 시사점을 들여다보자.

협동조합이므로 당연한 일이지만, 서울우유는 원유(原乳)값 정산 등 우유생산 과정에서 회계처리를 공정·투명하게 하고, 의사결정을 위한 대의원 선출을 철저히 낙농가 중심으로 하며, 경영관리상으로 필요한 전문경영인을 제외한 모든 임원이 낙농가 출신으로 구성된다.

한편, '사랑의 우유'(Milk in Love)라는 캐치프레이즈를 걸고 지역사회 공헌·자원봉사(우유사랑활동 Milk Love), 녹색경영·문화사업(초록미소활동 Green Smile), 소외계층학생·난치병어린이돕기 및 저개발국가 어린이 전염병퇴치 백신개발 지원사업(밀크키즈사업 Milk Kids) 등 협동조합답게 다양한 지역 및 사회공헌 활동을 한다.

서울우유협동조합(젖소 낙농가들의 협동조합)

- 전국 낙농가의 3분의 1이 서울우유 조합원(약 2천 개)
- 우수한 원재료(원유)의 지속적 확보로 제품 품질에서 경쟁력 제고
- 조합원 낙농가는 협동조합 지원으로 원유품질 극대화 및 안정적인 판

매처(공급처) 보유

- 낙농지도시스템 구축-'젖소전담관리제'(Milk Master) 실시, 낙농기술 지도, 위해요소중점관리기준(HACCP) 인증 지원
- 공정한 수익배분-채취한 원유가격에 대한 투명한 회계처리와 수익배분으로 조합원(낙농가)의 신뢰확보
- 조합 의사결정 관련 대의원은 모두 조합원에서 선출
- 일부 전문경영인을 제외한 경영진은 낙농가이므로 조합의 소유와 경영이 일치

도드람양돈협동조합 – 한국의 대니쉬크라운

돼지고기 품목을 중심으로 돼지의 사육(생산)부터 최종 판매까지 수직계열화로 경쟁력과 지속가능성을 확보하여 덴마크 양돈협동조합 '대니쉬크라운'에 비견될 만한 생산자협동조합이 바로 도드람양돈협동조합이다. 주로 경기 지역의 돼지 사육농가를 주요 조합원으로 한다.

처음에는 '주식회사 도드람' 형태로 시작(1991년)되었으나, 약 10년 후에 협동조합으로 전환하였다. 이후 농업협동조합중앙회에 회원으로 가입하면서, 도드람은 본격적으로 협동조합 시대에 들어섰다. 1990년대 중반에 도드람양돈축협을 설립 운영하는 과정을 거쳐 2000년에 '도드람양돈협동조합'(이하 도드람)으로 이름을 바꾸었다. 2011년부터 '다함께 달리는 도드람'(Run Together Dodram) 캠페인을 전개하면서 경제·신용사업 부문의 재도약(규모 2배 성장)을 위하여 노력하고 있다.

사실 이 협동조합 그룹 내에 양돈 및 돼지고기 처리와 관련해서, '없

는 것이 없다'고 말할 수 있다. 돼지고기의 생산(사육)·처리와 관련해 부문화된 사업 분야별 즉, 생산·판매(유통) 외에도 10개 이상의 조직을 계열사 또는 자회사 형태로 보유하였다. 도드람도 유럽이나 뉴질랜드의 농축산 분야 협동조합처럼 생산부터 판매까지 수평적, 수직적으로 조직화 또는 계열화되었다. 그리고 농업협동조합의 구성원으로 상호금융 형태의 신용사업도 한다.

도드람의 구성원은 ㈜도드람푸드, ㈜도드람양돈서비스(농업회사법인), 도드람LPC공사, ㈜디에스피드(농업회사법인), ㈜도드람FC, ㈜도드람FS 등이다.

기업형 품목조합

- 양돈 조합원을 대상으로, 생산(돼지사육)기술 지도
- 축산물공판장을 통한 축산물 유통, 금융

생산자단체형 가공 유통 일체형(Packer) 조합 형태

- 축산물 유통구조를 단순화한 협동조합형 축산물 패커형 조합형태로, 대니쉬크라운과 유사
- 양돈농가 중심의 주식회사로 출발, 협동조합으로 전환
- 사업 분야별 자회사들을 협동조합 계열화 형태로 소유
- ㈜도드람푸드: 도드람양돈농협의 사육 돼지 가공, 판매
- ㈜도드람양돈서비스: 도드람양돈농협의 사료 개발, 판매지역 조합원 관리 위탁 수행
- 도드람LPC공사: 소, 돼지 도축
- ㈜디에스피드: 양돈전문 사료 생산

- ㈜도드람FS: 단체급식, 체험마케팅 진행

도드람, '모두가 사는 길'로 가다!

협동조합 차원에서 도드람으로부터 배울 점은, 무엇보다 지역사회의 양돈농가 모두 피해자가 될 수 있는 치열한 경쟁을 피하고 '모두가 사는 길'을 택했다는 것이다.

경기도 양돈농가들에서 돼지출하 가격의 안정(급락방지), 사료 가격의 합리적 결정(급등방지)이 중요한 문제로 떠올랐다. 품질을 믿을 수 있고, 그 품질에 걸맞은 가격이 형성되어야 했다. 도드람은 사료가격의 폭등과 폭락, 부적절한 가격형성을 막기 위해 조합운영의 투명성을 지향하기로 한다. 사료원가와 품질기준을 완전히 공개하기로 하였다.

한편 생산, 가공 및 판매과정을 일괄처리시스템(패커형)으로 구축한 것 또한 성공요인이다. 뉴질랜드의 제스프리협동조합의 경우에도 키위의 출하판매에서 치열한 경쟁으로 시장거래 질서가 무너져, 키위 생산농가 모두 공멸(共滅)의 위기를 느끼면서 경쟁을 피하기 위해 단결 또는 연대가 이루어졌다.

햇사레협동조합 – 복숭아의 명가

추석 같은 명절에 대형마트에 가면 겹겹이 쌓여 있는 과일상자 중 특히 눈에 띄는 로고와 브랜드가 있다. 바로 '햇사레'라는 브랜드 로고와 이것이 붙은 복숭아 생산자협동조합인 〈햇사레협동조합〉이다.

햇사레는 바로 이 조합의 공동브랜드이다. 햇사레협동조합은 햇사레 브랜드를 성공적으로 정착시켜, 농협의 '산지유통 1520 프로젝트' 종합평가대상을 수상하고 나아가 국가브랜드 대상 및 농식품 파워브랜드대전 대통령상을 받는 등 유명 브랜드로 부상하였다.

이쯤에서 연상되는 외국 브랜드가 있다. 바로 미국 오렌지 협동조합인 '선키스트(Sunkist)협동조합'이다. 두 조합 모두 과일을 대상으로 하는 일종의 '품목조합'(品目組合)으로, 브랜드에 '태양'이나 '햇볕'의 의미가 담겨있다.

'캘리포니아의 강렬한 태양을 받아 잘 익은'(sunkissed; Sunkist) 오렌지와 '햇살을 듬뿍 받고 잘 익은'(햇사레) 복숭아라는 브랜드 메시지에는 확실히 비슷한 데가 있다. 또한 두 조합 모두 주력품목인 복숭아와 오렌지 판매의 과당경쟁이 가져온 폐해를 극복하기 위해 탄생하였다. 즉 과당경쟁으로 초래되는 가격폭락 등 부작용을 피하기 위해 협동조합 조직을 활용했다.

햇사레복숭아

햇사레와 선키스트 비교

- 공통점
- 두 협동조합의 브랜드 모두 '과일'과 '태양'의 의미를 함축
- 각각 '복숭아'와 '오렌지'라는 과일 품목조합
- 차이점
- '햇사레'는 지역 내 복숭아 농가조직(공선출하회[6] 등) 간 과당경쟁의 부작용 해소를 위하여 조직화. 소속 조합(브랜드) 간 과당경쟁을 피하고, 복숭아 품질을 향상하는 등 경쟁력을 키우고자 '조합 간 연합'을 위해 협력
- '선키스트'는 오렌지 농가와 지역의 오렌지 생산조합 들이 연대하여 중간도매상의 횡포에 대항하기 위해 설립

우리나라 농업협동조합의 조직특성상 지역 단위농협 간 경쟁이 과열되는 경우가 적지 않은데, '햇사레'는 지역농협이 상호 간 과당경쟁을 피하고 복숭아의 품질을 높이기 위해 협력한다는 특징이 있다. 반면, 미국의 선키스트협동조합은 캘리포니아의 오렌지 생산농가들이 중간도매상의 횡포를 극복하기 위하여 만들어졌다.

다음으로, 햇사레협동조합의 탄생과 성장과정을 살펴보기로 한다.

햇사레는 복숭아를 대상으로 경기도 이천(장호원)의 2개 농협과 충청북도 음성의 4개 지역농협 등 6개 지역농협이 연합한 조직으로, 정식 명칭은 '햇사레과일조합공동사업법인'이다. 여기에 참여하는 6개 지역

---

[6]   공선출하회는 '공동선별, 공동계산 전속 출하회'의 약칭으로, '공선출하회 육성 및 지원준칙'에 의해 관리된다. 그 운영은 우리나라 농협이 직접 관리하는 생산자조직으로, 생산품의 출하 이행의무가 부과된다. 농산물의 생산단계부터 조합이 공동선별 공동출하 공동계산 실행을 계획하고 실천하게 되어 있다.

농협에 소속된 약 2천여 개의 복숭아 재배농가를 사업 기반으로 하며, 산하 조직인 공선출하회를 통해 공동출하를 비롯한 협동조합 활동을 수행한다.

1·2·3차적 협동효과

햇사레협동조합에서 어떤 시사점을 얻을 수 있는가?

우선, 1차적 협동효과이다. 1차적 협동효과란 조합원 간 협동을 기대하는 것이다. 협동조합 고유의, 태생적인 효과이자 역할이다. 협동조합이 존재해야 하는 가장 기본적인 이유, 최우선적으로 기대하는 효과라고도 할 수 있다.[7]

두 번째, 2차적 협동조합 효과이다. 햇사레협동조합은 농업협동조합법상의 지역농협 간 연합조직의 성격을 가지는데, 이는 바로 협동조합 간 협동이다. 이 점은 국제협동조합연맹의 협동조합 7원칙 중 하나인 '협동조합 간 연대'나 우리 협동조합기본법 제45조(사업)에 규정된 협동조합의 '의무사업'과도 일맥상통한다.

협동조합 간 협동(2차적 협동)의 대표적 사례

- ICA, 협동조합 제6원칙(협동조합 간 협동)
- 지역조합(또는 브랜드) 간의 과도하고 불필요한 경쟁 지양, 중복 투자 문제 해결(포장·운송·마케팅 등)
- 조합 간 협력으로 품질 등 고객(소비자)의 Needs에 대한 개별조합의 대

---

7   영국 로치데일협동조합은 1차적 협동효과의 대표적인 사례이다. 자세한 내용은 제3장 [협동조합이 가는 길]의 로치데일협동조합편을 살펴보기 바란다.

응한계 극복

↓

- 단계별, 지역 간 연대 도모
- 개별 농가들 단결(1차적 연대) + 개별 협동조합 간 연대(2차적 연대)
- 2개 광역지방자치단체의 농협 간 연대(공동사업법인)
- 충청북도 음성지역 4개 농협(감곡·음성·생극·삼성)
- 경기도 이천지역 2개 농협(장호원·경기동부과수농협)
- '공선출하회'(12개) 활용 → 공동선별·공동출하·공동계산

햇사레협동조합은 이렇게 지역농협 간의 연대와 공동브랜드 개발 등을 통해 성공적인 협동조합 사업을 이어가고 있다.

세 번째, 3차적 협동조합 효과이다. 햇사레협동조합은 이 협동조합에 출하하는 복숭아 생산농가뿐만 아니라, 햇사레 복숭아가 주로 생산되는 두 지역을 단단히 묶어 놓은 효과까지 거둔다. 바로 '햇사레복숭아 행복이음' 사업이 두 지역의 단합과 활성화에 크게 기여하였다. 이른바 지역 간 연대효과이다.

지역사회로 향하는 조합활동(3차 연대)
- 복숭아 통합캐릭터 햇사레 개발
- 농협APC(농산물산지유통센터) 내 복숭아직판장 설치
- 백족산(이천·장호원)-감곡(음성) 간 햇사레복숭아 행복이음길 조성
- 옛 장호원교 햇사레복숭아 행복이음 꽃다리 조성

'행복이음'에서 '이음'이란 일종의 다의어(多義語)이다. 경기 이천(장호원)과 충북 음성의 머리글자를 따고 여기에 두 곳을 잇는다는 의미를 더했다. 두 지역이 복숭아를 매개로 똘똘 뭉친 것이다.

햇사레 홈페이지(www.hessare.co.kr) 자료

이천과 음성을 잇는 '햇사레복숭아'라는 통합 브랜드 및 캐릭터를 개발하고, 복숭아 직판장 설치, 햇사레 행복이음길(이천·장호원~음성) 조성, 행복이음 꽃다리 조성(구 장호원교) 등 공동발전을 도모하는 협력사업을 추진한다. 해마다 9월쯤 '햇사레장호원복숭아축제'가 열리고, 축제 기간에는 복숭아 판매뿐만 아니라 다양한 문화행사도 개최한다.

이렇게 협동조합은 협동조합 내부의 조합원 간 협동이라는 1차적 협동효과를 넘어 2차, 3차적으로 협동의 범위를 넓혀갈 수 있다. 협동조합의 내외부적인 협력관계 내지 협동효과는, 협동과 연대라는 잔잔한 수면 위로 동심원(同心圓)을 이루며 퍼져나가는 물결처럼 긍정적이고 생산적인 파급효과를 넓혀간다.

신뢰확보를 위한 햇사레의 노력

햇사레협동조합은 체계적인 연대와 협동에 의한 협동조합 고유의 강점만 보여주는 것으로 끝나지 않는다. 오히려 주력품목인 복숭아의 품질관리 노력과 그 시스템은 선키스트(오렌지)나 제스프리(키위)협동조합에 비해 전혀 모자람이 없다. 그러면 '햇사레'가 복숭아의 품질관리와 고객의 신뢰성 확보를 위해 어떻게 노력했는지를 알아보기로 한다.

복숭아 생산에서부터 포장, 출하(유통)의 전 과정에서 불신 요소를 제거하려고 노력한다. 생산단계에서 상품화(포장 등), 유통(물류)과정, 매장 내 진열까지 4단계로 나누어 단계별 품질관리 기준을 적용하고, 출하 전 자율검사제, APC(산지농산물유통센터)별 공동 품질검사 등을 실시한다.

투명창을 씌운 햇사레 복숭아

우선 생산단계부터 철저한 품질관리에 들어간다. 복숭아 품종의 특성이나 출하지역의 거리(근거리 출하, 원거리 출하)를 감안하여 수확시기에 차이를 두며, 기온이 비교적 낮은 오전 10시경까지만 복숭아를 따는 등 수확할 때의 온도까지 세밀하게 고려한다.

또한 소비자의 신뢰도를 확보하기 위한 특수포장(투명창 씌우기), 복숭아 잔털 및 이물질(異物質) 제거를 위한 에어세척기 사용 등 상품화(포장작업 등)과정의 품질관리 노력도 주목할 만하다. 햇사레가 내부적으로 적용하는 품질기준은 특품, 상품, 보통[8]으로 구분되며, 복숭아 등급 및 거래시장(대형마트, 도매시장 등 유통업체)별 특성에 맞춘 포장단위별로 다양한 상품을 출하한다. 예를 들면 '햇사레 명품', '햇사레 플러스', '햇사레 프리미엄' 등으로 등급화하고 포장단위도 복숭아 개수나 중량에 따라 소포장, 중포장 등으로 구분 및 규격화한다.

'햇사레'의 품질관리

---

[8]　햇사레의 특·상품 선별기준: 특품은 복숭아의 중량이 균일하고, 크기는 L사이즈 이상이며, 복숭아 고유의 색감(色感)이 우수한 것만 포함된다. 상품(上品)은 일정한 포장단위별(복숭아 개수, 중량기준)로 무게가 서로 다른 복숭아 비율이 5퍼센트 이하, 크기는 M사이즈 이상, 복숭아의 모양 등이 경미한 하자가 있는 것을 포함한다.

- 복숭아 생산단계부터 품질관리 시작
  - 과육의 경도(굳기), 과피(果皮)의 색상, 향기 등을 살펴 경숙기·완숙기·난숙기로 구분한 다음, 품종의 특성에 따라 경숙기 또는 완숙기에 수확
  - 원거리출하 시나 저장성이 약한 품종은 경숙기에 수확, 근거리출하 품목 또는 장기간 저장이 가능한 품종은 완숙기에 수확
- 포장 전 당도(糖度)검사 및 다단계 선별작업 실시
  - 수확된 복숭아 샘플의 당도 측정으로 품질균일화 도모
  - 내부 검품요원에 의한 1차 선별(육안으로 복숭아 선별), 2차 선별(정밀검사)
- 소비자 신뢰도 확보를 위한 특수포장, 소포장 사용
  - 내부 상품화 품질기준에 따라 햇사레 로고가 새겨진 투명창 박스[9] 사용으로 소비자가 과일상태를 직접 확인하도록 편의(신뢰도) 제고
  - 햇사레 표준규격상의 '특품'만 사용하여 소포장
- 팔레트 시스템 사용 등 물류 혁신
  - 상품별, 규격별로 팔레트(pallet)에 적재해서 이동하여 복숭아의 흠집발생 방지 및 감모(손실)율을 최소화
- 물류(운송)단계에서 콜드-체인(Cold-Chain)시스템 적용
  - 운송 시 상품(포장완료 복숭아) 보호를 위한 포장작업 후 냉장탑차(여름철 품질보호)와 무진동차량으로 유통업체 또는 매장으로 운송, 저온저장고 공동사용

9　투명창이 부착된 포장박스 사용으로 나무상자를 사용한 기존 과일포장의 단점을 해소하였다. 상자 내 위쪽에는 품질 좋은 과일, 상자 아래쪽이나 중간에는 품질이 다소 떨어지는 과일을 섞는 등 속칭 '속박이'로 소비자를 속이는 행위가 있었는데, 종이상자 위주로 포장용기를 교체함으로써 속박이가 거의 사라지는 계기가 되었다.

해피브릿지협동조합

'해피브릿지'라는 단어의 느낌과 뜻이 참 좋다. 우리말로 '행복이음다리'라고 할 수 있으니 이 단어만 떠올리기만 해도 행복한 기분이 들지 않을까? 이러한 '행복이음'을 스스로 실천한 기업이 있다. 면(麵)국수 부문을 주력사업으로 하는 프랜차이즈형 주식회사에서 협동조합으로 전환한 ㈜해피브릿지이다. 해피브릿지협동조합은 주식회사 형태의 기업으로 시작했다가 협동조합으로 전환한 대표적 사례이다.

행복이음다리 – 사람중심 기업, 해피브릿지

이 조합에 대해 분석하고, 그 시사점을 찾아보면 우리나라에 이미 설립된 협동조합이나 향후 설립될 협동조합에 좋은 참고가 될 수 있다. 해피브릿지협동조합은 리더의 역할, 조합원의 적극적인 참여, 끊임없는 기업가정신 내지 도전정신의 발휘가 협동조합 경영에서 얼마나 중요한지를 잘 드러내준다.[10]

해피브릿지는 처음부터 협동조합인가?

해피브릿지가 오늘날 협동조합으로 세상에 알려지기까지는 4단계 과정을 거친다. 제조유통사업기(1999~2003), 외식프랜차이즈 사업정착기(2004~2009), 외식프랜차이즈 사업확장 및 협동조합전환기(2010~2012) 및 협동조합시대(2013년 이후)가 그것이다.

우선 해피브릿지의 '제조유통사업기'는 보리식품영농조합법인을 인

---

10   해피브릿지협동조합은 제4장[협동조합, 이래야 성공한다]의 협동조합과 리더십 부문에서 다시 다룬다.

수하고 공장을 설립(1999. 1.)하건서 시작된다. 좀 더 구체적으로 보면 서울 양곡유통사업자와 대전 식자재유통사업자 들이 모여서 '다르게 벌어 바르게 살자'는 캐치프레이즈를 내걸고 전국을 대상으로 판매대리점을 개설하는 등 유통사업을 개시하였다. 해피브릿지는 이 시기에 이미 '사람중심 기업'이라는 기업미션을 채택하고 이를 지속적으로 사업에 반영하고자 했다.[11] 다만 이 시기에는 서울과 대전이 아직 하나의 기업으로 통합되지 않고 두 지역으로 나누어 사업이 진행되었다.

해피브릿지 성장단계 2기에 해당하는 '외식프랜차이즈사업정착기'에는 '화평동 왕냉면'(2004), '국수나무'(2006) 등 브랜드를 가진 프랜차이즈 형태의 식품사업을 본격적으로 개시해 상당한 성공을 거두었다.

그동안 두 지역으로 나누어 진행하던 사업을 '푸드코아'라는 통합법인을 만들고, '사람중심 기업'이라는 기존의 미션에 '참식(食)'과 '대안기업'을 추가하여 '식품기업으로서 안전하고 사회에 기여하는 건강한 제품을 만들며, 주주 및 자본 대신 사람을 중심으로 삼는다'라고 미션의 의미를 규정하였다. '푸드코아'는 나중에 해피브릿지로 이름이 바뀐다.

이 시기에 해피브릿지는 한 가지 중요한 조치를 취한다. 직원들에게 회사 지분 일부를 양도하여 그들을 주주로 만들었다. 이는 후일 해피브릿지가 협동조합으로 가는 길에 중요한 디딤돌이 되었다.

주식회사에서 협동조합으로!

해피브릿지는 본격적인 협동조합 시기로 들어서는 중요한 과도기를 맞는다.

---

11   해피브릿지의 홍보브로서 〈사람꽃을 피웁니다-HAPPY BRIDGE〉 참조.

협동조합의 정의

공동으로 소유되고 민주적으로
운영되는 사업체를 통하여 공통
의 경제, 사회, 문화적 필요와
욕구를 충족시키려는 사람들이
자발적으로 결성한 자율적인 조직

해피브릿지협동조합 본사 입구

바로 '외식프랜차이즈 사업확장 및 협동조합전환기'이다. 이 3기에는 외식프랜차이즈 사업이 안정적인 정착단계를 넘어 신규 외식브랜드 '미야오'(일본식 벤또전문점)를 사업개시하고, 온라인 유통쇼핑몰((주)화평동), 식품유통 분야((주)해피브릿지C&C)에 계열사를 신설하는 등 성장을 지속한다. 현재는 '화평동 왕냉면', '국수나무', '더 파이브'(THE FIVE), '도쿄스테이크', '하늘자미' 등 유명 브랜드와 외식

공간시설물을 소유하고 전국에 4백 개에 가까운 체인을 가진 협동조합이 되었다. 협동조합적 기업이라고 해야 더 정확한 표현이다.

그러나 역설적이게도 사업 성장으로 해피브릿지 경영진은 예기치 않은 난관에 부딪혔다. 회사가 성장하면서 크게 증가한 직원들이 영리를 우선으로 추구하는 기업 속성과 '사람과 직원 중심'이라는 회사 미션 사이에서 혼란스러워하게 된 것이다.

경영진은 협동조합 밀집지역으로 유명한 이탈리아 에밀리아 로마냐주의 볼로냐 지역 협동조합을 돌아보며 깨달음을 얻는다. 현재의 주식회사 기업체제로는 '사람중심 기업', '자본보다는 사람', '사람·직원중심' 등의 미션을 더 이상 유지하기가 어렵다고 판단한다.

결국 '직원과 고객의 경제적 만족과 자아실현을 추구하는, 지속가능

한 협동조합 기업'이라는 새로운 비전으로 2013월 2월에 협동조합기
본법상 협동조합으로 조직을 전환하였다. 이 과정에서 장기근속자를
중심으로 직원 60여 명이 '해피브릿지 협동조합'의 조합원이 되었다.

　㈜해피브릿지 직원이 종업원 신분에서 조합원 직원 즉, '주인'으로
바뀌었고, 해피브릿지가 노동자협동조합이 된 것이다. 또한 해피브릿
지 창업 주주들이나 일반 주주들은 지분의 상당부분을 포기하였다. 일
종의 '행복이음 다리'를 건넌 셈이다.

해피브릿지의 혁신은 현재진행형!

이제 해피브릿지 역사의 제4단계를 살펴보기로 한다.

　해피브릿지는 협동조합으로 조직전환(2013)한 후에도 신규브랜드
'더 파이브'(홈스타일버거), '도쿄스테이크'(일본식 스테이크)와 함께 가족형
외식점 '하늘자미'를 개설하는 등 새로운 사업을 계속 시도한다. 또한
스페인의 유명한 협동조합 몬드라곤의 몬드라곤대학과 HBM협동조합
경영연구소를 공동으로 설립(2014. 2.)하였으며, 이를 통해 해외 유명 협
동조합들과 협력관계를 확대하려는 계획도 있다. 이를 테면 사회적경
제 단체와 지역식당협동조합 설립 프로젝트를 추진한다.[12]

무엇을 배울 것인가?

해피브릿지는 사업이나 운영에서 주요 의사결정을 할 때 합의와 설득
을 최우선시한다. 창업 초기 서울과 대전의 유통업 시절부터 두 지역
유통업자의 단일기업 창업(푸드코아), 협동조합으로 조직 전환, '화평동

12　해피브릿지의 홍보브로서 〈사람꽃을 피웁니다-HAPPY BRIDGE〉 참조.

왕냉면'이나 '국수나무' 같은 신규브랜드 출시 등 사업추진과 경영관련 주요 의사결정에서 항상 합의와 설득으로 최종결론을 이끌어냈다.

또한 창업초기부터 조직의 미션과 비전 제시가 중요함을 깨닫고 '사람중심 기업'이라는 미션을 바탕으로 사업경쟁력을 확보하고 조직으로서 지속가능성을 제고하였다. 더불어 기업의 사회적 책임을 다하고 사회에 기여하고자 노력했다.

해피브릿지는 협동조합으로 전환한 후에도 미션과 원칙을 그대로 유지한다. 그 대표적인 사례가 잉여금 배분 원칙이다. 해피브릿지는 '직원협동조합'으로서 조합원 배당과 조합의 지속가능성 확보를 위한 내부유보 간의 균형을 추구한다. 즉 조합의 미래를 위한 내부유보와 조합원의 권익보호라는 두 수레바퀴의 균형을 잘 유지하고 있다.

해피브릿지는 '협동조합으로 가는 길'에 발생하는 '협동조합적 난관'을 '협동조합적 방식'으로 극복한다. 여기서 협동조합적 난관이란 의사결정 과정과 자본조달상의 어려움을 말한다.

협동조합의 민주적 의사결정은 '배가 산으로 가는' 식으로 결정이 지연되는 부작용이 생길 수 있다. 해피브릿지는 그 부작용을 방지하려고 협동조합의 1인 1표제 의결원칙은 유지하되, 이사회 운영과 일반 경영관리를 구분해 운영하여 사업수행의 효율을 시도한다. 한편 이사회의 운영과정을 공개하여 임원들이 좀 더 책임감을 갖게 하고 의사결정의 투명성과 수준을 높이고자 한다.

협동조합이 주식회사보다 자본조달에 불리하다[13]는 것은 거의 객관

---

13 협동조합은 조합원이 탈퇴하면 지분을 정산한 후에 출자금을 돌려주는 것이 원칙이다. 협동조합의 출자금을 조합원에 대한 부채로 보면 금융기관이 협동조합에 대출 시 신용등급 저하요인이 된다. 매출실적이나 잉여금 적립이 미미한 신규 협동조합에게는 경영상 큰 문제가 될 가능성이

해피브릿지협동조합 본사입구에 해피브릿지와 협동조합적 가치 곧 참여, 자주, 독립, 조합원 등을 의미하는 영어단어가 보인다.

적인 사실이다. 해피브릿지는 조합원 직원의 자본참여를 높이는 조치를 취해 이 문제를 푼다. 법령 범위 내에서 조합원의 출자한도를 직원의 기본 연봉수준까지 높여 조합원의 경제적 참여를 활성화하고, 현금 배당을 최대한 줄이며 내부유보 비율을 높이는 선택을 한다.[14] 해피브릿지 자체 역량으로 외부적인 금융네트워크 확보 등을 통해 자본조달에 유리한 환경을 구축함으로써, '누가 협동조합에 자금을 투자하겠는가?'라는 일반적인 비판을 극복하였다.

해피브릿지는 또한 지속적으로 기업가정신 또는 도전정신을 발휘한

높다. 또한 협동조합기본법 개정으로 제18조 제4항을 신설하여 조합원이 납입한 출자금 총액을 협동조합 자본금으로 한다고 밝혔다. 그러나 이는 법령상의 규정일 뿐이고, 실제 금융기관에서 협동조합의 자본금으로 봐 줄지는 의문이다. 다른 보완조치가 필요해 보인다.

14　네덜란드의 협동조합 라보뱅크와 상당히 유사한 사례이다. 라보뱅크는 잉여금에 대한 조합원 일부의 배당요구에 대해 내부유보의 중요성을 설득하여 무배당원칙을 강력히 지킨다. 배당보다는 내부유보를 택해 수십 조 원에 달하는 자기자본을 만들었다.

다. 해피브릿지를 상징하는 브랜드 '화평동왕냉면'이나 '국수나무'부터 가족형 외식공간 '하늘자미'에 이르기까지 신규사업이나 브랜드를 지속적으로 시장에 내놓았다. 브랜드 모두 사업적으로 성공했다고 말할 수는 없어도 그 기업가정신은 인정받아야 마땅하다.

지역농협 사례

지금까지 주로 협동조합기본법 시행 이전 우리나라의 선구 사례에 해당하는 특별법상 협동조합들을 살펴보았다. 협동조합기본법상으로 설립될 우리나라 신생 협동조합이 '성공하는 협동조합'으로 가는 길을 함께 찾아보기 위해서였다.

　이제 협동조합기본법에 의거하여 설립된 후 '선전분투'(!)하는 협동조합(이하 기본법 협동조합)을 돌아보기 전에 '간이역' 삼아 잠시 내려 들러야 할 곳이 있다.

　바로 농업협동조합법을 따라 설립되었던 지역 단위농업협동조합(지역조합)이다.[15] 협동조합기본법 시대가 시작된 2012년 12월 1일 이전부터 존재한 지역조합 중 현재 신생 협동조합의 운영에 참고가 될 만한 좋은 사례가 있다. 특히 지역별로 특수한 여건이나 어려운 환경을 극복하기 위해 기업가정신을 발휘하고 기술혁신이나 마케팅에서 성공적인 결과를 창출하는 지역농협 몇 군데를 간단히 살펴보려고 한다.

　'착한들' 브랜드로 한우곰탕사업을 추진하는 고삼농협(경기도 안성),

15　우리나라 농협은 1957년 이후 협동조합 역사에서 큰 페이지를 차지하며, 농업협동조합 부문에서 세계 3위 규모이다.

'그레인 스무디'(Grain smoothie)라는 선식 개발 및 미국 수출, 홍삼 드링 크와 양파 음료 개발로 부가가치를 높이는 등 사업적 혁신노력을 지속 하는 서원농협(강원도 횡성)이 성공적인 지역농협에 속한다.

이외에도 조합원 농가의 안정적인 소득 증대를 위해 미국과 대만 등 에 상주배의 수출을 개시한 외서농협(경북 상주), '콩' 품목에 집중하며 지속적인 조합원 교육활동으로 협동조합 활동역량을 키워 온 불정농 협(충남 괴산), 한우명품관 '슬로우(牛)'로 유명한 남평농협(전남 나주) 등이 주목할 만한 지역농협이다.

고삼농협(경기도 안성)

'작지만 강한 농협'을 지향하는 고삼농협은, 조미료를 첨가하지 않고 지방을 대부분 제거한 '웰빙 보양식' 개발을 목표로 곰탕의 품질을 개 선하려고 노력했다. 일반식당 곰탕이 불신 받는 '틈새'를 노려 이를 사 업모델로 만들었다. 한우사골곰탕, 한우사골냉동곰탕 등 다양한 곰탕 메뉴를 개발해 전통식품인증을 받고 여기에다 '착한들'이라는 통합 브 랜드를 붙였다. '안성마춤푸드센터'를 건립해 이 곰탕메뉴를 홍보하고 판매하였다. 그 결과 조합 소재지인 경기도로부터 G마크를 받았다.

외서농협(경북 상주)

외서농협은 한때 조합원의 도덕적 해이(moral hazard)를 줄이기 위해 '3 진 아웃'제도를 강력하게 실시했던 점이 특이하다. 도덕적 해이는 조합 의 사업추진을 어렵게 하고, 사업성과를 저하시키기 때문이다. 3진 아웃제도란 조합원 농가가 생산품목을 출하하고 판매할 때 조합 운영규칙을 3회 이상 위반할 경우 조합에서 영구적으로 퇴출시키는 제도이다. 물론 조합규칙을 잘 지키면 인센티브도 부여한다.

이외에도 외서농협은 '배'를 특화품목으로 선정하고, 품질고급화와 공동브랜드 사용, 대형구매처와 직거래 추진 등 경쟁력 확보를 위한 사업상 혁신을 계속해서 추진한다.

서원농협(강원 횡성)

강원도 지역의 각종 잡곡을 상품화하는 데 그치지 않고 부가가치를 크게 높인 조합으로 유명한 서원농협! 이 지역농협은 다이어트와 질병치료를 목적으로 한 생식제품이 브랜드 그 자체라 할 수 있다.

서원농협은 발아(發芽)보리, 발아현미, 발아현미찹쌀, 발아밀, 발아옥수수, 산삼배양근 발아생식 등 발아곡물을 재료로 생식제품을 만들어 온라인, 오프라인으로 판매한다. 특히 주변 농가와 웰빙잡곡을 계약재배하여 생산농가가 안정적인 생산량 조절과 소득을 확보할 수 있게 하여, 지역사회와 공생노력을 지속한다. 지역농민과 서원농협 간에 생산과 가공·판매의 역할분담 즉, 일종의 '분업'이 잘 이루어진 경우이다.

불정농협(충북 괴산)

불정농협은 작목반[16]으로 공동구매를 진행하고, 수도권 지역에 조합원

---

16   우리나라의 농업협동조합법상 농협 산하조직이라고 볼 수 있으며, 농사에 필요한 자재의 구입이나 생산물의 판매와 같은 유통 부문을 공동으로 하기 위해 농민들이 만든 조직. 같은 농산물

농가의 생산품(콩, 감자 등)을 홍보, 판매한다. 특히 이 조합은 조합원의 주력생산품인 콩의 수확, 선별, 포장까지 거의 자동화가 가능한 설비시스템을 갖추었다. 또한 조합원 농가의 협동조합 이해도를 높이고, 조합경영에 참여할 수 있도록 자체 조합원 교육을 지속적으로 진행한다.

남평농협(전남 나주)

남평농협은 '슬로우(牛)'라는 남평한우로 이름난 조합이다. 소의 '느린 걸음'과 'slow'의 발음을 중첩해 재미있게 표현한 이 단어는 남평농협이 직접 운영하는 한우명품관 이름이다. 이 조합은 한우판매점인 '남평농협다도한우촌'도 운영한다. 또한, '농업인으로부터 칭찬 받는 농자재(農資材)사업추진'을 조합의 사업미션으로 설정해, 각종 농자재의 적정한 재고관리로 적시판매를 할 수 있도록 영농자재백화점을 설립하였다.

　앞에 나온 우리 지역농협 사례는 협동조합이 단순히 조합원만 모였다고 해서 성공하는 조직이나 사업모델이 되는 게 아니라, 지속적 연구개발과 경영혁신을 통해 경쟁력을 쌓아야 지속가능성을 확보할 수 있음을 보여준다.

협동조합기본법 시대

협동조합기본법이 시행되면서

을 취급하는 농민들끼리 구성하며 채소, 원예, 축산, 과일 등에서 많이 나타난다.

우리나라는 2012년 12월 1일을 분기점으로, 협동조합[17]에 관한 한 새 시대를 열었다. 협동조합에 법인격을 부여하는 것이 핵심인 협동조합 기본법이 시행되었다. 이전에는 기업방식이나 자영업 외에 영리사업을 수행하기가 거의 불가능하였으나, 협동조합기본법은 협동조합 방식으로도 영리사업이나 비영리사업이 가능하도록 만들었다.

우리나라에서도 협동조합이 사회경제적 활동 분야에서 충분히 가시권(可視圈)에 들어와 있다. 이제는 사업이나 창업과 관련해 협동조합을 선택지(選擇肢)에 포함할 수 있는 시대적, 경제적 환경이 되었다.

기획재정부는 2012년 말에 협동조합기본법을 시행하면서 '협동조합이 공동육아, 주택, 구매, 생산 등 다양한 분야나 업종에서 소액·소규모 창업을 활성화하여 취약계층의 경제활동을 지원하고 일자리를 창출하여 서민·지역경제 활성화 및 양극화 해소에 기여'[18]하리라 전망하였다.

기본법이 나오고 비교적 자유롭게 협동조합이 설립되어 사업활동이 가능하게 된 지 얼마 안 되었지만 많은 협동조합이 만들어지는 상황이다.

그렇다고 해서 협동조합이 우리 미래경제의 주역이 될 만큼 진정한 희망의 불빛을 던진다고 할 수 있는가? 과연 협동조합기본법이 시행된 이후에 생긴 우리나라 협동조합은 성공적인가?

지금부터 기본법이 시행된 이후 가파른 속도로 증가하는 협동조합

---

[17]　앞으로 이 책에 나오는 '협동조합'은 주로 사회적협동조합과 대비되는 일반협동조합을 의미한다. '일반협동조합'은 상법상 주식회사와 많은 점이 비교되지만, 사실상 영리법인이라는 면에서는 거의 차이가 없다.

[18]　기획재정부 정책조정국 협동조합팀 보도자료(2012. 1. 26.) 참조.

의 현황과 문제점을 개괄적으로 소개한다. 그 다음 신생 협동조합으로 모범적 활동을 하거나 어려운 여건에도 착실하게 사업수행을 해 나가는 협동조합 몇 군데를 살펴보고자 한다.[19]

협동조합기본법 시행 후 현재까지 사업자협동조합을 중심으로 매년 2~3천 개 이상의 협동조합이 설립된다. 2012년 말부터 협동조합기본법에 의해 설립된 협동조합 수가 2015년 4월 말 기준으로 이미 7천 개를 넘어섰다.[20] 협동조합 설립신고 수리 및 인가는 꾸준히 이어지며, 전체 협동조합의 수가 1만 개를 넘어서는 것은 그리 먼 미래가 아니라고 전망된다.

협동조합을 향한 '열기'에는 정부와 지방자치단체 등 협동조합 유관기관의 적극적인 지원정책과 분위기의 영향도 있다. '기본법 협동조합'의 일반협동조합 중 가장 많이 설립된 유형은 사업자협동조합이다. 설립 분야 또는 업종으로 볼 때 주로 도·소매업에서 협동조합이 많이 설립된다. 이러한 경향은 소상공인이 단독 사업보다 협동조합 틀 내에서 공동으로 사업하고, 영세한 개인 창업보다는 협동조합으로 창업하여 사업 리스크를 줄이는 효과를 기대할 수 있기에 긍정적인 측면이 많다.

'기본법 협동조합'의 설립이 계속해서 증가하는 현상은 협동조합기본법의 입법취지에 부합한다. 기본법의 주요 목적에는 소상공인을 포함한 사회적 취약계층의 경쟁력 강화가 있기 때문이다.

사실 협동조합기본법은 영세소상공인의 경쟁력을 높인다는 정책적

---

19   한두 개의 협동조합은 제4장 [협동조합, 이래야 성공한다]에서 심층 분석(case study)한다.

20   기획재정부의 「협동조합 설립 현황자료」(2012. 12. 1.~2015. 6. 19, www.coop.go.kr 참조)를 보면 전체 협동조합 수는 7,530개로 나타났다. 이 중 일반협동조합은 7,187개(95. 4%)이다. 나머지는 사회적협동조합(301개), 일반협동조합연합회(39개), 사회적협동조합연합회(3개) 순이다.

2장. 우리나라 협동조합의 어제와 오늘 **85**

목적을 갖고 있다. 경쟁력을 제대로 갖추지 못한 상태의 독립 창업이 아니라, 협동조합에 의한 창업을 유도하는 성격이 있다.

기본법상의 협동조합 실태조사

그러나, '기본법 협동조합'의 지속적 증가 추세 가운데 무시하기 어려운 문제점이 하나 있다.

정부의 실태조사[21] 자료를 따르면 설립된 협동조합의 거의 과반수가 사업 착수조차 못하고 있다. 사업을 시작하지 못한 이유에는 사업운영자금 부족이 33.4퍼센트, 수익모델 구축 미비가 22.3퍼센트, 조합원 미확보 또는 부족이 14.1퍼센트로 나타난다. 협동조합이 설립과 동시에 운영이 어렵게 되는 주요 이유는 앞에서 살펴본 대로 자금부족과 더불어 적절한 사업모델을 갖추지 못했기 때문이다.

우리나라 협동조합의 운영상 문제점(협동조합기본법 시행 이후)

구분	사업운영 자금부족	수익모델 구축미비	조합원 미확보	예상한 정부 정책지원 부족	사업인력 부족	사업장 미완공	기본적 준비단계	기타
비중 (%)	33.4	22.3	14.1	10.6	5.6	3.8	3.8	7.0

(기획재정부, 협동조합실태조사, 2013. 11. 15.)

이외에도 사업수행 인력 부족 등 사업수행을 위한 기본준비 미흡이

---

21   기획재정부는 2013년 11월 15일, 협동조합기본법 시행 이후 설립된 협동조합(1,209개)을 대상으로 실시한 실태조사('13년 5월 기준) 결과를 발표하였다. 여기에는 협동조합의 설립 사업현황, 재무상황, 정책활용 현황 등을 조사한 내용이 포함되어 있다. 한편 기획재정부는 2015년 상반기 중으로 협동조합기본법 이후 설립된 협동조합에 대한 전수조사를 실시한다. 조사항목은 협동조합의 사업체특성, 고용현황, 재무상황, 경영활동 및 제품 서비스 등 5개 부문이다.

상당한 비중(약 10%)을 차지하며, 심지어 사업수행을 시작하지 못한 이유로 '정부의 정책적 지원의 부족'을 드는 협동조합이 10퍼센트나 된다. 협동조합기본법이 시행되어 불과 1년 정도 경과한 시점에서, 설립된 지 1년 미만인 협동조합임을 감안해도 신생 협동조합의 어려운 상황이 충분히 반영된 결과다.

자주·자조·자립을 본질적 특성으로 하는 협동조합이, 게다가 사업자들로 구성된 협동조합(사업자협동조합)이 사업모델 미비 등 역량이나 준비부족으로 정부 등 외부지원에만 기대야 하거나 사업 착수 자체를 못한다면 이는 매우 심각한 상황이다.

협동조합의 '열기'가 다른 지역보다 더 높았던 서울에 설립된 협동조합의 설문조사 결과[22]를 보면, 향후 협동조합의 지속가능성 측면에서 우려되는 현상을 발견할 수 있다.

특히 조합들이 가장 절실하게 원하는 부분이 사업비 지원이다. 서울지역 협동조합은 지원이 필요한 분야에 사업비 지원, 공공기관 우선구매, 법무세무 상담 지원, 공공기관 사업서비스 위탁, 조합원 교육훈련 지원 순으로 대답했다.

설립 초기의 조합이 사업비 조달이나 법무·세무 같은 전문성 높은 부문에 지원을 바랄 수는 있지만, 조합원 교육훈련은 협동조합 자체에서 해결할 수 있어야 한다.

공공기관 우선구매와 공공기관 사업 위탁(수주) 등 사업지원이나 판매를 포함한 마케팅 부문도 지원 필요 사항으로 나타난다. 협동조합이 자금조달부터 사업확보, 제품 및 서비스의 판매, 경영 지원업무(법무, 세

---

22   소상공인신문(2013. 6. 29.) 참조.

무 등)까지 경영 부문 중 어느 하나 지원이 필요하지 않은 데가 없다. 다른 지역도 크게 다르지 않다.

설립초기 협동조합이 대부분 이렇다면 위험한 상황이다. 자주·자조·자립을 기본가치 또는 정신으로 하는 '협동조합'이란 이름이 무색할 지경이다. 바꾸어 말하면 상당수 협동조합이 뚜렷한 비전이나 목적 없이, 또는 나름대로 비전과 목적이 있어도 그것이 실행 가능한지 역량이나 자원의 구체적 검토 없이 설립하거나 운영했다고 볼 수밖에 없다.[23]

이와 같은 상황을 종합해 보면 협동조합으로서 지속가능성은 고사하고, 지금 당장 생존가능성까지 의문시되는 협동조합이 꽤 있음을 의미한다. 현재까지 설립된 '기본법 협동조합'의 3분의 2 정도는 사업자협동조합이고, 그 사업자협동조합 둘 중 하나는 거의 자금부족이나 자금조달 실패, 사업모델 또는 수익모델 미비(未備)[24] 등의 사유로 조합활동이나 사업을 제대로 수행하지 못하는 상황이다.

협동조합기본법의 발효, 시행 이후 의욕적으로 출발한 협동조합에서 불과 2~3년 만에 나타나는 이 우울한(!) 신호는 저자가 설립 및 운영 컨설팅을 직접 한 조합들[25]에서도 감지된다.

이들은 조합활동에 대한 의지가 강하고 사업적 기대가능성이 높지만 역시 가볍게 넘길 수 없는 문제를 안고 있다. 이미 설립되었거나 앞

23　기획재정부의 협동조합 실태조사 자료를 보면, 스스로 조합에 소속된 이유를 사업전망보다 협동조합의 설립목적에 공감하기 때문이라고 응답한 조합원이 과반수로, 사업전망으로 응답한 조합원의 두 배를 초과한다.

24　협동조합은 일반적으로 조합을 설립하고 협동조합적 방법으로 사업을 수행할 때 자금이 부족하다는 취약점이 있다. 협동조합기본법 발효 이후로 협동조합 상당수가 유명무실화되는 근본적인 이유는 협동조합의 '사업모델'이 부재하거나 미흡한 데 있다.

25　이들 협동조합은 정부에서 시행하는 협동조합활성화사업에 참여하는 과정에서 비즈니스 모델(사업모델) 자체는 어느 정도 구축된 협동조합이다.

으로 설립될 많은 협동조합이 겪을 개연성이 높은 장애물에 거의 공통적으로 부딪히고 있기 때문이다.

협동조합을 해야 할 필요성 또는 당위성과 협동조합으로서 성공가능성이 있어 보이나, 실제 조합운영이나 사업수행 과정에서 여러 가지 문제로 힘겨워한다. 협동조합을 설립운영하지 않으면 생존이 불가능한 업종 분야의 소상공인 사업자가 사업수행 기반을 확보하는 데, 나아가 확실한 사업성과를 거두는 데 있어 협동조합 고유의 취약점과 환경여건 때문에 그 조합의 성공가능성이나 지속가능성을 확신할 수 없는 상황이다.

그러면 저자가 방문해 살펴본 협동조합 중 네 곳을 예로 들어 협동조합이 처한 역량과 취약점, 기회와 위기의 상황을 알아보기로 한다.

공예, 디자인, 인테리어 분야의 사업자가 모인 M협동조합(경기)은 사실 업종 자체가 다음에서 나올 전통한지협동조합처럼 상업적 경쟁력을 갖추기 어렵다. 이 상황을 극복하려는 이사장의 적극적 리더십으로 설립 당시에 비해 조합원이 계속 늘어 지속가능성이 보이며, 조합 소재 지역의 경력단절 여성에게 시간제 일자리를 제공해 지역사회에 기여하는 등 사업 기반 구축에 안간힘을 쓰고 있다. 디자인 분야가 향후 미래성장 산업이므로 협동조합 초기 설립운영 단계에서 사업추진 역량을 확보하는 데 성공한다면 지속가능성이 높아지리라 기대한다.

그러나 이 조합은 공동사업장 등 조합 사업수행의 인프라 구축이나 공동마케팅 자금확보, '열성' 조합원의 확보에 어려움을 겪고 있다. 협동조합 기반과 운영을 뒷받침할 전문적 역량 구축을 위한 지원을 절실히 필요로 한다.

정밀한 항공사진 및 영상촬영 제공을 사업모델(수익모델)로 하는 S협동조합(전북)은 사진 및 동영상 분야의 전문가로 구성된 사업자협동조합이다. 정부에서 주요 촬영 및 편집장비를 지원받았지만, 사업 기반을 확보하기 위해 조합원이 추가출자한 자금으로 기술연구실을 새로 설치하는 등 자발성이나 자주성을 잘 보여주는 조합이다.

그런데 자금 및 판로부족으로 기존 영상 분야의 중견기업체와 치열한 수주경쟁을 펼치며 고객확보에 힘겨워하고 있다. 원래 영세 사업자로 구성된 협동조합이라서 소요자금의 추가출자는 어려운 상황이다. 주력사업인 항공영상 제작서비스의 판로확보가 이 조합의 지속가능성을 좌우한다.

전통한지 분야의 W협동조합(전북)은 업종 자체가 개별 자영업자로서는 경쟁력을 갖추기 어렵기 때문에 한지 분야 사업자가 협동조합의 설립할 필요성과 당위성을 잘 포착한 경우이다. 또한 전주에는 전통한지 지원센터, 대승한지마을, 한옥마을 등 사업생태계가 상당히 갖추어져 있어 협동조합으로서 성공가능성은 어느 정도 있다.

다시 말해 조합의 사업모델은 타당한 전략적 방향성이 있다. 그러나 여기까지다. 사업기회를 포착하고 이를 수익창출이 가능한 사업모델로 전환한 것까지는 좋았으나, 이를 기반으로 조합원 사업자 간 시너지효과를 창출해야 하는데 아직 그렇지 못해 안타깝다. 이 조합의 자체 역량만으로는 당장 운영자금 확보를 위한 추가출자(자금조달) 및 마케팅 등 판로 확대를 위한 기반 구축이 힘든 상태이다.

마지막으로 청과물상인의 협동조합인 H협동조합(경기)을 보자. 이 조합은 140여 개의 청과물 점포가 판로 확대를 위하여 모였다.

정부의 지원을 받아 냉장용 탑차와 운송용 차량 등 장비를 갖추고, 협동조합 소재지역의 각종 기관을 상대로 단체급식 식자재를 공급하

기 위해 노력하였다. 그 결과 협동조합 명의로 10여 개 기관에 단체급
식용 식자재 공급계약을 확보하는 등 개별 청과물 점포로는 불가능한
수준의 판로를 개척하여 소속 상인에게 매출확대 기회를 제공하였다.

특히 이 조합은 기존 상인회조직과 협동조합이 병존해 시장상인들
간의 의사소통 창구가 일치되기 어려웠는데, 상인회와 협동조합이 조
직통합을 결의하는 등 강한 단결력을 보여주었다. 그러나 조합 자체의
고유 수익모델로 청과물의 도매와 소매의 장점을 결합한 원스톱 서비
스를 제공하는 '창고형 할인마트' 사업을 계획하고 있으나 수억 원에
달하는 투자자금을 확보하기 어려운 상황이다.

참여에 대한 이해 부족 문제

협동조합기본법이 시행됨으로써 우리나라에서도 협동조합이 본격적
인 사업수행모델로 떠오르고 있다. 그러나 기존 농업협동조합 등의 개
별법(특별법)에 의한 농업, 금융, 중소기업 등 산업정책적 목적의 특수
협동조합에 비해 일정한 요건(5명 이상 조합원 등)만 충족하면 자유로이
설립하여 사업할 수 있는 일반협동조합에 대한 이해가 아직 부족하다.
협동조합에 직접 참여하는 조합원이 협동·헌신, 참여정신이나 협동조
합 이해 정도가 그리 높지 않은 현실도 협동조합기본법상의 협동조합
이 순항(順航)하는 데 걸림돌이 된다.

이해가 부족하니 협동조합 설립운영 초기부터 협동조합 활동이나
사업 참여도가 현저히 떨어져 조합 사업이 제대로 추진되지 못하거나
좌절하는 결과가 빈번하게 발생한다.

협동조합의 가치와 운영원리에 대한 이해, 조합 사업이나 활동에 참

여하려는 의지와 역량이 높은 '열성 조합원'을 확보하기 쉽지 않은 것이 현재 협동조합기본법상으로 설립된 협동조합 대부분의 실상이다.

협동조합의 사업환경(생태계) 미구축

양비론(兩非論)적 접근은 아니지만 협동조합이나 그 조합원에게만 문제가 있다고 할 수 없는 측면이 있다. 협동조합 사업환경 곧 생태계(cooperative ecosystem)에도 문제가 있다는 말이다. 협동조합이 원활하게 운영되거나 사업을 할 수 있는 제도적 환경이 완벽하게 구축되었다고 할 수는 없기 때문이다.

협동조합은 중소기업으로 분류되나, 기존 중소기업에 적용되는 다방면의 지원제도는 아직 협동조합과 거리가 멀다. 융자를 포함한 자금지원제도, 법인세율이나 세금감면 관련 세제(稅制) 등 관련 법률이나 제도가 더 확충되어야 하는 실정이다. 협동조합과 같은 사회적경제제권으로 분류할 수 있는 사회적기업과 비교해도 현재 협동조합이 불리하거나 아예 제도가 미비한 상태이다.[26]

물론 협동조합은 자주·자조·자립을 기본 가치와 원칙으로 하는 조직이기는 하다. 그러나 외국 협동조합의 역사를 보면 거의 예외 없이 국가적, 제도적으로 어느 정도 직·간접적으로 지원을 받았다.

우리나라도 2013년부터 중소기업청 주관으로 협동조합기본법상 협동조합의 기반 구축을 위해 '협동조합활성화사업'[27]을 진행하여 상당

---

26   사회적기업은 창업 후 소득세 법인세 감면, 공공기관의 우선구매 지원, 인건비 지원 등의 혜택을 받는다.

27   중소기업청과 소상공인시장진흥공단이 2013년부터 소상공인 사업자협동조합 지원사업을

한 성과를 거두고 있으나 새로 설립된 조합이나 설립예정 조합에 직접적 지원을 계속할 수는 없다. 간접적 지원제도를 중심으로 한 협동조합 사업생태계 구축이 시급하다.

현재 소상공인이나 중소기업이 정부나 지방자치단체, 금융기관 등 유관기관에서 받는 여러 가지 지원제도를 신생 협동조합이 당장 이용하기는 어렵다. 공적금융기관(은행 등)의 자금지원이나, 정부당국의 세금문제만 해도 그렇다. 일반 지역농협(특별법상)에 적용되는 당기순이익 과세 부분도 아직 신생 협동조합에는 적용세율 등이 결정되지 않았다. 신생 협동조합은 아직 조합원의 출자금 일부만 자본금으로 인정받을 수 있을 뿐이다.

협동조합 대부분은 자본의 불안정성, 경영실적 부족 또는 미흡으로 금융기관 등에서 받을 자금융자 심사 여건에서조차 불리하다. 한편 협동조합 자금지원방안인 특례보증제도(지역신용보증재단)는 금액한도와 이용건수를 살펴볼 때 그 실적이 미미하다. 외국을 봐도 그렇지만 자본조달의 어려움은 협동조합에 일종의 '아킬레스건'이 되어, 이를 극복하지 못하는 협동조합은 사업추진은 물론 사업조직으로 지속가능성을 상실하고 결국 소멸한다.

아울러 협동조합 신고업무를 주관하는 지방자치단체가 협동조합의 주요정책 결정기구인 '협동조합정책심의위원회'의 구성원이 아닌 것

실시하였다. 이 사업은 소상공인 개념에 적합한 사업자들을 대상으로 공동장소(사업장) 임차, 공동장비 구축, 공동R&D, 공동브랜드 및 공동마케팅, 공동네트워크 등 6개 부문에 대하여 사업비 및 컨설팅 지원을 한다. 정부는 협동조합이 각각 필요로 하는 원자재 공동구매 사업을 시행하다가 '도덕적 해이'가 우려되는 바람에 중간에 폐지하였다. 그 결과로 협동조합에 참여하려던 많은 조합원이 협동조합 참여를 포기하였다. 정부가 협동조합의 인프라 구축을 위해 협동조합에 직접적인 지원을 한다니까, 일부 조합원이 이 지원을 조합원이 똑같이 나눠가지는 것으로 오해(!)하는 경우가 더러 생겼다.

도 협동조합에 대한 지역밀착적인 원활한 지원에 한계를 초래하지 않았나 싶다.

이처럼 불리하고 어려운 상황에서도 협동조합은 꾸준히 설립된다. 설립 추세로 보건대, 가까운 미래에 1만 개 이상의 협동조합이 설립되리라 예상한다. 그러나 기본법 협동조합은 이미 그 운영이나 사업수행에서 숱한 난관에 부딪히고 있다.

한편 협동조합기본법상으로 설립된 협동조합 중 힘든 여건에서도 조합 초기의 난관을 극복하며 한 걸음 한 걸음 앞으로 나아가는 조합이 있다. 협동조합의 장점은 잘 활용하고 취약점은 조합원 간 협동과 이해, 지역사회와 협조관계 구축으로 잘 극복해 상당한 사업 기반을 구축해나가는 협동조합이 꽤 많다.

이 중 대표적인 협동조합을 골라 다음 장(章)에서 소개하여 조합 운영과 성공적 사업수행에 관한 시사점 또는 교훈을 얻고자 한다.[28]

기본법 협동조합의 주요사례

안심협동조합[29]

---

28 이 책에서 소개하는 협동조합은 온전히 저자의 판단으로 선택한 것임을 밝힌다. 또한 저자는 기본법 협동조합 중 몇 개의 조합은 실제로 답사하고, 조합 이사장과 인터뷰도 하였다. 최대한 객관성을 유지하기 위해서이다. 이 책에 미처 소개하지 못한 조합 중에도 협동조합의 가치와 원칙에 충실하며 훌륭한 사업적인 성과를 내는 협동조합이 많이 있을 것이다.

29 저자는 2014년 말에 안심협동조합을 방문해, 조합 이사장과도 안심협동조합을 중심으로 마을공동체 운영과 관련하여 인터뷰를 실시하였다.

'착한 먹거리'를 원하는 아파트 주민의 의지로 시작된 협동조합! 도심의 주민과 인근 농가 간의 협력을 기반으로 하는 협동조합이 있다. 대구시 율하동에 있는 '안심협동조합'이 바로 그 주인공이다.

이 조합은 협동하는 경향이 드문 도시에서 아파트 사람들이 단결하고, 이를 바탕으로 그 지역 사회경제적 단체와 연대, 협력하여 풋풋한 공동체를 형성한 덕분에 지역주민들을 풍요롭게 하는 점이 특별하다. 이 조합은 2013년 3월 19일에 마을기업 '안심주민생활협동커뮤니티' (땅이야기)가 협동조합기본법상의 협동조합으로 법인 전환된 경우이다.

'안심'하며 살자며 만들어진 공동체, 안심협동조합은 도시 아파트(대구시 동구 율하동, 휴먼시아 5단지 아파트 등) 주민과 인근 농촌지역, 즉 도시의 농산물 소비자와 농촌의 농산물 생산자 간 협력이 잘 이루어졌다. 도농 (都農) 간 연대로 로컬푸드 사업이 실천된 사례이다.

'안심'하고 사는 동네, 안심동

'안심'이라는 이름에는 역사적 유래와 전설이 서려 있다.[30] 고려 태조 왕건이 후백제 견훤과의 전투에서 대패하여 도망가다가 후백제군의 추격이 멈춘 것을 확인하고 안도의 한숨을 내쉬며 '안심'한 곳이라 하여 지금도 행정구역상 대구시 동구 안심동(安心洞)[31]이 있다. 그리고 여

---

[30]   대구시 동구에는 고려 태조 왕건과 후백제 견훤의 전투와 관련된 지명이 많다. '팔공산'(八空山)은 충신 신숭겸을 잃고 애석해하던 왕건이 이름을 붙였다는 설이 있다. 이외에도 왕건이 후백제군에 정신없이 쫓기다 한숨을 돌려 서녘하늘을 보니 반달이 떠 있었다고 하여, '반야월'(半夜月), 왕건이 부하들과 떨어져 홀로 피신하게 된 지점은 '파군제'(破軍堤, 지금의 지묘동에서 불로동과 팔공산의 분기점 삼거리), 후백제군에 패한 왕건이 간신히 군사를 추스르고 새로 일어서기 위하여 건넜다고 하여 '신천'(新川, 현재 대구의 동서로 흐르는 하천)이라는 이름이 붙었다.

[31]   안심협동조합 관련 자료를 참고할 때 조합 소재지의 지명 때문에 혼동이 있을 수 있어 추가로 설명한다. 안심협동조합과 관련하여 간혹 '안심1동'으로 나오는 자료가 있으나 주로 사용되는

기에 안심협동조합이 자리한다.

조합 이름에 역사적 유래와 친환경 '안심'먹거리의 이미지가 겹치는 것이 재미있다. 그래서 조합의 미션이 더욱 설득력 있게 보이기도 한다.

이 조합은 10여 년의 준비과정 또는 진행과정을 거쳐 협동조합으로 설립되었다. 어린이집의 어린이날 행사로 시작된 대구시 동구 율하동 주민의 참여의식은 '동구행복네트워크', 마을기업 '안심주민생활협동 커뮤니티'를 거쳐 마을공동체 성격의 '안심협동조합'이 탄생하는 바탕이 되었다. 대구 인근에서 생산한 친환경농산물의 저렴한 공급을 목표로 시작되었으나, 이제는 대구 인근 농산물의 소비증대에 주력하는 등 로컬푸드 운동[32]을 선도하는 마을공동체, '마을기업형 협동조합'으로 진화하였다.

안심협동조합의 탄생과정

1. 안심협동조합의 기원(起源)은 2003년 무렵으로 알려져 있다. '한사랑' 어린이집이 대구시 동구 율하동 쪽에 개설되고 이 어린이집에서 개최한 어린이날 행사에 마을주민들이 참여한 것이 그 시초이다.

2. 이렇게 모인 율하동 마을 주민의 자발적인 노력으로 2008년 어린이도서관 '아띠'가 열리며, 주민의 공동체 형성 움직임이 조직화된다.

3. 이후 어린이집을 운영하는 '한사랑' 사회복지법인, 어린이도서관 '아

지명은 '율하동'이다. '율하동'은 전부터 쓰였던 법정동(法定洞)이며 '안심1동'은 지자체가 주민수의 증가나 감소에 따라 거주지역을 행정편의로 설정한 행정구역이다.

32   로컬푸드(Local Food)란 지역에서 생산된 식품들을 그 지역에서 소비한다는 뜻으로 최근 도농(都農) 간 협력수단으로 많이 부각되고 있으며, 이러한 로컬푸드 운동이 협동조합 설립으로 이어지기도 한다.

띠', 사단법인 대구자원봉사 센터 등이 어우러져 2010년 무렵 사회적 단체인 〈동구행복네트워크〉가 만들어진다. 이 단체는 협동과 상생의 가치를 통해 안심 지역주민의

안심협동조합 간판

생활, 문화, 교육, 복지의 경제공동체를 지향한다.

4. 동구행복네트워크는 첫 사업으로 율하동의 유휴지를 활용한 텃밭가꾸기 사업을 시작하였는데, 이것이 이 지역주민의 호응을 이끌어내는 계기가 된다. 그리하여 이 사업을 마을기업화하여 지속가능성을 높이기로 하고 준비작업을 거쳐 2012년, 대구시 동구청에서 '안심주민생활협동커뮤니티'라는 마을기업[33]으로 지정받는다. 2013년에는 1천여 개의 마을기업이 참가한 전국우수마을기업 경진대회에서 최우수상을 받는다.

5. 이처럼 10여 년의 과정을 거치며 동구지역의 여러 사회경제단체의 노력으로 2013년, 협동조합기본법에 의한 '안심협동조합'이 탄생한다.

땅이야기와 마을이야기

'안심협동조합'이 도농 간 연대를 단단히 하기 위해 '농가와 마을의 연결', '마을공동체 확대'라는 취지로 펼치는 사업들을 좀 더 구체적으로 살펴보자.

이 조합은 '안심'이라는 협동조합 설립 미션을 살리기 위해 친환경 유기농매장, 더 정확하게는 로컬푸드와 친환경먹거리 제공을 위한 직

---

[33] '마을기업'이란 어떤 지역을 기반으로 그 지역의 자원을 활용하여 마을주민이 중심이 되어 지역문제 해결, 안정적 소득과 일자리 창출 등 지역의 자립을 꾀하는 마을공동체 기업을 말한다.

안심협동조합 탄생으로 이어지는 주민 모임이 시작된 '휴먼시아 5단지 아파트'는 대구시 동구 안심동(율하동)에 있다. 이 단지 건너편에 '안심협동조합'(땅이야기)가 소재한다.

거래장터인 '땅이야기'를 열고, 지역농산물 직판(直販) 및 마을공동체에서 생산한 친환경가공식품(우리밀빵 등)을 판매한다.

또한 마을공동체를 지향하는 협동조합답게 '땅이야기' 앞마당에서 정기음악회[34], 마을운동회, 어린이·청소년축제, 먹거리나눔활동 등 다양한 행사를 자주 개최한다.

이외에도 지역공동체의 주역으로 안심협동조합이 개최하는 행사는 더 있다. 농산물수확 체험기회를 제공하는 산나물뜯기행사와 유기농딸기따기행사, 중복닭죽먹기행사, 안심김장담그기행사, 여름농촌캠프나 농민-소비자어울림마당 등이 바로 그것이다. 대구 인근 농가를 지원하고, 농산물소비를 촉진하기 위한 조합의 노력이 많이 엿보인다. 이러한

34　필자가 방문한 2014년 12월에도 송년음악회를 개최하는 포스터가 붙여진 것을 보았다. 〈마을사람과 함께 하는 사람이야기, 땅이야기-'THANK' 행복음악회.12〉라고 새겨진 포스터를 곳곳에 붙여놓고 홍보 중이었다.

행사를 통해 경북 봉화 고사리, 영천(모산) 복숭아, 청도(고평리) 감, 상주 모동 포도, 의성 마늘 등 다양한 농산물과 축산물의 판매증대에 기여하였다.

안심협동조합이 '사람이야기'도 한다는 사실을 놓쳐서는 안 된다. 안심협동조합은 일종의 자회사격인 마을카페 '사람이야기'를 운영하여 마을주민의 사랑방 역할을 하도록 배려한다. 물론 완전한 무료 운영은 아니고 음료를 판매하기도 한다. 이 마을카페는 장애인 즉, 발달장애를 겪고 있는 청소년과 마을주민이 공동운영한다.

이것은 안심협동조합이 안심마을공동체(대구 동구 안심동 일대의 여러 사회적단체의 가상적 연합체)와 공동으로 '좋은 먹거리', '착한 먹거리'를 미션으로 하는 협동조합을 넘어 취약계층까지 배려하는 진정한 마을공동체를 지향하기 때문이다.

이 조합은 로컬푸드 매장 땅이야기와 카페 사람이야기를 운영하고, 다른 사회적 단체와 연대하여 조합 소재지인 율하동과 인근 주민을 위한 음악회를 개최하여 문화생활 수준을 높이는 데도 기여한다.

또한 지역의 사회경제적 네트워크와 교류하는 활동도 게을리하지 않는다. 마을도서관(아띠), 공동육아협동조합(동동어린이집), 마을카페(사람이야기), 대구시 동구뿐만 아니라 경북 내 다른 협동조합이나 생활협동조합, 사회적기업을 포함한 타지역공동체 마을기업이나 사회적경제 단체 등과 교류한다.

예컨대 조합이 직접 시행하지는 않지만, 안심동 지역의 안심종합사회복지관과 협력하여 '안심도시농부학교'를 열고 '도시농사꾼 되어보기 체험행사'를 통해 건강한 먹거리와 공동체적 삶의 중요성을 일깨우기도 한다.

한편 안심협동조합이 사회경제적 네트워크와 교류하고 협력하는 범위는 대구 외 지역으로 확장된다. 강원도 원주의 '원주협동사회경제네트워크', 전북 완주의 '완주 로컬푸드' 등의 단체와 로컬푸드 운동 정보를 교류하고 협력(로컬푸드활성화포럼 참석)한다.

협동조합은 속도전이 아니라 지구전(持久戰)이다

결론적으로 안심협동조합은 조합이 어느 정도 안정궤도에 오르기까지 일종의 숙성(熟成)기간이 필요함을 잘 보여준다.

이 조합이 만들어지고 그 후 본격적으로 조합 사업이 추진되어 상당한 성과를 내는 데까지 10여 년이 소요되었음에 유의해야 한다.

조합활동이 처음부터 순조로웠던 것은 아니다. 설립초기에는 활동기반을 구축하는 데 어려움이 많았다. 조합 사업이나 활동을 전혀 이해하지 못하거나 조합 일에 무관심하고 갈등이 빚어지기도 했으나 점차 조합 설립취지에 동조하는 사람이 늘어났다.

지역주민 수십 명이 조성한 출자금에 마을기업으로 선정되어 받은 정부 지원자금을 합쳐 농산물직거래장터인 '땅이야기'를 개설하면서 협동조합 활동이 본격화되었다.

2014년 12월 말까지 약 460명이 조합에 가입하여 조합의 여러 가지 사업이나 활동에 참여한다. 이제 안심협동조합은 총 조합원 1천 명을 목표로 조합원배가(倍加) 운동을 한다.

조합원이 협동조합 사업은 '속도전'이 아니라 '지구전'(持久戰)이라는 마음가짐을 가져야 한다. 많은 신생 협동조합이 안심협동조합을 벤치마킹하면 좋다. 이미 설립되어 활동 중인 조합, 설립초기부터 여러 가지 어려움을 겪는 조합, 설립을 준비하는 예비 조합 등 모든 협동조합은 조합 활동과 사업을 하면서 조급하게 굴면 안 된다. 시작이 잘 안되고, 진행이 더뎌도 포기하지 않는 의지와 준비하는 노력이 필요하며, 또한 그것이 무엇보다도 중요하다. 한 걸음, 한 걸음!

안심협동조합의 공동사업의 미션이 담긴 '땅이야기' 이 조합 공동판매장의 상호 및 판매 농산물의 공동브랜드이다.

또 잊지 말아야 할 것은 안심협동조합이 지역의 풍부한 사회경제네트워크를 잘 활용하였다는 점이다. 율하동에 소재한 안심협동조합은 교육협동조합(방과후 마을학교 '둥지'), 대구동구공동육아협동조합(동

땅이야기에서 나오는 딸기 제품

동어린이집), 고령대가야로컬푸드협동조합, 어린이도서관(아띠), 마을카페(사람이야기)와 같이 대구·경북에 설립된 협동조합, 사회적기업 및 마을기업 등과 지역네트워크를 이룬 마을공동체로서 지역문화공동체의 한 축으로 활동한다.

안심동(율하동)은 안심협동조합을 중심으로 하여 마을공동체로서 노력과 자립가능성을 높이 평가받아 2013년 전국 983개 마을기업 중 최우수마을기업으로 선정되는 성과를 거두었다.

안심협동조합은 상호 신뢰(정직)에 의한 조합원 간 의견합치를 매우 중요시한다. 이 조합에서 정직과 신뢰, 참여와 협동은 '성공하는 협동조합'으로 가는 길의 이정표(里程標)이다.

마을카페 사람이야기 간판

　사실 친환경농산물 유통거점으로서 이 조합의 사업모델은 상대방(농산물 생산농가 등)과 인간적 관계 형성을 통한 신뢰와 배려가 중요한 요소이다. 믿을 수 있는 농산물을 지속적으로 공급하는 바탕이 되기 때문이다. 그리하여 농산물 중간유통 단계의 폭리를 없애고 생산자에 정당한 대가를 보장하는 협동조합 미션을 달성하고자 한다.

　이제 '안심'하고 안심협동조합을 떠날 때가 된 것 같다. 이 조합은 지속가능성이 높은 협동조합이 되기 위해 한 걸음 한 걸음, 뚜벅뚜벅 앞으로 나아간다는 믿음을 준다. 마지막으로 안심협동조합의 5가지 미션을 여기에 적어본다.

- 안심동 지역경제의 자립능력 기르기
- 상호부조와 공생하는 지역 만들기
- 생산자와 소비자 간 신뢰 쌓기
- 주민생활 중심으로 지속가능한 마을공동체 만들기
- 마을공동체에서 직접 생산 및 유통거점 역할하기

대구서구맛빵협동조합[35]

'서구에서 제일 맛있는 빵'을 만드는 협동조합, '크게 성공하기'보다는 '올바로 성공하기'를 지향하는 협동조합, 우리 조합원만 잘되면 된다는 조합이기주의와는 거리가 먼 협동조합, 어려워진 영업환경을 극복하기 위하여 스스로 뭉쳐 일어선 개별 빵집들의 협동조합, 소속 지방자치단체와의 협조관계가 원만한 협동조합. '서구맛빵협동조합'(2013년 7월 설립)이 바로 이런 협동조합이다. '서구맛빵'[36] 브랜드는 (대구) 서구에서 제일 맛있는 빵집'의 준말이다.

'서구에서 제일 맛있는 빵'을 만들기 위하여

2000년대에 들어 전통적 골목 상권 빵집이 계속 감소[37]하는 영업환경 속에서 태어난다. 참여 조합원은 풍미당베이커리, 까레몽베이커리, 쇼콜라베이커리, 델리커베이커리, 빵나라친구들, 밀익는마을 등 대구 서구의 7개 빵집사업자(기존 참여 6개 사업자에 1개 조합원 추

---

35   저자는 협동조합 사례 소개에 객관성을 더하기 위해 서구맛빵협동조합을 방문하고 취재하였다.(2014. 12. 23.)

36   '서구맛빵' 브랜드에도 사연(!)이 있다. 서구맛빵협동조합이란 이름에 협동조합의 소재지이자 광역자치단체명인 대구를 넣어 '대구맛빵협동조합'으로 바꾸라는 압력(?)이 있었다고 한다. 결국 '서구'를 살리는 대신 '대구'를 붙여 '대구서구맛빵협동조합'으로 하기로 합의하였다.

37   2000년 이후 전국 '동네빵집'의 감소추세를 보면 2000년 18,000여 개에서 서구맛빵협동조합 설립당시인 2013년, 5천 개 이하(4,800여 개)로 줄었다. 거의 4분의 1수준으로 감소하였다.

가)이다.

2000년대에 120여 개에 달하던 대구 서구 관내 빵집이 프랜차이즈 또는 인스토어 베이커리 진입으로 점차 없어지다가 2010년에 48개로 감소하는 현실을 보며, 미래의 서구맛빵협동조합원인 6명의 빵집사업자는 '이제는 같이 한 번 가보자!'는 각오로 협동조합을 만들었다.

지금부터 이 협동조합이 '협동조합다워지는' 과정을 살펴보기로 한다. 서구맛빵 조합원 빵집들은 뭔가 변화를 시도해야 했다. 그들은 우선 공동으로 사용할 브랜드를 만들기로 한다.

'모범업소'나 '맛집' 등의 엠블럼이 붙어있는 식당을 참고하여 지자체(서구청)에 〈맛있는 빵집〉 지정을 요청하였고, 관내 빵집 대상 공모전을 통해 '대표빵집'에 선정되어 〈서구맛빵〉(서구에서 제일 맛있는 빵집) 브랜드가 탄생하였다.

그 다음에는 조합원 전체의 공동사업 기회를 찾아 이를 사업(수익)모델로 만들자는 데 의견 일치를 본다. 빵을 밀가루만으로 만든다는 고정관념에서 탈피하였다. 연구개발로 '새로운' 빵을 만들고 여기에 공동브랜드를 붙여 공동생산, 공동마케팅을 하면서 '협업'(協業) 효과를 높이고자 시도하였다.

이와 더불어 빵 제조에 필요한 원자재나 부자재를 공동구매하여 원가를 줄이기로 한다. 빵맛 경진대회를 열어 각자 만든 빵을 출품해서 품질을 비교하고, 시제품 제작아이디어를 공유하는 등 신제품 개발 및 품질개선 노력을 게을리하지 않았다. 그 결과 공동브랜드 서구맛빵을 적용한 제1호 제품이 탄생하였다.

서구맛빵 1호 빵은 아프리카에서 나는 열대식물 뿌리 '타피오카'와 견과류(호두, 밤, 해바라기씨, 완두) 위주의 천연재료로 만든 빵이다. 이른바

서구맛빵 제1호 제품

고구마빵 제2호 제품

'서구에서 제일 맛있는 빵'이 탄생하였다. 2호 '고구마빵', 3호 제품 '수제찹쌀떡'이 그 뒤를 잇는다.

가시밭길 같은 장애물을 극복하고

그러나 협동조합으로서 공동사업을 위한 기반 구축이 그리 만만하지만은 않았다. 서구맛빵협동조합에도 신생 협동조합 대부분이 겪는 여러 가지 어려움이 찾아온다.

초기 출자금이 많지 않아 투자자금이 부족했고, 조합원 빵집 사이에서도 빵 품질의 차이가 있어 '서구맛빵' 공동브랜드 적용에 장애가 되었다. 품질만이 아니라 동일 재료 및 레시피(제조법)로 빵을 만드는 데도 조합원 빵집의 빵맛이 제각각이었다. 예상하지 못한 난관이었다.

여기서 서구맛빵협동조합의 구성원은 제빵공장 등 공동 생산시설의 필요성을 절실히 느낀다. 그래서 이러한 시설을 갖추기로 결의하고, 연구개발로 동일 레시피를 적용하여 빵 품질의 고급화와 균일화를 추구한 것이다.

한편 서구맛빵협동조합은 공동 제빵공장의 생산라인 구축 과정에서 자금 부족난에 빠졌는데, 이때 극적으로 정부의 소상공인협동조합 활성화지원사업과 만난다.[38] 하늘은 스스로 돕는 자를 돕는다고 했던가!

사실 저자는 정부에서 협동조합에 보조금을 지원하는 정책이 그리 바람직하지는 않다고 본다. '서구맛빵협동조합'처럼 협동조합원의 자구적 경쟁력강화 노력이 외부기관의 지원보다 앞서야 한다는 소신이 있다. 물론 뉴질랜드 정부가 관련법령까지 만들어가며 제스프리협동조합에 키위의 단일수출창구를 보장해 준 경우가 있긴 하다. 그러나 이 또한 뉴질랜드 키위농가들 스스로 파멸적 경쟁을 자제하는 공존공생의 노력을 보였기에 가능한 일이었다.

'조합이기주의'는 안 된다!

협동조합은 당연히 자주, 자립, 협동으로 일어나야 한다. 그런데, '우리 협동조합만' 잘 되면 괜찮은 것인가? 협동조합과 그 조합원들은 '조합이기주의'를 경계하고 주의해야 한다.

협동조합이 조합 내부적인 이익 곧 조합원의 권익·복리증진만을 추구하다보면 자칫 지역사회에 대한 책임을 소홀히 할 수 있다.

이런 관점에서 '서구맛빵'은 아름다운 협동조합다운 가치가 녹아 있어, '예뻐 보이는' 협동조합이다. 서구맛빵은 뜻밖에도(?) 협동조합이 일반적으로 저지르기 쉬운 오류에 빠지지 않았다. 이 조합은 우리 협동조합만 잘 먹고 잘 살자는 조합 이기주의의 유혹(!)에서 벗어났다.

여건이 되면 지역의 비조합원 '빵집'업체에도 서구맛빵 브랜드 제품(빵류)의 판매권을 개방하려는 계획이 있다. 조합원빵집들은 많은 노력과 시행착오 끝에 떡과 빵의 장점을 조화시키고, 고구마빵을 개발하는

38　서구맛빵협동조합은 2013년도에 정부(중소기업청)의 소상공인협업화(활성화지원)사업으로 공동장비 구축 등 조합의 인프라 구축 자금 일부를 지원받았다.

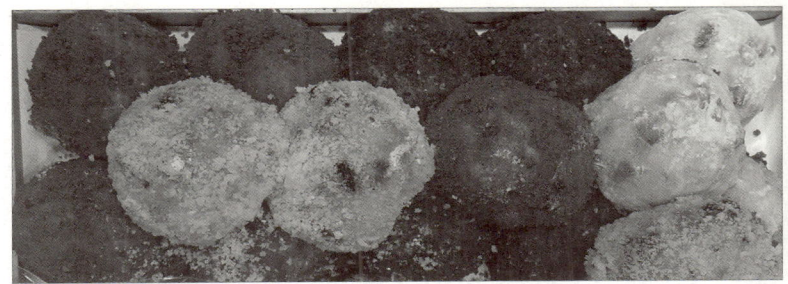

서구맛빵 제3호 제품 수제찹쌀떡

서구맛빵협동조합의 공동제빵공장 내부

메종 드 샤베르(Maison de Saveur) 브랜드

메종 드 샤베르(Maison de Saveur)가 새겨진 봉
지에 포장, 진열된 서구맛빵

성공을 거두었지만, 지역사회의 비조합원 빵집가게와 공존공생하는 길을 택하였다.

빵을 직접 구워파는 경우를 제외하고 상품으로 다른 사업자에게 공급하려면 포장, 유통 관련 식품위생 문제 등이 선결되어야 하는데, 이러한 문제가 해결되고 비조합원 빵집사업자가 희망할 경우, 서구맛빵 제품을 그들의 점포에서 팔 수 있게 할 예정이다.

이러한 계획은 '지역사회에 대한 기여'라는 협동조합 제7원칙에 딱 들어맞는 협동조합적 행동이다. 서구맛빵협동조합의 지역사회에 대한 기여는 이미 조합원 외에 제빵기술자와 공동판매장 직원 10여 명을 고용하는 데서도 드러난다.

협동조합은 협동조합 방식으로

서구맛빵협동조합을 떠나면서 이 조합으로부터 '협동조합적 교훈'을 가져가야 하지 않겠는가?

대구 서구맛빵협동조합은 이제 '맛의 전당'(풍미당)을 의미하는 프랑스어 '메종 드 샤베르'(Maison de Saveur)를 공동브랜드로 내걸었다. 메종 드 샤베르는 서구맛빵협동조합의 '얼굴' 역할을 하게 된다. 이 조합 공동판매점의 상호, 생산되는 빵의 포장지 등에도 이 브랜드를 사용할 예정이다.

'서구맛빵' 브랜드의 협동조합이 주는 시사점은 무엇보다도 이른바 '동네빵집'의 영업환경이 급변하는 현실에 능동적으로 대처했다는 것이다. 그리고 협동조합 사업을 진행하는 데 부수적으로 발생하는 난관과 갈등요소를 좌절하지 않고 하나하나 해결하였다는 점이다.

대자본을 소유한 프랜차이즈 제과점(빵집)에 밀려 경쟁력을 상실해

대구서구맛빵협동조합의 손노익 이사장(사진 오른쪽)과 저자.

가는 동네골목 상권의 빵집이 이른바 '신개념'빵을 사업기회로 포착하고 이를 사업모델로 만들어 실현하고자 온갖 장애를 극복하는 과정은 협동과 단결 그 자체였다.

　서구맛빵의 협동조합 사업모델을 대단하다고만 볼 필요는 없다. 예전 사업방식을 고수하거나 고정관념에 사로잡히지 않고 계속 새로운 시도를 하는 긍정적이고 전향적인 사업태도로, 조합원이 모이고 뭉쳐서 한 번 해보자는 의지를 강하게 다진다면 말이다.

'빨리 가기'보다 '올바로 가기'를 지향하며

저자는 2014년 12월 말에 서구맛빵협동조합을 방문하였다. 서구맛빵 제3호 제품인 '수제찹쌀떡'이 막 출시된 시점이었다. 이 조합의 손노익 이사장을 만나, 협동조합 설립 이후 단계적으로 공동사업을 추진하는 과정의 애환을 들었다.

　조합의 이사장은 리더로서 긍정성이 최고의 장점으로 느껴졌다. 이 협동조합이 조합원 간의 상부상조, 지역사회와 공존공생, 신제품 출시를 위한 연구개발 및 마케팅 등 발전을 위한 노력을 소홀히하지 않는 다는 것을 분명히 느낄 수 있었다.

'빨리 가는 것'보다 '올바로 가는 것'을 소중하게 여긴다는, 서구맛빵 협동조합 조합원은 합의 과정으로 '최적의 방안'을 계속 찾고 있다. 현재 생산자(사업자)협동조합 중심인 서구맛빵협동조합이 '생산자-소비자 협동조합'으로 발돋움할 수 있도록 협동(연대)의 차원을 높이려고 한다.

빵생산자와 빵소비자의 연결로 생산자, 소비자 모두 행복하게 만들기 위해서이다. '성공하는 협동조합'으로 가는 서구맛빵협동조합의 여정은 계속될 예정이다.

동네빵네협동조합

앞에서 서구맛빵협동조합을 들여다보았는데, 또 이 빵집 협동조합에 살짝(!) 들어오게 되었다. 동네빵네협동조합을 설립하게 된 계기에 좀 특이한 데가 있기 때문이다.

이 두 빵집 협동조합은 그 지역의 빵집사업자로 구성된 조합인 점은 비슷하다. 그러나 서구맛빵이 빵집사업자 스스로 주동(?)하여 구성된 협동조합이라면, '동네빵네'는 조합 소재지역 대학인 연세대 사회적기업 동아리 '인액터스'(Enactus)[39] 회원인 대학생의 권유와 설득이 마중물이 되어 협동조합 설립으로 이어졌다. 동네빵집 협동조합에 소속된 빵집사업자의 적극적인 호응이 있었음은 물론이다.

---

39   Enactus는 Entrepreneurial-Action-Us의 약어(略語)로, '기업가정신을 발휘해 가치와 기회를 발견하고, 이를 실현하기 위한 목적을 공유하면서 실천행동을 같이 하는 집단 또는 공동체'라는 의미를 포함한다. 국내 여러 대학의 학생으로 구성된 동아리들이 활동한다.

동네빵네협동조합의 조합원 빵집 '깜빠뉴'

　조합 이름 '동네빵네'는 동아리 학생의 아이디어에서 나왔다고 하며, 소상공인협동조합 활성화사업의 지원도 받아 이 지역의 유명빵집 역할을 톡톡히 한다.[40]

동네빵네협동조합은 서울 서대문구와 은평구의 지하철 3호선과 6호선 주변의 깜빠뉴베이커리를 포함해, 노블베이커리, 빵빚는명가 등 빵집사업자 10여 명으로 설립되었으며, 지역 빵집사업자의 경쟁력을 높이려 한다.

　이 조합은 '애기궁뎅이', '베이비슈', '노아갈릭', '루이스틱', '깜빠뉴' 등 다양한 이름을 붙인 빵이나 제과제품을 만들어 판매한다. 또한, '동네빵네식빵', '건포도식빵' 등 각종 식빵류와 식약초 모싯잎을 재료로 한 '모싯잎찰빵' 등 신상품을 개발하여 빵소비 고객의 신규수요를 창출하였다. 조합 공식블로그로 활발한 SNS 마케팅을 펼치며, 2014년 7월에는 국회의원 회관(서울 여의도) 옆 뜰에서 개최된 '협동조합우수상품바

<hr>

40　동네빵네협동조합은 2014년 10월 19일(일) 밤 11시 10분 KBS 2TV의 〈다큐멘터리 3일〉 프로그램에서 '꿈을 굽는 빵집–동네빵네협동조합 72시간'이라는 제목으로 방영되었다.

자회'에 참여하는 등 조합 알리기에 노력한다.

고객의 신뢰를 얻기 위한 노력도 소홀히 하지 않는다. '동네빵네의
5가지 약속'이라는 선언문을 조합원 매장 외부에 붙이고 이를 지키기
위해 애쓴다.

동네빵네의 5가지 약속

- 동네빵네 빵은 매일 새로 구워집니다.
- 동네빵네 빵엔 화학첨가물이 없습니다.
- 동네빵네 빵은 세 번의 발효를 거칩니다.
- 동네빵네 빵은 천연발효종을 씁니다.
- 동네빵네 빵은 장인이 만든 빵입니다.

한편 이 협동조합은 지역의 일반 빵집에서 찾기 힘든, 바게트(겉은 딱
딱하고 속은 부드러운 빵)를 구울 수 있는 고기능 오븐을 비롯해 카스테라,
식빵, 쿠키 등 빵 종류별로 특화된 오븐, 대형반죽기 등을 보유하였다.

이러한 장비는 개별 빵집이 구입하기에는 벅찬데 협동조합을 만든
덕분에 고급빵을 굽는 장비를 쓸 수 있게 되었다. 빵 제조에 필수적인
천연발효종을 만드는 효모배양기도 구비해 웬만한 프랜차이즈 베이커
리에 못지않은 제빵 장비를 두루 갖춘 셈이다.

나 혼자서는 안 되는데 협동조합으로는 되더라

동네빵네협동조합이 협동조합 경영과 관련해서 시사해주는 점은 두
가지이다. 먼저 조합원이 개별 빵집 수준으로는 더 이상 경쟁력 향상이
어려움을 빨리 깨달아 대안(代案)을 찾았다는 데 있다. 두 번째는 고기

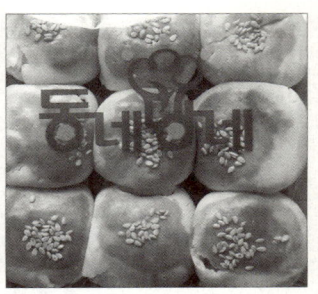

동네빵네협동조합 소속 조합원인 '깜빠뉴'의 진열대
에 전시된 각종 빵제품들. '동네빵네' 로고가 있는 봉
지로 포장된 빵제품들이 진열되어 있다. 사진 속 '애기
궁뎅이'이라는 제품 이름이 재미있다.

동네빵네협동조합 로고와 포장되어
진열된 '빵'

능 제빵 장비와 같이 개별 점포에서 시도하기 어렵거나 불가능했을 시
설을 확보하고, 공동브랜드화와 SNS마케팅을 실시하는 등 경영상 필
요한 하드웨어와 소프트웨어의 양(兩)부문에서 착실히 경쟁력을 높여
왔다는 점이다.

개별 빵집으로는 장기적 생존이 어려움을 깨닫는 데에 머무르지 않
고 협동조합을 설립하여 사업을 확대하고 빵집사업자 간 시너지효과
를 얻고자 하였다. 협동조합이 되어 규모가 커지고 조합원과 직원 등
구성원이 늘어나면 개별 빵집에 비해 비교적 높은 수준의 경영능력이
요구된다. 동네빵네협동조합은 매주 이사회의 개최를 원칙으로 삼아
의견을 교환하고, 비용과 수익개념을 익히고 분석하면서 경영역량을
점차 향상시키고 있다.

또한 조합 자체적 노력과 정부 지원제도의 융합을 통해 공동 생산시
설을 갖추는 데 성공했다. 핵심적 설비 인프라인 빵제조 장비를 구축하
는 과정에서 정부의 협동조합 활성화사업 지원을 잘 활용하고 설립과
정에서 조합원이 흔쾌히 출연금을 내는 등 환경에 적절히 대응한 것과

조합원의 자발적 경제 참여가 돋보인다.

강화마을협동조합

행정구역상 인천광역시에 소속된 강화도는 풍광(風光)이 뛰어나고 역사적 유적지가 많아 관광지로 유명하다. 그러나 강화도 하면 다양한 먹거리, 식자재를 빼놓을 수 없다. 강화순무, 속노랑고구마, 사자발쑥 등 특산물이 참 많다.

그러나 특산물을 생산하는 농가는 그리 행복(?)하지 않았다. 제값을 받을 수 있는 적당한 판로를 찾지 못하는 해가 지속되었기 때문이다. 결국 강화지역 농산물 생산농가는 생존할 길(?)을 찾아나설 수밖에 없었다. 여기에 그렇게 '살길을 찾아나선' 협동조합이 하나 있다.

살기 위해 뭉친 강화농민

이 조합은 협동조합기본법이 발효, 시행되던 2012년 말 강화지역 농산물 생산농민 10여 명이 모여 만든 협동조합기본법상의 협동조합이다.[41]

더 자세하게 말하면 '강화마을'은 인천시 강화도 내 고추, 콩을 포함한 식자재(食資材) 등 1차 농산품 생산농가 조합원 10명이 모여 시작한 생산자협동조합이다. 조합원 증대노력을 지속한 결과 지역 농가들이 추가로 가입하여 2014년 말 조합원이 31명으로 늘어났다.

강화마을협동조합은 신생 협동조합에 상당한 시사점을 줄 수 있다

---

41   저자는 장류(고추장 등) 생산공장이 완공된 시점(2014년 말)에 강화마을협동조합을 방문하였다. 이 조합은 정부 지원을 기대해 어설프게 만들어진 것이 아니라 자립정신, 자발성, 헌신과 열정 등 협동조합 가치와 원칙에 참 충실한 조합이라고 판단하여 소개한다.

고 예상한다. 다음과 같은 질문에 모범적인 답을 제시해주리라 본다.

- 협동조합이란 진정 무엇인가
- 협동조합은 조합원의 이익과 복지에 어떻게 기여할 수 있는가
- 협동조합의 기관 운영은 어떻게 해야 바람직한가
- 협동조합 구성원 간 역할분담이 반드시 이루어져야 하는 이유는 무엇인가
- 조합원의 자발적, 헌신적 참여가 중요한 이유는 무엇인가
- 협동조합에서 지역사회와 연계성이 '사람에게 피와 같이' 중요한 이유는 무엇인가

물론 협동조합기본법 시행으로 협동조합의 설립이 자유로워지기 이전인 협동조합특별법 시절에도 훌륭한 활동과 사업을 수행하는 협동조합이 있었다. 그러나 자유로운 사업활동이나 창업에는 많은 한계가 존재했다.

또한 협동조합기본법이 통과된 지 겨우 3년 차에 접어들어 사업수행 모델로서 협동조합의 역사가 짧다. 그러다 보니 이제 막 설립되거나 설립 예정인 협동조합이 참고할 만한 사례가 그리 많지 않다.

그러한 까닭에 협동조합기본법 시행 당시부터 협동조합 설립운영을 시도한 강화마을협동조합의 시행착오와 그 극복 과정은 많은 신생 협동조합에 큰 도움이 될 수 있다.

창립총회 후 2년 만에 공동 생산공장 준공

강화마을협동조합은 협동조합 창립총회 후 2년간의 시행착오와 시련

끝에 2014년 말 장류(醬類)(고추장 등) 생산공장을 준공하고 협동조합 사업을 본격적으로 시작했다.

강화마을협동조합 특징

- 강화도 농산물 생산자 협동조합

인천시 강화도 지역 내 고추장, 콩 등 농산품 생산농가 들이 모여 협동조합을 결성

- 조합원의 자발적 참여와 헌신이 두드러짐

조합원 스스로 외부 지원에 의존하지 않고, 장류 생산공장 부지 확보 및 공장건물 건축 등에 필요한 운전자금을 조합 자체에서 조달하거나 해결

- 체계적 조합 공동사업 추진

조합원뿐만 아니라 강화도 지역 농산물의 공동판매 및 장류(고추장, 된장 등)의 공동생산을 위해 공장 생산라인을 구축하고, 정부 지원의 공동장비를 활용하여 장류의 시제품 제작 및 공동브랜드 제작

조합원이 공동판매 및 가공으로 부가가치 증대를 도모하는 플랫폼 역할을 수행한다. 생산된 농산물의 단순 출하보다 고추, 콩 등 농산물을 가공하여 고부가가치 장류(醬類) 제품(고추장, 된장 등)으로 생산하고자 한다.

보통 협동조합은 그 운영이나 사업수행에서 경영진과 일반조합원 간에 의사소통이 잘 안되거나 갈등하여 제대로 성과를 내지 못하는 경향이 있다. 그러나 이 조합은 조합원 간 의사소통을 위한 노력이 남다른 데가 있다.

조합이 설립되기 전부터 발기인이 매주 정기적으로 모여 조합 설립

을 논의하였다. 설립 이후에는 최소한 두 달에 한 번씩 이사회를 진행한다. 또한 조합운영의 전문성을 강화하고자 여러 개의 자문위원회(소위원회)를 두고 조합 경영에 각종 자문을 받는다.

조합 설립 이후에는 조합원 교육과 훈련의 중요성을 인식하여 협동조합 경영학과(대학원)가 있는 성공회대학에서 협동조합 전반(역사, 기본법, 운영원리)을 다루는 강의를 정기적으로 듣는다.

또한 소비자생활협동조합법(특별법)상의 협동조합인 아이쿱(iCOOP)에서 고추 생산부터 고추장 제조까지 전 과정을 교육받고, 농가 조합원의 활발한 조합활동 참여 및 조합원 간 의견 공유를 위한 노력을 게을리하지 않는다.

조합원들의 아름다운 헌신, 참여

강화마을협동조합이 협동조합으로서 무엇보다 '아름다운' 것은 조합원들의 헌신적이고 자발적인 참여 때문이다. 정부가 협동조합활성화사업을 실시하기 전부터 외부 지원에 의존하지 않으며 조합원의 자립을 위해 단결하는 정신(자립성)을 확실하게 보여주었다. 특히 장류 생산공장 부지 확보 및 공장건물 건축, 기타 필요 운전자금을 조합 자체에서 조달(해결)하는데 이는 매우 바람직한 협동조합 운영자세(태도)이다.

초기에 기반 구축이나 운영 자금의 수요가 적지 않았는데 조합원이 조합에 추가출자, 기부, 장기저리 임대 등의 방법으로 조합 사업의 기반 구축에 적극적으로 참여하였다. 그 참여가 아름다운 것은 특히 조합원의 자발과 헌신에서 나왔다는 점이다.

강화마을협동조합도 설립 후 2년 만에 장류 공동생산공장을 준공하고 본격적인 사업추진의 교두보를 확보하기까지 우여곡절이 존재했다.

2013년 정부의 협업화지원사업에 신청을 했다가 결국 지원을 받지 못해 크게 좌절하였다. 조합을 계속하느냐 마느냐의 기로에 서게 되었다. 장류생산을 위해서는 장비와 생산라인 구축이 필수적인데 조합에는 그만한 자금조달 능력이 없었다. 조합원들도 심리적으로 지쳤다.

그러나 그들은 계속 좌절하지는 않았다. 처음부터 정부 지원을 기대하고 협동조합을 시작한 것은 아니지 않느냐? 어떻게든 우리 스스로 꾸려나가 보자! 조합 이사장은 조합원과 회의하며 설득에 설득을 거듭했다. 조합원이 움직이기 시작했다.

소중한 땅을 거의 무상으로 내놓거나, 빠듯한 농가수입 가운데 다른 조합원의 열 배나 되는 출자금을 내는 조합원이 나왔다. 조합에 충분한 잉여금이 쌓일 때까지는 안 돌려받기로 하고 조합에 자금을 대여하는 조합원, 무보수로 조합의 행정업무를 도맡아 하는 총무이사. 강화마을 협동조합은 이런 조합원으로 구성되어 있다. 이 조합은 이렇게 스스로를 도왔다. 그 노력은 결국 보상(?)을 받는다.

'강화마을' 협동조합의 참여정신

• A조합원은 500평에 달하는 공장부지를 보증금 없이 연 3백만 원(월 25만 원)이라는 저렴한 비용으로 5년간 제공한다. 강화마을협동조합의 출자는 1구좌당 1백만 원인데, B조합원은 10구좌(1천만 원)를 쾌척(快擲)한다. 자금력이 있는 C조합원은 공동생산공장 건축자금(약 1억 3천만 원) 조달을 위하여 조합에 자금을 대여한다.

• 강화마을협동조합은 이사장부터 일반조합원까지 협동조합의 가치와 정신, 필요성과 역할을 안다. 특히 협동조합의 지속가능성과 성공에 자발성(자발적 참여)과 자립정신, 헌신이 무엇보다도 중요함을 잘 이해한다.

• 강화마을협동조합은 강화도 지역의 농산물 생산농가가 협동조합의 설립운영으로 농산물 출하에서 규모의 경제를 확보하고, 장류생산으로 농산물의 고부가가치화를 이루고자 모인 조합이다. 이 조합은 강화도 생산 농산물의 부진한 수요를 활성화하는 계기가 될 수 있으리라 본다.

• 근래에 학교, 사회복지 시설 등 단체기관의 급식용 식자재의 안정성 및 품질이 크게 사회 문제가 되고, 이로 인해 강화마을협동조합처럼 로컬푸드 사업을 맡아 주도할 기관이 절실히 필요해졌다. 이러한 상황에서 이 조합의 장류생산 사업은 위해(危害) 농산물의 사회적 부작용을 크게 감소시키는 데 기여하리라 본다.

2014년, 정부의 협동조합활성화사업에서 장류 생산라인을 구축할 수 있는 자금을 지원받는다. 이것은 행운이 아니다. 정부 지원에 앞서 공장부지 확보와 공장건물 건축을 위한 조합원의 피눈물 나는 노력이 있었고, 외부 지원이 없더라도 협동조합을 한다는 결기가 있었기 때문이다.

강화마을협동조합은 사업추진에서도 체계적이고, 준비성이 높다. 이 조합이 협동조합으로서 장기적인 지속가능성과 성공가능성이 높다고 판단하는 근거는 다음과 같다.

첫째, 사업추진이나 활동이 체계적이고 역할분담이 잘 이루어진다. 협동조합에서 조합원 간 협동의 구체적인 모습은 바로 역할분담이다. 총회 산하에 각종 소위원회를 만들고, 이를 통해 분야별·부문별로 역할분담을 하고 조합원이 모두 여기에 참여한다. 조합 이사장을 포함한 경영진, 일반조합원의 자발적 참여도가 높고 헌신적인 것이 협동조합 모범사례, 이른바 '성공하는 협동조합'으로 발전할 가능성이 높다고 보

이사회를 진행 중인 강화마을협동조합(장류생산공장)

는 가장 중요한 근거이다. 협동조합은 모름지기 자발적 열정에서부터 출발한다.

둘째, 추진사업 항목이 지역사회와 잘 부합되어, 사업의 전략적 타당성이 높아 향후 그 성공가능성이 크게 기대된다.

셋째, 강화지역 청정농산물을 활용한 '로컬푸드 사업'을 추진해 건강한 먹거리를 제공하고 강화지역 농산물을 판매하여 조합원 소득 증대, 고용창출 등 협동조합의 사회적 기여활동 측면에서 중요한 역할을 한다.

'해풍햇살 찰고추장' 첫 제품이 나오다

이 조합은 정부의 협동조합 활성화사업 지원을 잘 활용하여, 장류 생산라인 구축을 완료하였고 '해풍햇살 찰고추장'이라는 공동브랜드를 붙일 장류의 시제품 제작에 착수하는 등 단계적 사업이 잘 진행되리라 판단한다.

강화마을협동조합 장류 공동생산공장에서 발효 중인 고추장 장독

　여기서 '강화마을협동조합은 정부 지원을 받았기에 잘하고 있는 것은 아닌가?'라고 반문할지도 모른다. 하지만 오해하지 말아야 한다. 강화마을이 협동조합 창립총회를 할 때 정부의 협동조합 지원제도 같은 것은 존재하지도 않았다. 조합원 10명은 각자 허약한 '한 그루 나무'일지 모르나, 뭉쳐 모여 같이 서면 '방풍림'이 될 수 있다는 사실을 알았을 뿐이다.

　강화마을협동조합은 이미 협동조합으로 가는 '준비된 조합'이었으며, 정부의 지원은 '달리는 말에 채찍질'(走馬加鞭)하는 효과로 작용하였다.

포기하지 말고, 끝까지

요컨대 강화마을협동조합은 농산물 생산자 조합원의 청정농산물 공급 확대 및 고부가가치화를 실현할 협동조합 설립의 필요성, 경영진의 리더십과 추진력, 조합원의 적극적이고 열성적인 참여, 강화도의 환경여

강화마을협동조합 공동 생산공장 준공식에 참여한 조합원, 강화도민들

건 등이 잘 융합된 결과이다.

앞으로 이 협동조합은 해를 거듭하며 다시 여러 가지 시련이나 부분적 실패를 겪을지도 모른다. 그러나 이 조합과 조합원은 그때마다 반드시 극복해 낼 것이다. 이 조합은 초기 2년, 가장 어렵고 힘든 시기에 조합원이 서로 헌신하고 자발적으로 협동했기 때문이다.

이제는 '강화마을' 순례를 마무리하고 떠날 때가 되었다.

2014년 11월 말, 장류 생산공장 준공식을 마치며, 조합 이사장은 창립총회를 개최하던 2년 전의 상황을 잠시 회상한다. 이사장의 머릿속에는 설립 초기의 폭설 같은 장애물, 공장부지 확보와 공장건축, 생산장비 구축자금을 마련하지 못하여 애태우던 일들이 주마등처럼 지나는 모양이었다.

"2012년 12월, 그 때 눈은 왜 그렇게 내리던지……. 강화농업기술센터에서 창립총회를 해야 하는데 조합원이 대부분 못 올 뻔 했잖아요. 그래도 기어코 다들 옵디다. 여러 번 협동조합을 포기할 뻔 했었지요.

우여곡절 끝에 오늘 이렇게 공동생산공장 준공식까지 하는구먼요!"

함박눈이 내리던 창립총회 이후 2년 만에 강화마을협동조합 조합원과 농산물 생산농가 1백여 명이 모인 자리에서 '해풍햇살 찰고추장' 브랜드를 붙일 장류 생산공장의 준공식을 가질 수 있었다.

마중물협동조합

2015년 현재 전국에 '마중물'이라는 이름을 사용하는 협동조합이 6~7곳 있다. 그 중에서도 광주광역시 광산구 신가동에 있는 '마중물협동조합'은 협동조합에 의한 고용창출이나 지역현안 해결의 가능성을 보여주는 대표적인 사례이다.

이 조합은 광주광역시에서 설립(2013년 1월)되었다. 지역주민, 폐지수집을 주업으로 하는 자활계층(노인층), 그리고 이들 거주지역 지방자치단체의 협조관계가 돋보이는 협동조합이다.

설립당시 이사 11명과 노인폐지수집자 등 100여 명을 주요구성원으로 하였으며, 지역 국회의원이 창립총회에 참석하는 등 소재지역의 뜨거운 관심 속에 출발하였다.

협동조합은 '마중물'이다

마중물협동조합의 설립목적은 조합 이름인 '마중물'이 의미하는 것처럼 지역주민의 일자리창출과 생활안정, 노인의 최저생활 보장이다. 고물상 조합원은 자립할 수 있도록 이 지역 주민센터(신가동사무소)에서 터(부지)를 무상 임대받는 등 간접 지원도 받는다. 이 조합의 주요수익은 물론 폐지, 빈병 등 폐자원의 재활용에서 나온다.

이탈리아의 공동육아협동조합 성격의 '카라박 프로젝트'처럼 협동조합과 지방자치단체(지방정부)의 협조가 잘 이루어진 데 힘입은 바가 크다.

그러므로 마중물협동조합의 시도는 그 의미가 작지 않다. 주민들과 지방자치단체가 협력하여 어느 정도 성과를 낸 점에서 그렇다.

다만 협동조합이 장기적으로 지속가능성을 높이려면, 고물상을 창업하는 일반 조합원 곧 지역주민과 직원조합원인 폐지수집 노인층 간의 상생관계뿐만 아니라 조합 소재지역의 비조합원 고물상 즉 일반고물상과 갈등을 방지하는 데도 신경을 써야 한다. 일반 고물상과 경쟁으로 갈등관계가 형성되면 조합의 사업모델인 폐지수집 활동 및 수익창출이 꽤 어려워질 수도 있다.

또 한 가지, 이 조합에서 발생할 수 있는 문제는 다음과 같다. 지방자치단체는 폐지수집 업체를 입찰 같은 경쟁을 통하여 선정하거나 용역을 주기 때문에 장비, 인력 등이 아직 영세한 이 조합은 참여기회를 얻기가 쉽지 않다. 그렇다고 시청이나 구청 등 지방자치단체에서 임의로 마중물 같은 특정 협동조합에만 폐집수집의 용역을 주기도 곤란하다.

웰빙수라간협동조합

서울 성북구에 소재하는 이 협동조합의 정식명칭은 '푸드카페 성북협동조합 웰빙수라간'이다. 성북구에서 최초로 설립필증(설립신고확인증)을 내 준 협동조합이라고 한다.

'수라간'이란 옛날 왕조시대에 임금의 식사를 준비하는 주방을 일컫는 말이다. 수라간에서 힌트를 얻고, 웰빙(well-being) 테마를 융합하여 조합 이름을 웰빙수라간이라 지었다.

맛있는 반찬, 안심하고 드시옵소서!

'웰빙수라간'은 건강한 식문화와 일자리 창출, 취약계층에 대한 반찬 나누기를 조합창립 목표로 하여 2013년에 설립된 협동조합으로, 각종 반찬을 핵심 사업품목으로 하는 직원협동조합적 성격을 지닌다. 직원 협동조합이면서 경력단절 여성이 사회경제적 활동을 재개하고 소득도 올리게 하고자 만들어진 '여성협동조합'[42]이기에 더 특별하다.

여성이 훨씬 더 경쟁력을 발휘할 수 있는 음식업 분야이기에 더욱 그렇다. 웰빙수라간협동조합은 여성 중심으로 사회경제적 활동을 주도 한다는 데 그 의미가 크다.

이 조합은 국제협동조합연맹(ICA)의 협동조합 7원칙 중 제6원칙인 '협동조합 간 협동'과 제7원칙인 '지역사회에 대한 기여'를 잘 실천하 고 있어 곧 설립될 협동조합이나 운영에 어려움을 겪는 협동조합에 모 범이 된다.

우선 웰빙수라간은 스스로가 협동조합임을 인식하고, 조합운영에 필 요한 원자재나 서비스를 다른 협동조합이나 협동조합적 기관을 이용 하는 것을 원칙으로 한다.

예를 들면 조합 수익이나 비용의 입출금은 주변 신용협동조합(신협) 및 새마을금고를 주로 이용하고 식자재는 인근 농협하나로마트나 두

---

[42]　서울여성가족재단이 발표한 「서울여성협동조합 생태계 연구」(2013)를 따르면, 여성협동조 합이란 '여성조합원이 과반수인 협동조합으로서, 여성들이 소비자나 생산자의 주요구성원이 되면 서 사회구성원의 경제·사회·문화적 필요를 충족하고, 여성친화적 가치 지향, 생애주기에 따라 유 연하게 일할 대안적 노동형태 제공 등의 세 가지 중 하나 이상의 특성을 갖는 경우'라고 정의한다.

레생활소비자협동조합(두레생협), 택배 등을 쓰며 주문품 배달은 한국퀵서비스협동조합을 활용하는 식이다. 그리고 성북구 관내 지역아동센터 등에 도시락이나 반찬을 기증하기도 한다.

웰빙수라간은 이들 주변 협동조합적 기관에 도움만 주는 것이 아니라 주변 사회경제적 기관에서 도움도 받는다. 성북구 관내 '마을만들기 지원센터' 같은 데서 행사용 도시락을 주문받기도 한다.

서로가 서로의 힘이 되다

웰빙수라간협동조합은 협동조합의 기본을 가르쳐준다. 협동조합이란 조합원 상호 간의 '필요'를, 서로가 힘을 합쳐서 충족하기 위해, 지역사회를 기반으로 서로 연결되어 '같이 사업(활동)하는' 것이다. 이런 개념으로 접근하면 의외로 조합의 사업기회를 포착할 수 있다.

새로운 사업아이템, '남이 안하는' 분야만 찾다가는 좌절하기 쉽다. '웰빙수라간'협동조합은 협동조합이 사업기회를 찾아 그것을 사업모델로 구체화하는 데 참고하기 적절하다.

또 하나는 조합원 대부분이 중년여성인데 각자 음식조리, 반찬만들기, 음식포장 등 조합사업과 관련하여 전문적 기능과 각종 관련 자격증까지 보유하였다. 이를 바탕으로 조합원 간 역할분담이 잘 되는 것도 이 조합이 앞으로 더 성장하고 장기간 지속하리라 기대하는 이유이다.

태평동락커뮤니티(주거공동체)

우리나라에도 주택건설 및 임대방식의 주택협동조합[43]에서 뚜렷한 성과를 나타내는 사례가 있다. 바로 경기도 성남시에 소재하는 '태평동락커뮤니티'이다.

'태평동락'(泰平同樂)은 같은 주거단지에서 동거동락한다는 뜻이다. 정식명칭은 '주민태평동락커뮤니티'인데, '주민교회' 라는 교회건물터에 아파트를 지었기 때문에 이 주거공동체 이름 앞에 '주민'이 붙었다.

같이 사니 또한 즐겁지 아니한가!

2013년 3월에 준공된 '태평동락' 주거공동체는 1개동 11층에 총78세대가 입주하는 주상복합아파트로 개인주택, 공동체시설, 공동생활에 필요한 기타 시설을 포괄한다. 성남시 태평동에 자리한 교회부지에 아파트와 더불어 공동육아, 한부모, 독거노인, 도시형생활주택, 주민교회, 공연장이 입주한, 문자 그대로 도심 속 '공동체'이다.

이 커뮤니티는 처음에 한 교회 목사의 주도로 시작되었다. 협동조합기본법이 시행되기 전이라 바로 협동조합을 만들지 못하고 우선 주식회사 형태로 ㈜태평동락커뮤니티를 설립하고, 교회부지를 팔고 입주희망 교인들로부터 선불금을 받는 방법으로 건축자금을 마련한다. 이렇게 모범적인 주택협동조합 사례로 떠오르게 된 데는, 교회 공동체 리더가 큰 역할을 하였다.

중곡제일시장 아리청정협동조합

협동조합기본법이 시행되기 20여 년 전부터 협동조합 운동을 시작하

---

43 「한국형 주택협동조합의 사회·경제적 실행 가능성과 제도 개선방안 연구」(김란수, 2013, 국회도서관)라는 논문을 보면 주택협동조합의 유형을 주택소유형 주택협동조합, 토지임대건설형 주택협동조합, 임대관리형 주택협동조합으로 구분한다.

여 상당한 성공을 거둔 전통시장협동조합 하나가 있다. 바로 중곡제일 골목시장 협동조합이다.

협동조합의 기업가정신이 잘 발휘된 소상공인 사업자, 특히 이들이 모인 집단인 전통시장협동조합을 주목해본다.

지자체와 대기업의 협조를 이끌어내다

중곡제일시장은 '소상공인 또는 영세자영업자가 경쟁력을 높이기 위해 협동조합은 좋은 모델이 될 수 있다'는 논리의 실제 적용가능성을 굳게 믿었다.

중곡제일시장은 시장 스스로 협동조합으로 방향을 설정하고, 협동조합으로 전통시장 살리기를 이뤄냈다. 상인협동조합 설립으로 상인조직이 활성화되었고 지방자치단체, 대기업 등과 원활한 외부협조 네트워크 구축에 성공한 경우이기도 하다.

중곡제일시장 아리청정협동조합 특징

- 지방자치단체와 신뢰관계 형성에 성공
- 지역소재 행정기관인 광진구청과의 돈독한 신뢰 관계를 바탕으로 광진 구청과 설날 제수용품 이용하기운동의 전개 및 구민 알뜰장과 농수산 물 직거래장터 개설, 강원도 인제군 감자 팔아주기 행사 등을 실시
- 시장 전반에 대한 각종 행정지원을 통하여 조직적 경영활동 지원 실행
- 지역의 주요 민간단체와의 네트워크 확대 노력
- 지역 새마을부녀회와 자매결연으로 불우이웃돕기 등 각종 봉사활동, 명절에 주부팔씨름대회 이벤트 실시
- 시장 자체의 노력으로 외부지원 확보(대기업과 전통시장의 상생(相生) 사례)

- 의의 : 초기에는 상인회 중심으로 스스로 변하려는 노력을 많이 하고, 의지가 높았지만 온라인 판매 같은 정보통신기술(ICT)를 활용한 마케팅 능력 부족으로 큰 변화에는 실패

- 경과 : SK텔레콤은 ICT와 인터넷 기반을 활용해 전통시장 활성화가 가능하다고 분석

→ 시장 자체적으로 다양한 상품을 제작하여 판매량을 높이기 위한 시장 공동브랜드 개발

→ SK텔레콤은 상인회가 중심이 되어 시장 살리기에 앞장서는 자주적 노력을 높이 평가하여 중곡제일시장 선택

- 내용 : SK텔레콤은 중곡제일시장과 업무협약을 맺고 ICT 솔루션 제공, 경영·마케팅 지원 등 실시(2012년 9월)

→ 매장관리시스템인 '마이샵'을 무료로 설치제공하고, 이를 통하여 시장 상인은 매출을 관리, 잠재고객(가망고객)에게 타깃 마케팅도 가능

→ SK텔레콤은 자회사인 인터넷 쇼핑몰인 '11번가'에 중곡제일시장 공동브랜드 '아리청정'의 입점 지원

→ 11번가, 모바일 할인쿠폰, 터블릿POS 등 최신 ICT 솔루션과 경영 컨설팅 등을 지원

• 공동브랜드 개발 및 마케팅 성공

- 2011년 전통시장 자체상표 '아리청정' 등록

- 시장 자체의 공동브랜드로 '아리청정'을 만들고, 참기름·김·건어물·육가공품을 공급

- 2005년 전국 최초로 공용쿠폰 도입(온누리상품권의 원조)

원주협동사회경제네트워크

원주협동사회경제네트워크는 2003년에 강원도 원주에서 자생적으로 설립된 사회적경제 연합체로서, 2007년에 현재 이름인 원주협동사회경제네트워크로 탄생하였다.

사실상 원주협동사회경제네트워크는 협동조합개별법 시대에 이미 기본 틀이 만들어졌다는 점에서 특별법상 협동조합으로 볼 수 있지만, 협동조합기본법 시행 다음 연도인 2013년 3월에 사회적협동조합으로 새출발하였으므로 이 책에서는 협동조합기본법상 협동조합으로 분류하였다.

사회적협동조합 〈원주협동사회경제네트워크〉에는 밝음신협, 원주한살림생협, ㈜행복한시루봉 등 사회적기업뿐만 아니라 취약계층 대상 사회적서비스 분야의 단체가 망라되었다.

그러므로 원주협동사회경제네트워크는 어느 한 분야, 한 가지 유형의 협동조합이라기보다는, 협동조합을 포함하여 사회경제적 단체의 사회서비스 제공 등 사회경제적 목적 달성이나 지역발전 및 개선이 이루어지는 범주에 포함시켜 살펴보는 데 의미가 있다. 더 자세한 설명은 3장의 [협동조합 도시들의 다양한 협동조합들]에서 한다.

3장.
협동조합이
가는 길

외국 협동조합에서 배운다

타산지석(他山之石)이라는 말이 있다. '다른 사람의 하찮은 언행 또는 허물과 실패까지도 자신을 수양하는 데 도움이 된다'라는 의미이다.

우리나라보다 앞섰거나 오랜 역사를 가진, 근대적 협동조합이라고 할 수 있는 외국 협동조합 사례를 보고 배울 점이 많다. 물론 실패한 사례에서도 마찬가지이다.

외국 협동조합에 대한 순례와 탐구로 오늘날 우리나라에서 많이 탄생하는 협동조합에 한 줄기 빛이나마 되고자 한다. 협동조합기본법상으로 설립되는 많은 협동조합, 특히 5명 이상만 되면 설립할 수 있는 협동조합이 지속가능하고 실행가능한 사업모델을 정의할 통찰력과 능력을 가지게 하려는 의도이다.

1844년에서 2015년까지 170년의 시간은 바로 근대적 협동조합의 역사이기도 하다. 협동조합 분야의 위대한 실천가(!)이자 사상적 기반을 제공한 로버트 오언(1777~1851)이 활동한 1800년대 초반기 30여 년을 포함하면 근대적 협동조합의 역사는 약 200년으로 확장된다.

우리나라보다 앞서 사업모델로서 협동조합의 역사를 일구었던 외국 협동조합의 성공과 실패 사례를 보고 느끼고 배워야 한다. 이 책에서는 성공적이거나 오랫동안 지속해온 협동조합 위주로 소개하고, 살펴본다.

200년 역사를 지닌 협동조합

협동조합이 시작되고 100여 년 동안에는 주로 영국을 포함한 유럽을 중심으로 소비자협동조합, 노동자협동조합 혹은 생산자협동조합, 신용협동조합 및 사회적협동조합 등 분야별, 산업별, 업종별 협동조합이 지역과 시기를 달리하며 순차적으로 나타났다. 그로부터 약 1백 년 후인 20세기 후반에는 이탈리아에서 사회적 취약계층을 사업모델의 핵심으로 하는 사회적협동조합이라는 새로운 유형의 협동조합이 나타났다.

소비자협동조합에서 사회적협동조합까지 이렇게 시대별, 지역별로 서로 다른 분야나 유형의 협동조합이 출현한 것은 당시 시대 상황이나 지역 환경을 반영한 협동조합 즉, 협동조합 방식의 사업모델이 필요했다는 의미이다.

달리 표현하면 그 지역이나 그 시대에서 협동조합적 이념과 가치가 내포된 사업모델이 경제사회적으로 절실히 필요했기 때문에, 이들 수요에 부응하여 각종 유형의 협동조합이 최초로 설립되거나 출현하였다.

이러한 협동조합 역사 속에 담긴 의미를 찾아보아야 한다. 지금까지 정부나 지방자치단체, 협동조합 관련 기관 등에서 해외나 국내의 협동조합 '성공사례'를 많이 소개했다. 그러나 이러한 소개에 아쉬움이 느껴지고 부족하다는 생각이 들 때가 있다. 협동조합을 심층적으로 분석하거나 접근하기보다는 단순히 '협동조합으로 성공했고', '협동조합을 하면 좋다!'라는 식의 피상적 소개에 그치는 경우가 종종 있었다.

세계를 보나 우리나라를 보나, 똑같은 협동조합은 하나도 없다. 어떤 협동조합이 오랫동안 지속하거나 성공적이라 해도 조합의 사업환경이나 여건은 제각각이다.

국내외를 통틀어 성공적이라고 평가받거나 수십 년 이상, 심지어는 1백 년 이상 존속하는 협동조합들이 처했던 환경이나 처음 조합을 설립한 동기·목적·비전 등은 모두 특수하다.

우리나라에서 창업이나 사업추진을 위한 사업모델로서 협동조합은 이제 시작단계이지만 외국 협동조합은 산업혁명의 소용돌이, 2차례의 세계대전 그리고 4~5백 년을 거치며 자본주의 경제를 주도한 거대자본들과 치열한 경쟁을 거쳐야 했다.

그러다보니 역사적으로 많은 외국 협동조합이 생존하려면 경쟁력을 강화해야 하는 압박을 받았고, 경우에 따라 규모확대나 협동조합의 정체성 훼손이라는 부작용이 우려되는 전략적 조치까지 취하는 상황에 몰리기도 하였다.

이러한 까닭으로 일각에서는 성공하거나 오래도록 존속한 협동조합이 많지 않다고 주장하며 협동조합이 사실상 실패한 경제모델이라고 비판하는 견해를 드러낸다. 물론 명백히 실패한 것으로 드러난 협동조합이 있고 실패하여 협동조합 역사 속으로 사라진 경우도 있다.

또한 성공적이거나 지속가능한 협동조합들이 농업, 신용조합 등 금융 부문, 사회적서비스 분야와 같은 일부 산업이나 업종에 제한되어 있다는 비판에서 자유로울 수만은 없다.

보면 알게 된다, 협동조합이 성공으로 가는 길

그렇다고 해서 절대 협동조합을 실패한 경제모델이라고 볼 수는 없다. 앞으로 접할 협동조합은 오랫동안 존속하고 성공적으로 사업을 수행하며, 현재의 협동조합에 모범이 되고, 중요한 교훈을 준다.

역사적으로도 협동조합은 사업모델로서 경쟁력을 발휘할 수 있으며, 전통적인 사업모델이었던 기업조직의 대체 또는 보완적 역할을 수행할 수 있음을 보여주었다. 이는 협동조합이 사실 170년~200년의 시행착오와 실험, 시련을 거쳐 생존한 사회경제적 모델임을 입증한다.

이제 국내외의 다양한 협동조합 사업모델 유형, 또는 협동조합 방식에 의한 사업수행 전략을 접할 것이다. 그 가운데는 '이런 협동조합도 있었구나!'라는 느낌을 주는 '특별한' 협동조합도 있다. 아울러 세계 여러 나라에서 다양한 분야의 협동조합이 출현했고, 이 조합들이 환경변화에 적응하면서 새로운 사업모델을 만들어내기도 하였다는 사실도 알게 된다.

이렇게 여러 협동조합을 만나고 그 조합들의 탄생배경, 난관극복의 성공스토리를 접하면 협동조합 조직체, 협동조합의 사업수행 방식 즉, '협동조합 방식'[1]을 좀 더 깊이 이해할 수 있다. 또한 주목할 만한 외국 협동조합을 여러 곳 둘러보면서 때로는 멀리서 망원경으로 당겨보듯 그 조합의 전체적인 모습을 조망(眺望)하는 한편, 현미경으로 샅샅이 해부하듯이 세부적으로 볼 예정이다.

---

1   여기서 '협동조합 방식'은 1인 1표제의 민주적 운영방식으로 조합원의 복리증진을 우선 고려하면서도, 협동조합의 경쟁력 확보를 위해 지속적인 환경극복의 노력을 해나가는 경영방식이라고 정의할 수 있다.

그리하여 그 조합들을 오래도록 지속가능하게 한 성공요인이나 난관극복의 노하우, 운영상의 교훈을 찾는다. 한마디로 성공하는 협동조합의 길을 찾기 위해 그들이 걸었던 '고난의 길'을 순례자의 마음으로 더듬어보려고 한다.

저자와 함께 하는 협동조합 순례가 '협동조합의 사업은 무엇인가'에 대하여, 협동조합이 사업수행을 어떻게 해야 하는지에 관해 해답을 얻는 데 작은 실마리라도 되기를 바란다.

자, 이제부터 '외국의 주요 협동조합은 어떤 길을 거쳐왔는가'에 대한 해답을 찾기 위한 여행을 시작하도록 하자!

선구자적 협동조합, 로치데일

우리는 19세기 중반에 나타난 영국 로치데일협동조합을 최초의 근대적 협동조합 사례로 드는 데 익숙하다. 대체로 최초의 근대적 협동조합으로 인정되는 로치데일협동조합(1844년)은 영국 산업혁명[2] 당시 열악한 생존여건을 극복하려는 노동자에 의한 소비자협동조합이다.

십시일반의 기적, 28명의 꿈이 이루어지다

---

2   산업혁명은 일반적으로, 1760년대부터 1830년대 사이에 영국에서 일어난 산업기술상의 혁신과 이에 수반된 사회 경제 구조상의 획기적 변화를 말한다. 특히 18세기 후반의 증기기관의 발명과 공장제 생산시스템 도입으로 산업혁명이 촉발되었으며, 이에 따라 산업자본이 본격적으로 등장하였다. 기술 발달과 생산관계 변화에 의한 이와 같은 산업자본의 획기적 증대는 대량생산과 이윤증대를 가져오는 등 긍정적 효과에도 불구하고, 현재 지속되는 바와 같은 많은 사회경제적 폐해도 초래했다.

세계 최초의 협동조합, 로치데일의 생필품 가게 '토드레인'의 모습. 사진 중앙 부분에 상점을 의미하는 'STORE' 간판이 보인다.

영국 산업혁명의 틈바구니에서 생활고에 시달리던 방직공장 노동자를 비롯한 수십 명이 돈을 약간 모아 밀가루 같은 생필품 몇 가지를 구입해 독점적 소매업자보다 싸게 노동자 가족에게 다시 공급한 것이 로치데일협동조합의 시초이다. 좀 더 자세히 이 조합의 초기단계부터 살펴본다.

방직공장 노동자 찰스 하워스(Charles Howarth, 1818~1868)를 중심으로 하는 수십 명의 노동자 조합원은 1840년대 당시로는 거금인 약 1파운드(현재 40만 원 정도)를 기간을 정해 계획적으로 모았다. 출자금으로 단번에 낼 돈이 없었기에, 그야말로 '먹고 싶은 것 안 먹고, 쓰고 싶은 것 안 쓰고' 모았다. 이렇게 모은 돈으로 로치데일 조합원은 1844년, 맨체스터 주 로치데일에 '토드레인상점'(Toad Lane Store)이라는 가게를 열었다. 로치데일협동조합은 이렇게 시작되었다.

로치데일협동조합이 시사하는 점은 무엇인가?

그들은 '목돈'이 있어야 품질이 나쁘지 않은 밀가루를 비롯한 생활필수품을 살 수 있었다. 로치데일 조합원은 자신들이 낸 푼돈이 '목돈'이 되고 이것이 곧 경쟁력이 된다는 사실을 알았다. 그래서 로치데일에 참여했고, 그들에게 할당된 역할분담 즉, 출자금을 저축하고 납부했다.

이 점은 아주 중요하다. 협동조합이 성공하기 위한, 아니 성공하는 협동조합이 되기 위한 필수적이고 핵심적인 요소이며 필요충분조건이다. 로치데일협동조합의 초기 조합원은 자신의 더 나은 미래를 위해 인내하며 기다릴 줄 알았으며 예외 없이 참여를 제대로 실천했다.

만약 조합원이 모여 힘을 합치지 않았다면 각자 그렇게 원했던, 불순물이 섞이지 않은 품질 좋은 밀가루를 과연 얼마나 살 수 있었겠는가? 거의 독점상태에서 저품질과 높은 가격으로 횡포부리는 생필품 소매업자를 당해낼 수 있었겠는가? 그들은 개인 단독으로는 불가능하지만 협동조합원이 되면 가능하다고 믿고, 조합원 간 연대 곧 자발적 협동을 엮어냈다.

따라서 로치데일의 협동조합 방식은 19세기 중반 영국 산업자본에 대항하여 노동자들이 최소한의 생존권을 스스로 지키려는 최초의 체계적 움직임이었다는 점에서도 중요하지만, 자신들의 힘으로 수평적 연대에 성공하였다는 측면에서 가히 혁신적이다.

로버트 오언의 인간중시 사상, 협동조합에 기여하다

물론, 로치데일 전에도 로버트 오언(Robert Owen, 1771~1858), 윌리엄 킹

(William King, 1786~1865) 등 협동조합적 공동체를 지향한 선구자들이 상당히 구체적인 공동체실험을 했던 것은 사실이다.

그러나 '자본'보다 '인간'의 중요성 즉 노동자의 생존권을 중시하고 이 생존권을 확보하기 위한 비전을 설정해 이를 실현하고자 시도하여 협동조합의 사상적 기반을 제공한 오언만 해도 협동조합을 체계적으로 접근하는 측면에서는 문제가 많았다.

협동조합 운영원칙을 정하고 이를 기반으로 조합을 운영했다거나, 조합원의 자립정신을 키우는 협동조합을 지향했다기보다는 자신의 상속재산과 기부금에 의존해 '자애로운 마음을 지닌 부자'가 베푸는, 일종의 1인주도와 하향적, 시혜(施惠)의 방식으로 공동체를 지향했다.

그는 '뉴 라나크'(New Lanark)에서 1천여 명의 방직공장을 운영하며 노동자들의 작업여건 개선, 어린이의 노동착취 해소 등의 방법으로 당시 영국 산업자본의 착취구조에 대항하였다. 또한 미국 인디애나 주에서 협동마을인 '뉴하모니'를 만들어 운영하였다.

협동조합의 역사에서, 로버트 오언이 기여한 바를 요약하면 근대적 협동조합의 초기단계에 사상적 기반을 제공하고, 최초의 '협동조합적 공동체'를 형성하는 시도를 했다는 것이다.

• 협동조합의 여명(黎明) – '오언의 도전'

- 로버트 오언은 근대적 협동조합 운동의 사상적 기반 제공, 사업개혁가
- 스코틀랜드 '뉴 라나크'에서 방직공장(1천여 명)을 운영하면서 산업공동체 모델 구상(증대된 생산물(성과)을 기여자인 노동자에게 되돌려 준다는 취지로 생산 공동체 지향)
- 노동조건·생활조건이 개선되면 노동자의 노동능력 및 의욕상승으로

결국 이윤이 증대된다는 것을 증명하기 위해 노력

로치데일의 협동조합적 방법론

로치데일은 협동조합 역사에서 마치 '기원 전'(紀元前)과 '기원 후'(紀元後)를 구분 짓는 역사적 의의가 있다. 또한 협동조합 운영과 사업추진 관점에서도 로치데일협동조합이 지니는 의의가 있으므로 이를 살펴볼 필요가 있다.

우선 로치데일이 후대(後代) 협동조합에 사업추진상의 방법론 즉, 협동조합의 사업모델적 관점에서 주는 교훈을 구체적으로 알아보자.

이를 위해 우리는 로치데일협동조합을 지금까지와는 다른 관점에서 살펴보아야 한다. 단순히 세계최초의 근대적 협동조합이라는 역사적 차원으로만 봐서는 안 된다. 로치데일은 열악한 생존환경에 처한 노동자 수십 명이 단결하였다는 의의가 크지만, 자신들의 절실한 필요를 충족할 사업모델을 찾고, 또한 그것을 잘 수행하고자 스스로 만든 협동조합 운영원칙과 연계시켰다는 점에 더 주목해야 한다.

비즈니스 모델로 당시로는 획기적인 상개념(商槪念)을 착안해, 공동구매방식을 조합원들의 복지증대에 잘 이용하였다. 다시 말해 품질 좋고 값싼 밀가루 등 생활필수품을 확보하기 위해 도·소매 거래의 결합방식을 사업 '도구'로 활용하였다. 로치데일 조합원 노동자가 자신들의 필요사항을 실현하는 데 이러한 도소매 거래의 결합을 사업모델(시스템)에 도입하였다는 점이 중요하다.

로치데일협동조합 이후 조합원 간 연대에 의한 소비의 조직화는 소비자협동조합의 대표적인 사업모델로 자리 잡았고, 요즈음은 공동구매를 통한 비용절감이 협동조합의 대표적인 장점으로 꼽힌다.

물건을 도매로 싸게 구매(공동구매)하여 조합원에게 비교적 저렴하게 공급하는 프로세스 즉, 유통에서 도매와 소매를 결합한 로치데일협동조합의 소비재 공급방식은 그 당시로서는 참으로 앞서가는 사업모델이었다. 이 방식의 사업모델은 소비자협동조합을 넘어 다른 모든 분야나 유형의 협동조합에도 많은 영향을 주었다.

로치데일협동조합, 운영원칙을 만들다

한편 로치데일협동조합이 후대의 협동조합에 기여한 다른 한 가지는 일종의 조합 운영원칙을 최초로 만들어 조합의 사업과 운영에 적용했다는 사실이다.

- **• 로치데일협동조합의 역사적 의의**
  - 소비를 조직화한 최초의 소비자협동조합(도매와 소매의 결합)
    : 생필품을 도매로 싸게 구입하여, 조합원에게 싸게 공급하는 원가경영의 시초
  - 조합원의 참여도 제고와 도덕적 해이방지의 제도화
    : 기여도(이용고)에 따른 배당, 현금거래(외상금지) 원칙으로 도덕적 해이방지조치 등 운영원칙 제정, 철저한 교육 및 준수
  - 로치데일협동조합 운영원칙은 다른 조합 운영원칙의 모델 제시
    : 철저한 상호호혜와 협동, 도덕적 해이 방지를 조합 운영의 기본원칙으로 규정

로치데일의 운영원칙은 로치데일협동조합과 로치데일 이후 다른 협동조합으로 하여금 조직시스템 유지와 성공적 사업수행의 두 수레바

퀴를 앞으로 잘 나아가게 하는 '방향타' 역할을 했다.

다시 말해 로치데일협동조합이 세계 최초의 근대적 협동조합이라는 역사적 발자취를 남긴 데는 조합의 효율적 운영을 위해 운영원칙을 만든 것이 큰 역할을 한다.

로치데일협동조합 운영원칙(로치데일원칙)은 조합원은 1인 1표의 의결권을 가진다는 것, 자금은 기부가 아니라 조합원의 출자에 의해 조달한다는 것, 잉여금이 발생했을 때는 이용액에 따라 분배하고 상품은 시가로 조합원에게 공급한다는 것, 외상 판매 등을 하지 않고 현금으로 공급한다는 것, 좋은 품질의 물품을 정량(正量)으로 공급하며, 조합원 교육에 노력한다는 것 등을 내용으로 한다.

- **• 로치데일의 협동조합 원칙**
  - 조합원 1인 1표 의결권
  - 상품공급 시가주의 원칙(시중가격 공급)
  - 외상판매 금지(현금 거래)
  - 조합원 출자위주 자금조달(기부금 의존 자제)
  - 고율의 출자금이자 금지(출자금 배당 자제)
  - 이용액 배당의 원칙
  - 고품질상품/중량준수 원칙(정직한 거래지향)
  - 정치와 종교에 대한 중립
  - 조합원 교육훈련 중시

로치데일 운영원칙은 이후 라이파이젠(신용협동조합) 원칙, 몬드라곤 운영원칙 등을 거쳐 국제협동조합연맹(ICA)의 '협동조합 7원칙'으로 그 맥락이 이어져왔다.

로치데일원칙은 특히 협동조합 운영을 위한 자금을 조합원 스스로의 힘으로 모으기를 강조한다. 외부 지원에 의존하지 말라는 것인데, 우리나라에서 실시한 소상공인협동조합 활성화사업의 보조금지급과 확실히 비교되는 부분이다.

저자는 로치데일협동조합을 다음과 같이 평가하여 이 조합의 위대성에 경의를 나타낸다.

"자신들이 필요한 것을 얻기 위해서는 단결하고 참여하지 않으면 안 된다는 것을 조합원이 알았으며, 협동조합 운영원칙(시스템)을 최초로 만들고 이 원칙을 사업에 잘 적용하여 사업 성공도 이룩함으로써 '성공하는 협동조합'과 '실패하는 협동조합'을 가르는 기준이 어디에 있는가를 보여주었다!"

생산자협동조합(품목별)

- 협동조합의 역사적 초기에는 주로 농축산 분야 생산자들이 공동행동 (공동판매)으로 거대 유통업자 등에 대항하기 위해 결성
- 집단의 힘 이용 → 교섭력(협상력) 강화 + 판매처 확보 정상가격으로 상품 매매, 공동구매로 원재료(원·부자재) 구매단가 인하노력, 생산물의 안정적 판매 시도
- 우리나라에서는 종종 사업자협동조합과 동의어로 사용

생산자협동조합은 1차 산업이나 농산물 중심 조합이 많지만, 그 역사적 탄생 계기를 보면, 축산이나 농산물 생산농가 상호 간에 과도한 경쟁을 피하고 거대 유통기업(자본)에 맞서 판매처 확보 및 가격유지를 위해 단결 또는 연대한 데 있다.

협동조합 역사에서 양돈(養豚)이나 낙농계통에 생산자협동조합이 많이 나타났다. 덴마크 양돈사업의 핵심인 '대니쉬크라운', 뉴질랜드의 낙농제품생산·수출 협동조합 '폰테라', 이탈리아의 우유관련 제품생산

(유가공)조합 '그라나롤로', 우리나라 양돈협동조합 복합체인 '도드람양돈협동조합'이나 우유제품 협동조합인 '서울우유' 등이 대표적인 생산자협동조합이다.

한편 오렌지, 키위 등 특정품목 과일 중심으로 생산농가나 지역조합 간 협력 사례도 많다. 키위의 '제스프리'(뉴질랜드), 오렌지의 '선키스트'(미국)와 청과물협동조합 '그리너리'(네덜란드)도 양돈이나 낙농 분야에 못지않은 주목할 만한 생산자협동조합이다. 대부분 유통 부문의 취약점을 극복하고자 출현한 생산자협동조합이다.

이외에 국내 생산자 간 연대를 뛰어넘어 국가 간 협동조합의 연대를 통하여 경쟁력 확보를 꾀하는 생산자협동조합도 있다. 낙농 분야 협동조합 '알라푸드'가 대표적이다. 알라푸드는 협동조합 강국 덴마크를 대표하는 생산자협동조합으로서, 스웨덴을 비롯한 다른 국가의 생산조직과 연대를 이루었다.

생산자협동조합은 독특한 연대방식인 조직화를 통한 차별화에 그 주요특징이 있다. 생산물의 단순한 공동판매에 그치지 않고, 대내외적으로 수평적 조직화와 수직계열화 전략을 동시에 시도하였다.

수평적으로는 협동조합 및 기업 상호 간 합병 방식으로 사업규모와 범위를 확대하고, 이를 기반으로 소속 협동조합 및 기업 간 '교통정리' 즉, 생산에서 판매에 이르는 전(全) 과정의 수직(계통)계열화로 경쟁력 강화를 시도하였다. 이는 달리 보면 소속 협동조합과 관련기업을 대상으로 '모기업과 자회사 관계'를 구축하여 협동조합의 장점과 기업의 효율성 간 시너지효과를 실현하고자 한 것이다.

특히 생산자협동조합에서 수직계열화 방식 또는 수직적 연대방식에 의한 협동조합적 결합을 패커(Packer)형 협동조합이라고도 한다.

패커형 협동조합 모델은 주로 농수축산물 분야에서 생산, 가공 및 판매와 관련하여 많이 발견된다. 돼지고기 분야에서 패커형 협동조합 방식으로 생산농가와 가공, 판매업자 간에 수직계열화에 의한 협동관계가 구축되어 돼지사육, 도축, 가공 판매까지 전 과정을 통합, 일괄 관리하는 경우가 많다.

예를 들면, 앞서 말한 대니쉬크라운이나 도드람은 돼지고기 분야의 대표적 패커형 협동조합 모델이다. 축산물 생산, 유통 분야 대형 패커는 도축·가공시설과 유통망 등을 확보하면서 농가 또는 생산자조직과 연계해 고품질의 안전한 축산물을 안정적으로 공급할 수 있다.

이외에도 키위를 생산 판매(수출)하는 뉴질랜드 제스프리협동조합이나 낙농우유제품 조합인 폰테라협동조합도 패커형 협동조합 모델에 해당한다. 생산자협동조합은 수평적, 수직적 연대 곧 조직화를 통한 규모의 경제 확보와 경쟁력 강화만 추구하지 않고, 자체에서 엄격한 품질관리와 기술혁신 노력을 지속적으로 추구한다는 점도 잊어서는 안 된다.

대니쉬크라운(덴마크, 양돈)

대니쉬크라운(Danish Crown)은 우리나라 농업협동조합이 지향하는 협동조합 모델이라고 볼 수 있으며 계열화된 품목조합의 형태를 유지하는 협동조합이다.

우리나라에 도드람양돈협동조합이 있다면, 덴마크에는 도드람의 원조격인 대니쉬크라운이 있다.

덴마크에서는 1970년대 이후 돼지도축장이나 돼지도축협동조합이 통합과 합병 등의 과정으로 대규모화를 지향하는데, 대니쉬크라운은 이러한 도축장의 통폐합 과정을 거쳐 출현한 양돈협동조합이다.

덴마크 경제의 '왕관', 대니쉬크라운

덴마크 인구는 5백만여 명에 불과하지만 약 2천만 마리의 사육돼지, 약 1만 개의 돼지도축장 및 포장육 판매장과 유통도매센터를 보유하는 등 양돈(養豚) 및 관련산업(돼지고기 및 부산물 가공)이 국가 핵심산업일 정도로 그 규모가 크다. 그리고 생산된 돼지고기의 대부분을 수출한다. 양돈협동조합인 대니쉬크라운은 요즈음 쇠고기 부문에서도 사업을 한다.

대니쉬크라운의 두드러진 특징으로 두 가지를 들 수 있다. 규모의 경제화를 통한 경쟁력 높이기와 우수한 품질관리 정책이다. 먼저 대니쉬는 외부 경쟁력 확보 및 강화를 지속적으로 추진해왔다. 그리고 내부에서 핵심품목인 돼지고기의 품질관리를 위해 고도의 기술적이고 체계적인 노력을 투입해왔다.

대니쉬크라운은 대규모화 과정을 거친 후, 두 가지 방향의 경쟁력 강화를 위한 내부조정을 추진한다. 하나는 돼지고기 생산부터 출하(유통)까지 계통(계열화) 관계를 형성하는 것이고, 다른 하나는 조합 내부의 자회사(계열사) 간의 중복 부문을 통합하고 재조정하는 것이다. 전자는 수직계열화에 의한 협력(연대)이고, 후자는 불필요한 내부경쟁을 지양하려는 수평적 조직화이다.

이와 같이 대니쉬크라운은 조합 내부의 생산부터 판매유통까지 전 과정의 수직계열화와 조합 소속 자회사 간의 수평적 조직화를 동시 추진함으로써 세계적 양돈 및 돈육협동조합의 위치를 차지하였다. 이러

한 생산부터 판매유통까지 전 과정의 수직계열화 형태를 패커(Packer) 시스템이라고도 한다.

대니쉬크라운의 특징

- 글로벌 축산(돈육제품) 협동조합 기업
- 1887년, 돼지도축협회 결성이 대니쉬크라운의 시초
- 양돈 및 관련 분야의 수직적 협력관계(계열화) 구축 성공
- 양돈, 식품, 제약, 환경 분야 등 사업영역 확장으로 사회발전 지향 공유 가치 창출 성공
- 엄격한 품질관리 및 검역시스템 보유
- 농장, 돼지마다 고유 식별번호 부여
- 도축장에 엄격한 환경기준 자체 적용
- 돼지 췌장세척 기술 공유 → 세계 최초 인슐린 개발 기여

- 돼지 도축과정을 일반인에게 공개하여 신뢰 획득
- 한국 협동조합형 패커(Packer)의 롤모델

대니쉬크라운의 신뢰확보, 품질관리 노력

대니쉬크라운은 엄격한 품질관리 및 검역으로 유명하다. 돼지사육 농가나, 그 많은 돼지별로 고유 식별번호를 부여하여 밀착관리하고, 첨단 추적시스템 RFID[3]로 해당 돼지(고기)의 진품여부를 확인할 수 있게 만드는 등 유통시스템을 투명화하려고 노력한다. 한편 조합 자체에서 돼지도축장에 엄격한 환경기준을 적용한다.

도드람양돈협동조합(베스트 팜(Best Farm) 제도)이나 서울우유협동조합(밀크마스터(Milk Master, 젖소주치의) 제도)에도 이와 유사한 자체 품질관리 제도나 검역시스템이 있다.

대니쉬크라운은 돼지 사육단계뿐만 아니라, 돼지고기 생산단계에서도 품질을 높이려고 노력하고, 내장부위와 살코기를 정확히 분리하는 기술을 개발하는 등 지속적 연구개발을 추진한다.

우리가 이 조합에서 배울 점은 양돈농협으로서 경쟁력 강화를 위해 두 가지 방향의 전략을 '투트랙'(two-track) 방식으로 동시 추진한 것이다. 대니쉬크라운은 조합원의 조직화와 품질관리를 병행추진하여 전략적 균형을 잃지 않았다.

또한 양돈농가의 조직화 추진과 함께 돼지고기의 품질유지 노력을 병행함으로써 경쟁력을 확보했다. 특히 협동조합의 기본 장점인 연대

---

3   RFID(Radio Frequency Identification)는 IC칩과 무선기기를 통해 동물·식품·사물 등 다양한 대상물(개체)의 정보를 관리하는 인식기술이다. 이 기술은 유통 분야 물품관리에 일반화되어 쓰이는 바코드보다 그 기능이 훨씬 우수하다고 평가된다.

대니쉬크라운의 돼지고기 선별과정(품질관리)

대니쉬크라운의 제품(돼지고기) 포장과정('대니쉬크라운'의 영문과 왕관모양 로고가 인쇄된 포장상자가 보인다. 사진 오른편 하단의 'MODERN METHODS'는 첨단 포장기법 사용을 홍보하는 문자이다. 자료 : 대니쉬크라운 홈페이지)

조직화 과정에서 초기에는 소규모 양돈농가나 도축장의 조직화를 꾀하고, 다음 단계에서는 생산부터 유통까지 조직화를 실현함으로써 협동조합 본연의 장점인 연대와 협동의 가치를 충분히 활용하였다.

그리너리(네덜란드, 청과물)

'그리너리'협동조합(The Greenery U.A.)은 1996년에 네덜란드 내 9개 청과물 경매회사 연합체가 그 당시 네덜란드 원예작물경매업자중앙회 (CBT; Central Bureau for Horticulture Auctions)에 참여(합병)하기로 결정하면서 탄생한 청과물협동조합으로, 이른바 '기업형 협동조합' 또는 '협동조합적 기업'이다. 네덜란드의 서부 블라이스바이크(Bleiswijk)에 위치한다.

'그리너리'는 그동안 네덜란드 내 다른 농산물협동조합인 '코포르타'와 이에 소속된 650여 개 청과물생산자가 공동소유하는 협동조합이었다. 이후 그리너리는 2010년 3월에 협동조합 이름을 '코포르타' (COFORTA; Coöperatie Coforta U.A.)로 바꾸고 안전식품·지속가능성·물류혁신을 추구하는 청과물협동조합의 역할을 더욱 강화하였다.[4]

청과물생산자협동조합, 그리너리

그리너리는 생산자 중심의 농산물(특히 채소·과일·버섯류 등 청과물) 유통협동조합이며 주요 조합원은 채소와 과일 등 청과물을 주로 생산하는 농가들이다. 독일, 영국, 프랑스 등 유럽 중심국가 중간에 위치한 네덜란드의 지리적 이점을 활용하여 성공한 사례이다.

네덜란드는 화훼 분야 유통이 매우 활발하고 농축산업 전반에 국제 경쟁력이 있다. 네덜란드가 이렇게 농업 분야 강국이 된 것은 생산자인 농민과 유통업자인 도매상과의 대립과 갈등, 외국산 농산물의 유입으

---

4   그리너리협동조합 홈페이지(en.thegreenery.com) 참조.

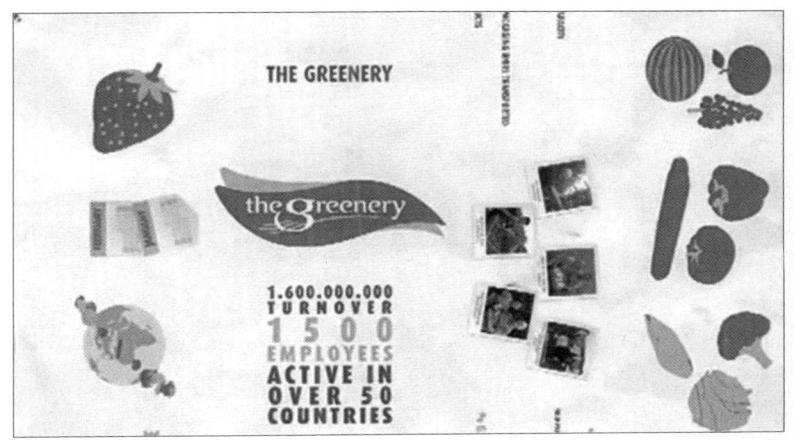

그리너리 U.A.가 청과물협동조합임을 나타내는 홈페이지 메인화면

로 인한 가격 하락 등 유통시장의 환경변화를 극복하는 과정의 결과물이다.

사업효율성을 높이기 위한 노력

그리너리는 그 자체가 협동조합이라기보다는 그룹 전체의 지배구조 곧 의사결정권한만 협동조합 형태로 보유하고, 그룹의 사업은 자회사를 설립하여 수행하는 시스템이다.

그리너리협동조합은 네덜란드 내외 원예작물 분야(생산, 유통(시장))의 치열한 경쟁에서 높은 수준의 기업가정신, 기술혁신과 전문성이 요구되는 점을 감안하여 사업수행을 전담할 별도 조직(자회사)인 '그리너리 B.V.'를 설립(1996년)한다.

이 자회사는 그리너리협동조합의 청과생산물 마케팅 및 판매전담 조직의 기능이 부여된다. 청과물의 생산부터 물류, 판매뿐만 아니라 수출까지 각 단계나 부문별로 전담회사 또는 전담조직을 보유하면서 가

청과물을 보관하는 그리너리 U.A.의 물류 (자료: 그리너리 U.A. 홈페이지)

격협상, 공동마케팅 등에서 전문성과 경쟁력 향상을 추구한다.

그리너리는 청과물 분야 협동조합으로서 사업 위상을 확고히 하고, 사업추진의 효율성을 높이고자 전담회사 '그리너리 B.V.'를 설립하는 것 외에도 네덜란드 내외 관련기업의 인수합병 방법도 사용한다. 당시 (1998년) 네덜란드 내 주요 청과물유통도매회사 '반다이크 델프트'(Van Dijk Delft Group)를 인수하여 판매 부문 역량을 강화한 것이 그 사례이다. 한편 공동브랜드 'The Greenery'를 사용하여 홍보효과를 높인다.

또한 청과물 사업의 특성상 상품의 신선도를 비롯한 품질유지가 소비자 신뢰확보에 매우 중요한 점을 감안하여 생산 및 판매정보의 실시간 상호공유시스템을 마련한다. 바로 '그린다이렉트'(Green Direct)라고 이름붙인 인터넷 기반 정보공유시스템이다. 이 시스템으로 조합원 농가들에 시세 같은 취급농산물 판매정보를 알려 생산량을 조절함으로써 가격 급변동에 대응하게 만드는 등 조합원인 생산농가의 이익을 보호한다.

농가 조합원은 그리너리 인트라넷을 통하여 생산품목별 생산예정물량을 조합에 알리고, 협동조합은 청과물 가격동향, 고객반응 등을 공유하여 조합원 농가가 생산계획을 세우는 데 도움되는 정보를 제공하는 방식이다.

절묘한 균형, 협동조합 가치 유지와 효율추구

그리너리가 협동조합 경영에 대해 시사하는 바는 협동조합의 정체성 유지와 기업형 경영전략 간에 절묘한(!) 균형을 취하면서 성장해왔다는 점이다. 그리너리를 '협동조합적 기업'이라고 부르는 이유도 여기에 있다. 그리너리는 협동조합의 본질(정체성)과 기업형 경영의 성공적 융합 가능성을 잘 보여 준다.

그리너리의 핵심성공요인(CSF)

1 유통경로 혁신(단순화)
- 다수의 농산물경매장이 통합하여 설립된 청과물류 분야 협동조합으로, 연간 10억 유로 이상의 거래규모를 가진 유럽최대 농식품 도매기업
- 네덜란드 전국에 여러 청과물류센터를 직접 운영하며, 대형 유통업체에 농산물 공급
- 물류센터 운영으로 생산자-경매장-도매상-소매상의 다단계 유통을 생산자와 소비자로 직접연결(생산자-물류센터-소비자)
- 산지농산물 수집, 판매, 상품화 등 단순한 기능을 넘어 소매업체 대상 상품공급, 물류제공 등 토털 서비스 제공

2 생산자와 조합 간 협동(분업) 시스템 구축

- 생산농산물 선별은 농가, 전(前)처리/소포장은 조합(물류센터)이 담당하여 경쟁력(효율) 확보
  - 생산과 가공의 분리, 비용효율화로 가격경쟁력 확보
  - 청과물 생산 농민(조합원)이 상품을 선별 후 출하
  - 품질관리·포장·배송 등 이후 유통(물류)의 모든 과정을 조합(판매유통자회사 그리너리B.V.)이 담당
- 조합 참여도(기여도)에 따른 농가 간 수수료 부담 차별화
  - 농가가 부담하는 수수료율의 폭을 정한 다음, 생산출하량이 많은 농가일수록 낮은 수수료를 부담하게 하여 도덕적 해이 방지

네덜란드 내에 수입농산물 비중 증가와 대형 유통기관의 시장점유율 확대로 협동조합이 경영위기에 처하면서, 앞서 설명한 대로 유통·판매 등 대외경영 분야에서는 자회사(판매자회사 그리너리B.V.)를 설립하고, 새로운 유통시스템(그린다이렉트)을 도입하여 판매, 마케팅에서 전문성과 역량을 강화하는 등 경영상의 효율을 도모하였다.

한편 조합원의 도덕적 해이 방지를 위해 조합원이 준수해야 할 일정한 의무를 부과하여 협동조합의 정체성을 유지하는 노력도 다하였다.

예를 들면 그리너리 조합원 농가는 청과재배 시 화학비료 사용이 금지되어 친환경재배를 해야 하며, 위반 시 조합원 자격을 잃을 수도 있다.

그라나롤로(이탈리아, 유가공제품)

그라나롤로는 이탈리아 중북부인 에밀리아 로마냐(Emilia Romagna) 지역의 주도(州都) '볼로냐'(Bologna, 지도 참조)에 소재하는 협동조합의 자회사이다.

이탈리아의 대표적 유가공제품 협동조합, 그라나롤로

볼로냐는 협동조합이 많이 몰려있는 지역으로 알려졌는데, 이탈리아 시장점유율 1~2위를 다투는 거대규모의 낙농 분야 협동조합 기업인 '그라나롤로'가 있는 곳이기도 하다.

외국에서는 협동조합이 성장하는 과정에서 제품생산이나 기타 사업 수행의 효율성을 높이기 위하여 산하에 자회사를 두는 경우가 종종 있

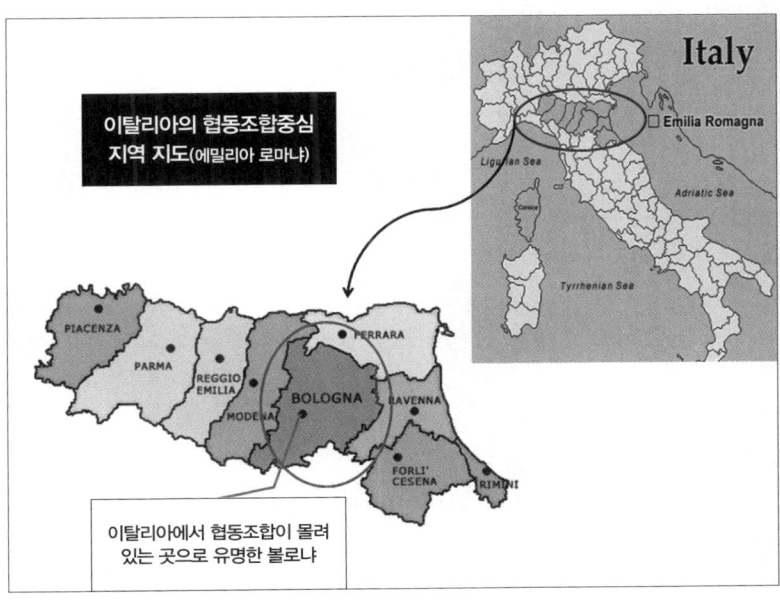

에밀리아 로마냐 지역과 볼로냐

는데, '그라나롤로 그룹'(Granarolo Group)도 이와 유사하다. 이탈리아 최대의 우유생산자연합회인 '그란라떼 Soc.'(Granlatte Società Cooperativa Agricola)를 모기업으로 하여 여러 소속 협동조합과 자회사들로 조직되어 있다. 그란라떼 Soc.와 제휴 협동조합은 그라나롤로에 조합원 및 회원 협동조합이 생산한 우유를 원재료로 우선 공급한다.

70여 년의 역사를 지닌 서울우유협동조합은 이러한 그라나롤로와 유사한 데가 많다. 낙농협동조합 '그란라떼' 조합원이 생산하는 원유(原乳)를 가공할 회사의 설립이 바로 그라나롤로의 시초가 되었다.

그라나롤로의 성장과정, 전략

'그라나롤로'를 중심으로 하는 그라나롤로 그룹은 이탈리아 내 모든 우유낙농가의 통합을 지향하면서, 우유가 주원료인 유가공제품(낙농제품)을 주로 생산한다. 또한 볼로냐를 포함한 이탈리아 전체에 8개의 우유가공제품 생산기지를 만들어 그라나롤로 그룹 내의 다양한 브랜드 우유제품을 생산한다.

그라나롤로는 협동조합이 어떤 성장과정을 거쳐야 하는지, 또는 성공하는 협동조합은 어떤 성장과정을 거치게 되는지를 잘 보여준다.

• 그라나롤로의 역사는 제법 길다. 1957년에 '볼로냐우유생산자연합' (Bolognese Milk Producers Consortium)으로 출발하였다. 그라나롤로는 1970년대를 거치며 볼로냐 지역을 중심으로 다른 협동조합 및 자회사와 통합하며 요구르트 같은 우유가공 부문에서 크게 성장하였다.

우유, 치즈 등 동일하거나 관련 분야 단위조합까지 자발적 연대 즉, 협동조합적 정신에 충실한 조합 간의 연대(컨소시엄 형태)로 규모의 경제를 실현하면서부터 현재 그라나롤로의 기반을 구축할 수 있었다.

협동조합 차원에서 '그라나롤로'의 성공을 좀 더 자세히 들여다보기로 한다. 그라나롤로는 초기단계부터 우유를 소재로 한 유제품 생산(가공)의 모든 과정을 사업화하기보다는 단계별 성장을 시도한다.

처음에는 우유의 공동생산 및 공동판매를 통해 협동조합의 장점을 추구하다가 점차 관련 분야 조합 간 연대(컨소시엄)로 유제품 생산단계의 규모확대를 지향하였다.

유제품 제조과정의 발효, 치즈생산 등 생산(제조) 부문 자회사와 생산된 유제품의 물류(지역 배급체제 포함) 분야 자회사를 설립 또는 인수합병하여 계열화를 효율적으로 구축하였다. 곧 수평적 연대로 협동조합적 가치 구현과, 수직 계열화로 사업수행의 효율성 강화라는 '두 마리 토끼'를 쫓았고, 결국 둘 다 잡는 데 성공하였다.

그라나롤로의 로고
그라나롤로는 우유, 치즈, 요구르트, 에그 파스타, 듀럼밀 (durum wheat) 파스타 등을 생산하며, 세계 최초 대학(볼로냐 대학)이 있는 볼로냐에 위치한 이탈리아 최상위권 낙농협동 조합 자회사

그라나롤로의 협동조합 정신, 가치헌장 제정

그라나롤로는 유제품 생산효율성을 위하여 일반기업이 많이 쓰는 관련 부문 기업의 인수·합병이라는 규모확대 전략을 사용하면서도, 높은 지속가능성을 유지하고자 윤리강령(Granarolo Group Code of Conduct)을 만들고 다음과 같이 경영원칙(Value Chapter, 가치헌장)을 준수하려고 노력한다.

조합운영이나 사업수행 과정에서 조합원의 도덕적 해이 방지 등 협동조합적 가치와 원칙 준수에도 소홀하지 않다. 조합원관리를 엄격히 하여 조합원 의무에 어긋나는 일탈행위를 철저히 막는 조치를 취한다.

조합원이 생산하는 우유는 모두 수탁으로 출하하도록 하고, 이를 두 번 이상 어기면 조합원 자격을 박탈한다. 조합원의 의무준수는 조합원의 권리와 일체를 이루기 때문에 조합원의 (조합에 대한) 도덕적 해이는 다른 조합원에게 피해를 주므로 철저히 방지하고자 하였다.

또한 그라나롤로의 독특하면서도 소박한(?) 홍보전략도 눈여겨볼 만하다. 좋은 품질로 고객의 신뢰를 얻는 것이 곧 최선의 홍보라는 관점으로 기본에 충실한 홍보를 한다.

대중매체를 이용한 일반적인 홍보가 아닌, '최고의 제품이 최선의 홍보!'를 마케팅전략의 핵심으로 삼았다. 그라나롤로 산하 자회사나 계열기업에서 생산하는 낙농유제품의 제조 및 품질관리를 위해 젖소가 사육되는 환경, 예를 들면 소에게 먹이는 물의 질까지 따질 만큼 최

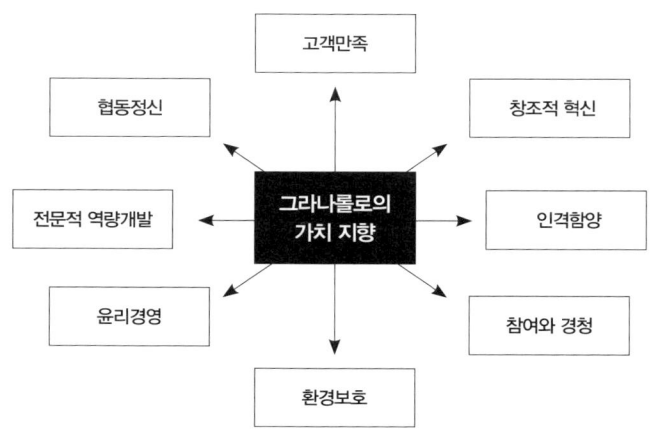

그라나롤로의 협동조합 가치헌장(Value Chapter)

선의 품질을 확보하는 데 경영역량을 집중한다.

한편 우유가공제품에 대한 소비자의 선택기회를 높이며, 제품의 웰빙화를 추구하는 지속적 연구개발(소금·지방·설탕성분 감소), 시민건강프로그램 지원(금연·알코올중독 치료), 환경보호 활동(생산제품의 폐기물감소)으로 소비자의 건강과 환경을 위한다. 그리하여 고품질의 천연가공식품을 공급함으로써 소비자의 신뢰를 확보하면서 협동조합의 정체성을 유지할 수 있었다.

이러한 노력 끝에 그라나롤로는 이탈리아 내의 유력한 유가공업체에 머물지 않고, 네슬레(Nestle), 야쿠르트-다농(Yakult-Danone) 등 다국적 유제품기업과 품질경쟁에서도 밀리지 않는 세계적인 우수낙농기업 대열에 합류하였다. 특히 에그 파스타(이탈리아식 국수요리)나 듀럼밀(Durum wheat, 마카로니 밀) 파스타가 유명한데 독일, 벨기에, 캐나다, 일본 등 세계 전역에 수출된다.

그라나롤로의 성공요인!

- 그라나롤로 그룹의 낙농협동조합 부문 자회사로서, 우유생산 및 가공유(乳)제품 생산에서 물류(판매)까지 기능별 수직 계열화 및 연합체 형성으로 경쟁력 확보 성공

- 유제품 발효, 생산(전국 8개 생산기지 확보), 제품물류 및 지역판매 등 생산부터 유통까지 4개 분야를 대상으로 가공 및 판매 자회사 설립, 불가피한 경우 외부 유가공 업체를 인수해 부족한 역량을 보완하여 경쟁력 확보

- 철저한 품질관리로 신뢰성 확보

- 엄격한 품질관리 : 유제품의 가공과정뿐만 아니라 주요 원재료인 우유

품질 확보를 위해 젖소가 사육되는 환경을 철저히 점검

- '가치마케팅' 전략 지향 : 최고 품질의 유가공 제품의 생산 및 품질유지 관리가 바로 최고의 홍보(마케팅)라는 가치 추구

- 조합 운영원칙 설정 및 준수 : 원자재(재료 우유 등) 출하원칙을 비롯해 운영원칙 제정 및 적용으로 조합원의 도덕적 해이 방지

• 협동조합 원칙과 가치에 충실한 경영 지속

- 최고품질의 우유제품 생산판매로 소비자에게 웰빙과 즐거움을 준다는 기업미션과 이탈리아 최고의 낙농 분야 협동조합이 된다는 비전의 실현 노력 지속

- 그라나롤로 윤리강령, 8대 가치(*)헌장 제정 및 조합운영에 적용

(*8대 가치 : 고객만족 · 협동정신 · 참여와 경청 · 윤리의식 · 인격함양 · 환경(생활의 질)보호 · 기술향상)

선키스트(미국, 감귤)

노란 껍질과 새콤달콤한 맛이 먼저 떠오르는 감귤의 생산자협동조합! 정식명칭은 '선키스트생산자연합회'(Sunkist Growers Incorporated(Inc.)) 인 선키스트협동조합은 조합의 홈페이지에 캘리포니아 주와 애리조나 주의 감귤류 생산자가 소유하는, 생산자들을 위해 운영되는 비영리 시장협동조합임을 선언한다.

감귤류 생산자협동조합, 선키스트
선키스트협동조합의 오렌지 생산량은 미국의 오렌지 총 유통물량의

선키스트협동조합 선과장에서 선별되는 감귤

절반, 해외수출 물량 4분의 3이라는 비율로 압도적이다.

선키스트는 100여 년 전부터 협동조합을 시작했다. '선키스트' (Sunkist)라는 강력한 브랜드와 타원형의 청람색 바탕 위에 'Sunkist'라고 새겨진 트레이드마크로 잘 알려져 있다. 사람들은 선키스트협동조합이라는 이름보다 '선키스트' 브랜드 이미지에 훨씬 익숙하다.

선키스트협동조합은 21세기 초에 나온 최초의 농산물 광고 속 'Sun Kissed'(Sunkist, 태양에 입 맞추다)라는 광고카피를 통합 상표로 등록[5]했으며, Sunkist 브랜드파워를 바탕으로 1970년대에는 오렌지 이외의 품목에도 'Sunkist' 브랜드를 적용하기 시작하였다.

미국 서부 캘리포니아 주 광활한 지역에 오렌지가 재배되었고 그 생산량은 수요를 크게 초과하는 상태였으나, 캘리포니아의 강렬한 태양을 받아(sun kissed) 맛이 좋고 품질이 뛰어났다. 문제는 판매였다.

---

5   농림수산식품부, 「2008년 테마조사-러시아 농산품 시장동향 및 제주특산물 진출방안」참조.

감귤을 따서 선과장(選果場, packinghouse)에서 상품화(포장)되는 과정 (자료: 선키스트협동조합 홈페이지)

선키스트는 왜 태어났는가?

19세기 후반, 미국은 서부개척이 끝나 미국 동부와 서부를 잇는 철도망이 이미 완성된 상태였다. 그러나 개별 오렌지 생산농가는 주요 소비지인 동부의 도시민에게 판매할 유통수단(운송 및 판매점)이 없었다.

결국 캘리포니아의 오렌지농가는 문자 그대로 '울며 겨자 먹기'식으로 중간도매상에 오렌지 출하를 맡겨야 했고, 출하가격의 과도한 인하 요구나 대금지급 지연 등 중간도매상의 횡포로 큰 고통을 받았다. 결국 오렌지 농가는 서로 '뭉쳐야 한다'는 사실을 깨달았다.

선키스트협동조합의 특성과 조합원 구성은?

• 오렌지 공동판매조직(판매협동조합 연합회)의 기능보유

- 정식명칭 : Sunkist Growers Inc.(120년 역사)

- 미국 캘리포니아, 애리조나 주 6,000여 명의 오렌지농민, 지역 협동조합으로 구성
- 오렌지생산농민과 지역협동조합이 중간유통상의 횡포에 맞서서 판매망과 가격수준 확보를 위해 만든 협동조합

먼저 캘리포니아 지역의 약 6천여 농가들이 8개 단위지역별 협동조합으로 조직화되었으며, 그 다음 단계로 이들 협동조합 간의 연대와 협력, 이른바 2차적 협동조합 또는 '연계형 협동조합'(secondary cooperative)으로 단결 범위를 넓히기 시작한다.

선키스트협동조합은 왜 탄생했는가?

• 중간상인의 독과점 횡포에 대응
- 19세기 말, 미국 캘리포니아 주의 많은 오렌지 생산농가들은 생산된 오렌지 판매처 확보의 어려움, 과도한 출하가격 인하요구, 대금지급 지연 등 중간도매상들의 횡포에 직면
- 처음에는 〈남부 캘리포니아 과일거래소〉(1893년) 설치로 오렌지생산농가들의 단결을 추구하고, 그 이후 〈캘리포니아 과일 재배자 거래소〉로 이름 변경, 현재 선키스트협동조합의 시초

협동조합은 조합들 간의 단결과 협동을 '주식'(主食)으로 하지만 조직이니만큼 그 운영이나 사업추진 과정에서 갈등이 발생할 수밖에 없다. '선키스트협동조합'의 조합원은 불가피하게 발생하는 조합원 간 갈등을 푸는 장치를 제도화하여 문제를 해결한다. 조합원에게 사업내용을 정기적으로 보고하고, 승인을 받는 등 사업의 투명성 강화를 위하여

노력하여 오렌지 생산농가의 신뢰를 확보하는 데 성공한다.

선키스트협동조합은 어떻게 성장했는가?

- 협동조합 조직운영의 투명성 확보
- 조합원(회원 생산농가 및 지역협동조합)들에게 정기적인 사업내용 보고 및 승인절차
- 출하량(기여도)에 따른 의결권 차등화
- 비례투표제 채택으로 조합원(오렌지 생산농가 등)의 도덕적 해이 방지
- 가치창출을 높이는 마케팅 전략 실시
- 판매정보공유시스템 구축 및 활용으로 가격동향 등에 관한 실시간 판매정보 교환 및 공유
- 선키스트협동조합 내부의 모든 경영 부문을 판매정보공유시스템을 통해 일체화시켜 오렌지 생과(生果) 및 가공품의 유통효율화 실현
- 사업, 조직, 인력 조정 등 지속적 경영개선 노력
- 이사회의 정책결정 기능과 조합경영자의 집행기능의 분리로 상호견제 기능 확보

선키스트협동조합이 좀 특이한 것은 조합원 간 갈등해소를 위하여 1인 1표제 의결방식 대신 비례투표제를 채택했다는 점이다. 출하량에 비례하여 의결권을 부여하는 방식이다.

선키스트의 이러한 의결방식은 조합원 참여도를 높이는 데는 기여했으나, 1인 1표제를 기본으로 하는 민주적 의사결정 원칙을 벗어날 여지가 있었다. 이는 결국 미국식 '신세대협동조합'의 시발점이 되었다.

"오렌지를 마셔라!(Drink an Orange!)"[6]

'선키스트협동조합'이 오늘날 대표적 생산자협동조합으로 성장하는데는 바로 홍보의 탁월성에도 힘입은 바 크다. 이것은 우리 신생 협동조합이 깊이 유의해야 할 부분이다. 선키스트는 마케팅이나 홍보를 그리 중요하게 여기지 않았던 시대에 획기적인 광고 카피를 내걸었다. 그것은 협동조합원의 기대에 크게 부응하는 계기가 되었다. '오렌지를 마셔라!'라는 카피이다.

선키스트협동조합 홍보의 시사점은 무엇인가?

• 오렌지 생산단계부터 철저한 품질관리와 함께 창의적 광고

Drink an Orange, "까먹는" 오렌지에서 "마시는" 오렌지로!!

• 오렌지 생과(生果)뿐만 아니라 주스로 가공, 판매할 수 있는 계기가 되었고, 오렌지 판매량이 종전보다 크게 증가

생산되어 창고에 쌓인 채 소비되지 않은 오렌지를 사람들이 보다 많이 소비하도록 하기 위한 광고였다. 그 시절만 해도 사람들은 오렌지를 '까먹는' 것에만 익숙해 있었다.

오렌지를 마시자는 주스 광고를 처음 보고 사람들은 어리둥절했다. 그러나 광고효과는 획기적이었다. 단순히 오렌지 소비방식의 차이라고 보기에는 아예 그 차원이 달랐다. '까먹는' 것에서 '마시는' 오렌지로 바뀌었다. 이는 오렌지 소비에 획기적인 증가를 가져왔다.

오렌지를 가공한 주스 판매량이 크게 증가했고 캘리포니아 오렌지

---

6   선키스트협동조합에서 미국 광고전문가 클로드 홉킨스(Claude C. Hopkins, 1866~1932)의 제안을 받아들여 1916년에 뉴욕의 한 지역신문에 광고카피로 사용한 문장이다.

생산농가의 오렌지 출하량이 2배 가까이 늘었다. 주스로 만드는 데는 훨씬 많은 양의 오렌지가 필요했기 때문이다. 또한 품질이 다소 떨어지는 오렌지도 주스로 만들어 판매하여 부가가치를 높일 수 있었다.

사람들이 오렌지를 사서 '까먹는' 방식으로는 사실상 오렌지 소비에 한계가 있을 수밖에 없다. 반면에 오렌지를 즙(汁)으로 마시면, 보다 많은 오렌지를 원재료로 하므로 소비가 늘어난다.

이는 오렌지 농가에게 큰 희소식이었다. 선키스트 소속 조합원인 캘리포니아 오렌지 생산농가들의 출하량이 크게 증가하는 계기가 되었다. 태양의 키스, '선키스트'의 성공은 이렇게 시작되었다.

100년 이상 지속하는 협동조합의 성공요인

요약하면 선키스트협동조합은 소비자를 설득(!)하여 오렌지 소비의 패러다임을 전환시킴으로써 협동조합의 지속가능성을 크게 높였으며, 현재까지 100년 이상 존속하는 협동조합이 되었다. 성공의 첫 단계는 당연히 협동조합적 단결(연대)이었고, 그 다음은 획기적 광고 아이디어였다. 지금은 전세계에서 '선키스트'라는 브랜드 사용료로만 연간 수십억 달러를 받는다.

선키스트의 성공은 협동조합적 연대와 협동, 뛰어난 홍보전략에 힘입은 바 크지만, 생산자협동조합으로서 감귤이나 가공품(주스)의 철저한 품질관리는 기본으로 해왔던 점에 유의해야 한다.

선키스트의 핵심성공요인(CSF)
- 협동조합의 정책기능과 집행기능의 분리로 독립적 의사결정 기능 및 조합운영의 투명성 확보

- 이사회와 경영진의 분리

- 조합원에 대한 조합운영 보고 및 승인절차 준수

• 중간상의 유통과정의 횡포극복

- 오렌지 생산농가는 협동조합 연합조직의 설립으로 경쟁력을 확보

• 철저한 품질관리(생산품)와 도덕적 해이(조합원) 방지

- 캘리포니아산 오렌지 특히 고급품에 '선키스트' 상표를 부착하여 오렌
지 생산농가 조합원에게 고품질 오렌지 생산 유도

• 창의적, 적극적 마케팅

- 특색 있는 홍보와 마케팅정보공유시스템을 활용한 적극적 마케팅으로
강력한 브랜드파워 구축

자, 이제 선키스트협동조합 돌아보기를 마무리하자!

선키스트협동조합이 전 세계의 협동조합에 주는 교훈은 무엇보다도
조합원들의 자발성(自發性)이다. 모든 협동조합에서 자발성이 시작점인
데 이 조합은 탄생부터가 특히 '자발적'이었다. 선키스트 소속 오렌지
생산농가는 제대로 자발적이었다.

조합의 이러한 자발성은 광고 등 홍보와 브랜드 등 마케팅 부문의
창의성 발휘로 이어졌고, 이제는 100년 이상 지속하는 협동조합, 선키
스트가 되었다.

선키스트협동조합 특징

• 중간도매상의 유통독점과 횡포를 극복하기 위하여 오렌지 생산농가들
이 단결한 결과 생긴 생산자협동조합

- 19세기 말, 미국 캘리포니아 지역의 유통도매상은 오렌지 유통을 독점

하고, 무리한 가격인하 요구 및 대금지급 지연 등 시장질서 교란

- 이에 캘리포니아의 오렌지농가는 집단 청과물거래소를 설치해 생산된 오렌지의 집적지(集積地)로 만들고 소비자와 직접거래를 시작한 것이 선키스트의 시초

• 협동조합 조직의 경쟁력확보(효율화) 성공

- 정책결정 기능과 집행기능을 분리시키고, 조합원(회원)들에게 사업추진의 내용을 정기적으로 보고, 승인 받아 조합운영의 투명성 확보

- 조합원이 판매정보시스템을 공유하는 등 직접 유통과정에 참여하게 하면서, 조합원인 농민의 권익을 충실히 보호

- 사업수행 조직 및 인력조정 등 지속적 경영개선 노력

• 창의적, 적극적 마케팅으로 강력한 브랜드 파워 및 신뢰도를 구축해 오렌지 출하량의 큰 폭 증가를 실현

- '까먹는 오렌지'에서 '마시는 오렌지'(Drink an Orange!)로 오렌지 소비의 패러다임 획기적 전환(오렌지 가공품 주스 개발로 부가가치를 크게 높임)

- 철저한 품질관리, 브랜드·오렌지에 대한 높은 신뢰도 획득

제스프리(뉴질랜드, 키위)

비타민이 풍부하며, 양다래 또는 차이니즈 구스베리(Chinese gooseberry)라고도 불리는 과일 '키위'(kiwifruit)는 구스베리나 미국산 허니듀메론과 비슷하게 꽤 신맛이 나는 과일이다.

키위는 타이완(대만)이 원산지이고 20세기 초에 뉴질랜드에 전파되

었다고 알려져 있다.[7] 현재는 뉴질랜드를 중심으로 이탈리아, 칠레, 미국 캘리포니아 등에서 생산된다. 우리나라는 제주특별자치도의 남제주군을 포함한 남해안 일부에서 소량을 재배한다.

뉴질랜드 키위 수출의 관문, 제스프리

뉴질랜드에서 처음으로 키위의 본격적인 상업 재배를 시작했으며, 지금 전 세계 키위 4개 중 1개의 비율로 뉴질랜드에서 키위가 생산된다. 뉴질랜드의 제스프리협동조합은 한 국가의 핵심생산품인 키위에 '제스프리'(Zespri)라는 브랜드를 붙이고, 협동조합까지 만들어 한 국가의 수출전담창구 역할을 한다.

제스프리협동조합 특징

- 협동조합 형태로 운영되는 생산자소유회사(생산자협동조합)
- 전 세계 키위 수출량 40~50%(금액기준 70% 이상) 차지
- 뉴질랜드 키위 농가의 90% 이상이 조합원
- 50여 개 국가에 키위 수출(판매)
- 치열한 경쟁에서 '협력·상생'으로 패러다임 전환
- 키위 농가 급증 및 경쟁, 가격급락으로 인한 손실, 적자 누적 극복 필요
- 뉴질랜드 키위 수출 마케팅전담조직(마케팅보드) 설립 합의(1988)
- 키위에 '제스프리'라는 공동 단일브랜드 사용 결정(1993)
- 제스프리협동조합(제스프리 인터내셔널) 설립으로 키위 수출창구의 단일화(수출독점권) 성공(1997)

---

7   위키피디아 영문판(en.m.wikipedia.org) 참조.

'제스프리'는 어떻게 만들어진 것일까?

뉴질랜드에서 키위 생산농가가 크게 증가하면서 가격 급락으로 키위 출하가격 경쟁이 심해지고, 이로 인해 농가 간에는 반목과 갈등이 지속되었다. 게다가 대형 수출업체를 포함한 유통업자만 이익을 독점하는 상황이 초래되었다.

뉴질랜드 키위 생산농가는 자신들의 상황을 되돌아보았다. 대형수출업체나 유통업체를 통하지 않고도 키위를 정상가격으로 유통시킬 방안을 찾았다. 그 대답이 바로 협동조합이었다.

키위 생산농가들, 파멸적인 경쟁에서 공존의 길을 택하다

결국, 제스프리의 '오늘'을 있게 한 것은, 키위생산·출하 및 판매에서 농가 간의 치열한 경쟁이 가격폭락이라는 농가 모두의 손해만 가져올 뿐임을 깨닫고 파멸적 경쟁을 자제하기로 합의하였던 키위농가의 의식 전환이다. '나만 살자'는 식의 양보 없는 경쟁에서 벗어나 협력으로 상생(相生)하도록 전환하고 이를 협동조합으로 구체화한 결과이다.

제스프리에 소속된 농가는 마케팅 부문에서 생산된 키위에 공동브랜드 '제스프리'를 사용하는 한편, 수출 등 유통 부문에서 뉴질랜드 정부로부터 키위 수출 전담기구 즉, 키위 수출 전담조직(마케팅보드)[8]의 역할까지 부여받는다. 이름하여 '제스프리 인터내셔널'(Zespri International Limited)이 탄생한다. 키위 농가들의 단결을 지켜본 뉴질랜드 정부가 특별입법(키위수출창구단일화법)이라는 비상수단까지 동원하여 이 조합을

---

8   마케팅보드(Marketing Board)란 주로 생산자제품의 수출가격 안정을 위해 수출업체 간 해외시장 과당경쟁 방지, 안전성 확보를 위한 품질관리, 공동 마케팅 등의 역할을 하는 기능 또는 조직을 말한다.

키위가 매달려있는 모습(자료: 제스프리 홈페이지 www.zespri.com)

제스프리협동조합의 키위 생산농장

지원한 것이다.

　뉴질랜드의 3천 개에 가까운 키위 생산농가 대부분이 협동조합(제스
프리 인터내셔널)을 통해 수출하므로, 가히 뉴질랜드의 '국민협동조합'이
라고 할 만하다. 수출물량 규모로 보면, 전 세계 키위무역 규모의 거의

절반이고, 금액기준으로는 절반을 훨씬 넘는다고 알려져 있다.

제스프리의 품질관리 노력

한편, 제스프리는 품질관리에서도 신뢰확보를 위해 노력을 아끼지 않는다. 품질관리는 '제스프리 시스템'(ZESPRI®System)으로 대표되는데 이 시스템을 통해 키위 생산농가부터 수출용 키위 선적을 위한 선박까지 체계적이고 정교한 관리가 이루어진다.

제스프리(Zespri)의 품질관리

- 키위 생산에서 유통(수출)을 위한 포장까지의 절차
- 생산농가에서 수집된 키위에서 자외선감별기로 최고의 품질상태에 있는 키위만을 선별한다.
- 선별된 키위를 특수 컨베이어벨트가 설치된 장소로 옮겨 포장 및 유통을 위한 준비를 마친다.
- 특수 컨베이어벨트는 키위를 중량별로 구분하고 포장할 수 있으며 이렇게 포장된 상자에 키위 생산농가, 포장장소(Packing House) 등 생산·가공정보 등이 입력된 바코드를 부착시켜 출하(유통)준비를 완료한다.

그렇다면, 제스프리는 주식회사인가? 협동조합인가?

물론 제스프리협동조합에는 제스프리 인터내셔널과 같은 판매전문회사만 있는 것이 아니라, 키위포장·운송 및 키위재배용 비료회사까지 수십 개의 자회사를 보유하고 있다. 그렇다고 뉴질랜드 3천여 개에 가까운 키위농가가 '주주'로 있는 주식회사라고 할 수도 있을까?

이들 자회사에 대한 통제권(의결권)은 당연히 조합원인 키위 생산농가가 가진다. 농가는 제스프리의 주주가 아니라 '주인'으로서 소유자이며 제스프리는 당연히(!) 협동조합방식으로 운영된다.

제스프리에서 배울 점은 우선, 키위 농가 '모두가 살기 위해' 파멸적 경쟁을 자제하였다는 데 있다. 그리고 수출을 포함한 키위판매 환경악화(경쟁심화, 가격폭락 등)에 굴복하지 않고, 이를 극복하는 대안을 '자발적으로' 찾았다는 점이다. 외형만 보면 뉴질랜드 정부의 보호[9]까지 받는 일종의 독과점기업이 아니냐고 할 수도 있다. 그러나 제스프리가 뉴질랜드 정부를 움직인 것은 키위농가 스스로 상생(相生)을 향하여 먼저 움직였기 때문이다. 이것이 바로 '성공하는 협동조합'이 가는 길이다.

제스프리협동조합의 '오늘'이 있게 한 바탕은 또 있다. 엄격한 품질관리와 기술혁신 노력으로 이룬 산물이라는 점이다. 제스프리는 '독과점적 지위'에 있으면서도 유통 부문의 우월적 지위를 남용하기보다는 자발적으로 엄격한 품질관리 기준을 도입하고, 이를 뒷받침하기 위한 관리와 기술혁신 노력을 지속한다. 바로 소유자이자 조합원인 키위생산농가를 위해서 말이다.

알라푸드(덴마크, 유가공제품)

이 협동조합 홈페이지의 메인화면을 보면, 다음과 같은 문장이 한눈에 들어온다. "우리 알라푸드는 낙농가들이 소유한다!"(We are farmer owned!)[10] 이어서 1만 개가 넘는 낙농가가 능률과 고품질의 낙농제품을

---

9   뉴질랜드 정부는 제스프리협동조합을 위해 '키위수출창구단일화법'을 제정하였다.

10   알라푸드 홈페이지(www.arla.com) 참조.

만들기 위하여 조합에 참여하고 있음을 선언한다.

알라푸드(Arla Foods)는 유가공 분야에서 일반 다국적기업에 뒤지지 않는 경쟁력을 발휘하는 협동조합 낙농기업(cooperative dairy company)이다.

우리 알라푸드는 낙농가들이 소유한다!

알라푸드는 대니쉬크라운과 함께 덴마크를 대표하는 협동조합으로서, 우유·치즈·버터 등 낙농 부문에서 덴마크를 넘어 주변 국가의 낙농식품회사와 연합하여 사업을 추진한다.

1960년대에 덴마크 1천여 개의 낙농가가 과열경쟁을 피하고자 엠디푸드(MD Foods)를 설립하였고, 약 40년 후(2000년)에 스웨덴의 알라푸드와 합병하여 협동조합으로 탄생한 일종의 다국적 협동조합이다. 여기에 덴마크와 인근 국가인 스웨덴, 독일의 생산농가가 참여하며 협동조합 산하에 영국소재 유가공제품 생산 자회사까지 보유 중이다.

알라푸드는 근래에 인근 유럽 국가를 넘어 중국과 합작투자를 추진하는 등 사업영역을 넓혔다. 알라푸드와 경쟁관계에 있는, 세계적으로 유명한 유가공기업에는 락탈리스(Lactalis, 프랑스)와 다농(프랑스), 네슬레(스위스), 아물(인도, 협동조합) 등이 있다.

알라푸드 협동조합의 특징

- 세계 20대 유가공(乳加工) 사업체 중에서 알라푸드는 5~6위권 규모
- 알라푸드의 시초는 1960년대에 1천여 개 낙농조합이 과열된 경쟁으로 수익이 악화되면서 이를 극복하기 위해 알라푸드의 전신(前身) 엠디푸

드(MD Food)를 설립하고, 생존을 위한 노력 시작

- 2000년대 초에 스웨덴, 덴마크, 독일의 협동조합이 모여 국가 간 협동조합으로 변신(덴마크, 스웨덴, 독일 7천여 농가 참여)

- 장기적 성장잠재력을 위해 음용유 공장을 신축하는 적극적 투자와 기존 시설의 비용 절감 및 효율성 추구

건강하고 영양가 높은 천연 식품을 공급하는 선의(goodness)를 추구한다는 목표를 홍보하는 알라푸드. 사진 속에 알라푸드 로고가 보인다. (자료 : 알라푸드 홈페이지)

- 알라푸드협동조합이 생산 원유 90% 이상을 집유·가공하며 덴마크 우유시장의 핵심적 주체로 등장

- 알라푸드는 농가가 '소유자=이용자'라는 협동조합적 가치로 조합원에게 우유대금을 최대한 높은 가격으로 지불하며 원가경영 실현

(원유 집유(集乳) 및 가공·판매를 통한 부가가치를 매년 결산하여 조합원에게 환원)

협동조합적 가치와 기업적 가치의 만남, 알라푸드의 도전

알라푸드가 국내외적으로 확장 또는 성장해가는 과정을 보면서, 예전에 인기를 끌었던 로맨틱 코미디 영화 〈해리가 샐리를 만났을 때〉(When Harry met Sally, 1989)를 떠올린다.

조합의 의사결정에 참여하는 알라푸드 협동조합 낙농가 조합원들

　이 영화는 성격과 스타일이 전혀 다른 두 남녀가 사사건건 티격태격
하면서도 서로의 단점을 보완해가며 결국은 사랑에 성공한다는 제법
달콤한(?) 스토리이다. 이 영화는 같은 인간이되 그 특질이 크게 다르기
도 한 두 부류인 남자와 여자가 과연 친구가 될 수 있을까라는 난해한
(!) 질문을 던진다.

　서로 잘 어울릴 것 같지 않은 두 가지의 가치 즉, 협력과 공생이 본질
인 협동조합적 가치와 좀 더 높은 영리를 목표로 경쟁하는 기업적 가치
가 알라푸드협동조합에서는 잘 융합된다. 사업상의 시장경쟁력을 확보
하기 위해서 인근 국가의 낙농식품사업체까지 합병 또는 다각화하는
전략을 쓰면서도, 협동조합 운영에서 협동조합적 가치를 잘 유지한다.
소속 조합원 낙농가들이 알라푸드협동조합의 '주인'임을 잊지 않는다.

　결론적으로 알라푸드의 협동조합 사업 철학은 '원가봉사 원칙'이다.

협동조합 경영원칙으로 흔히 말하는 원가경영(business at cost)과 유사한 개념이다. 조합 경영을 유지하는 데 필요한 최소한의 이익만 추구하고, 사업 성과는 대부분 조합원에게 돌려준다. 그리고 건강하고 영양가 높은 천연의 유가공식품 공급을 목표로 하며, 이를 알라푸드 협동조합 홈페이지에서 공개적으로 선언하였다.

좀 더 구체적으로 조합원의 원유(原乳)는 최대한 높은 가격으로 매입하고, 조합사업으로 창출한 이익은 최대한 많이 조합원에게 돌려주거나 조합원을 위해 유보한다.

또한, 의사결정 구조에서 조합원을 최상위에 두어 알라푸드의 '주인'은 조합원 농가가 되도록 하고, 대의원회의(우리 협동조합기본법상의 '대의원총회') 및 이사회 체제를 운영한다.

아물(인도, 유가공제품)

아물(AMUL)은 아난드 밀크 유니온(Anand Milk Union)의 약칭으로 세계 20대 유제품(乳製品)업체에 속하며, 인도[11]의 최대 낙농 유제품업체(30억 달러 매출, 2014년)로 알려져 있다. 인도 서부지역 구자라트(Gujarat) 주의 '아난드'에 소재하는 협동조합적 기업이다. 세계적인 낙농 분야의 다국적기업과 시장경쟁에서 충분한 경쟁력을 가졌다고 평가된다.

---

11 인도는 협동조합의 역사가 비교적 긴 나라에 속한다. 20세기 초에 이미 '협동조합 신용회사법'이라는 협동조합 관련법령이 제정되어 인도농민에게 저금리로 돈을 빌려준 것을 계기로 협동조합이 주요 사회적 제도로 정착되었다. 1947년, 인도가 영국으로부터 독립한 이후 국가의 경제정책에 협동조합에 관한 부분이 포함되어 인도의 협동조합은 국가의 지원 하에 성장한다. 그러나 1990년대 초반 인도의 외환위기를 계기로 하여 자발적 협동조합 중심으로 방향전환을 한다.

아물은 홈페이지에서 '중간상들의 착취'를 없애고 우유 생산농가를
보호하기 위하여 창립되었음을 분명히 선언한다.

인도의 자랑거리, 유가공협동조합 '아물'

아물은 프로바이오틱(Probiotics)[12] 계열의 건강간식 제품 '플라브요'
(Flaavyo, 냉동요구르트)를 생산하여 유명해졌다. 특히 기존 요구르트 제품
보다 지방성분과 열량(칼로리)을 크게 낮춘 제품으로 유명하다.

우리에겐 조금 생소한 이 조합은 1946년에 설립되었으며 우유관련
제품, 특히 요구르트 분야에서는 이미 세계적 유제품(乳製品) 기업이다.
야쿠르트-다농(Yakult-Danone)이나 글로벌 기업 네슬레(Nestle, 스위스 식
품기업)에도 뒤지지 않는 경쟁력을 갖춘, 인도의 국민기업이라고 할 만
하다. 특히 저지방·저칼로리 우유 및 관련제품(요구르트 등) 분야에서는
세계적인 경쟁력을 갖췄다.

아물의 특징

- 1946년, 우유관련 중간상의 횡포(카르텔)에서 우유 생산농가를 보호하
  기 위해 창립된 유제품생산 협동조합 기업
- 인도의 대표적 요구르트업체에는 아물, 합작기업 야쿠르트-다농(YDI;
  Yakult-Danone India), 네슬레 등이 있음
- 아물은 인도 유제품 시장에서 글로벌 기업 네슬레와 경쟁하여 승리하
  고, 우유·요구르트 시장에서 우위 선점

---

12   프로바이오틱은 적당량을 섭취했을 때 인체에 이로움을 주는 살아있는 미생물을 총칭하는
말로 우리 몸에 유익(有益)을 주는 균(菌)이다. 현재까지 알려진 대부분의 프로바이오틱스는 유산균
이다.

- 저지방, 저칼로리 요구르트 제품 출시로 시장에서 큰 성장

  (기존 제품보다 지방, 칼로리를 줄인 프로바이오틱 계열 요구르트 플라브요 출시)

- 다이어트용 유제품으로 인도 여성에게 인기상품으로 부상

한편 아물은 여자어린이 캐릭터(아물 버터소녀, Amul Butter Girl)를 활용한 마케팅으로 유명하다. 둥근 얼굴과 머리를 위로 말아올려 하얀 바탕에 점박이 리본으로 묶은 어린이의 모습이 코믹하다. 아물은 이 캐릭터를 활용하여 제품이나 사회공헌 활동 서비스 홍보에 활용한다.

아물의 성공요인, 아물운동

아물협동조합 그룹의 특징은 조합의 성공이 바로 조합원의 이익으로 이어지는 협동조합의 가치와 원칙에 제대로 부합하는 협동조합 기업이라는 데에 있다.

사실 협동조합의 발전단계 혹은 역사적 변천단계에서 인도가 우리나라와 비슷한 점이 많다. 인도 협동조합의 초기는 국가주도에 의한 협동조합 시대였는데, 우리나라도 개별법 협동조합이 협동조합기본법에 의한 자생적 협동조합 시대보다 앞섰다는 점에서 그렇다. 인도 협동조합이 국가주도의 초기 단계에서 민간주도로 전환된 이후의 상징적 사례가 바로 이 아물이라는 점에서 이 조합을 주목해야 할 이유는 충분하다.

아물의 사업과 활동 기반은 인도 구자라트 주 17개 지구(District) 323만 명(2014년 기준)의 소규모 농민이며, 이들이 생산하는 우유 원유(原乳)를 집유(集乳) 및 가공한다. 구자라트 주 농민은 구자라트유제품협동조합(GCMMF; Gujarat Cooperative Milk Marketing Federation Ltd.)의 조합원이

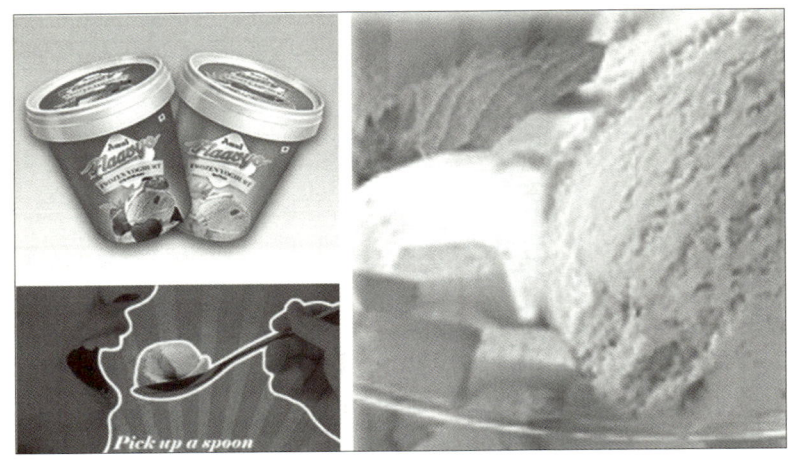

아물협동조합의 상징적 유제품 '플라브요'(Flaavyo)

아물의 로고

아물협동조합 홍보캐릭터(여자아이, 그림왼쪽). 점박이 리본으로 머리를 묶은 여자아이. 이 캐릭터는 '아물'의 제품, 서비스, 공익활동 홍보에 사용된다.

기도 하다.

　구자라트 주의 농민이라면 단 한 마리의 소만 보유해도 GCMMF 조합원이 될 수 있다. 이들은 마을단위, 지구단위(일정한 수의 마을그룹) 및 연합회(지구단위 협동조합연합회)라는 3단계로 조직화된 아물협동조합 내에서 의사결정을 위한 투표권을 행사한다. 아물협동조합은 생산된 각종 유제품을 점포(parlour)나 아울렛(APO; Amul Preferred Outlets)을 통하여 프랜차이즈 형태로 유통한다.

낙농 분야 협동조합 아물은 인도의 유제품산업에서 독보적 존재이며 우유가공 분야에서 신기술 또는 신제품 개발로 저지방·저칼로리 우유제품을 생산해 기존 우유제품과는 완전한 차별화를 이루었다. 일종의 우유혁명 또는 백색혁명(White Revolution)으로까지 평가받았으며, '아물운동'이라는 고유명사까지 생겼다.

아물운동은 인도가 세계적인 낙농대국으로 성장하는 계기가 되었다. 아물의 설립 이후 경제정책으로 국가가 주도하는 하향식 협동조합에서, 아래부터 기초를 다지는 협동조합 운동으로 전환된 점에서 이 조합의 의의는 크다. 바로 여기가 정부주도의 하향식 협동조합이라고 일컬어지는 우리나라 농업협동조합과 비교되는 부분이다. '아물'은 인도의 복잡한 인구 및 사회구성원 간 통합에도 큰 기여를 했다고 평가된다.

소비자협동조합형
– 시장대체 사례1

소비자협동조합

- 협동조합 역사상 최초로 출현한 협동조합 유형으로, 협동조합의 장점을 잘 표출
- 소비자협동조합은 이탈리아, 스위스, 캐나다 등 대부분의 국가에서 활성화되어 있으나, 프랑스처럼 일부 국가에서는 쇠퇴하는 경향
- 우리나라는 협동조합특별법에 의한 소비자생활협동조합(생협)이 소비자협동조합의 한 형태로 볼 수 있고, 협동조합기본법에 의해 향후 다양한 품목(서비스)에서 소비자협동조합이 출현할 것으로 전망

소비자협동조합은 세계 어디에서나 흔히 볼 수 있을 정도로 일반화되어 있다. 특히 스위스, 이탈리아, 캐나다, 미국 등에는 소비자협동조합이 매우 활성화되어 있으며, 주목할 만한 협동조합을 상당히 볼 수 있다. '착한 소비, 착한 가격'을 바라는 소비자의 열망은 세계 그 어디에서나 똑같기 때문이다.

협동조합의 협동조합(협동조합연합회)인 이탈리아 레가코프(LegaCoop; Lega Nazionale delle Cooperative e Mutue의 약칭)나 코프 이탈리아(Coop Italia)와 같은 소비자협동조합 연합단체와 그 소속 협동조합, 스위스 미그로, 독일 레베와 캐나다 등산용품협동조합, 미국 소매식품업체 연합체 웨이크펀푸드가 대표적이다.[13] 또한 협동조합이 집중되어 있는 이탈리아 에밀리아 로마냐 지역, 그 중에서도 볼로냐의 코프 아드리아티카(Coop Adriatica)와 대형매장 이페르코프도 눈여겨볼 만하다.

유럽지역은 소비자협동조합이 대세

이들 조합은 기존의 일반소비재 유통채널과 소비재시장을 대체할 만큼 큰 매출액 규모를 지니고 있다. 또한 각 소속 국가에서 상위 매출액 10위 이내의 '시장지배력'을 가진다.

특히 미그로는 또 다른 소비자협동조합인 '코프 스위스'(Coop Swiss)와 함께 스위스 소비재 유통시장 규모의 절반을 훨씬 넘을 정도로 엄청난 시장지배력을 유지한다. 그야말로 '시장대체형 협동조합'이라고 부르는 데에 큰 무리가 없다.

유럽이나 북미의 대형 소비자협동조합은 전국 판매네트워크를 포함한 시장점유율이나 기타 역량에서 기존의 다국적 대형유통업체(까르푸, 테스코 등)에 뒤지지 않거나 오히려 능가하기 때문이다. 유럽의 소비자

---

13   국제협동조합연맹(ICA)이 2008년 경영실적을 기준으로 발표한 '글로벌 300 보고서' 자료를 따르면, 소매 분야의 소비자협동조합으로는 독일의 레베(REWE)그룹이 490억 달러 매출로 1위를 차지하고, 2위~10위에는 프랑스, 스위스, 영국, 핀란드 등 유럽 협동조합이 올라가 있다.

협동조합은 생산자협동조합과 마찬가지로 그 산하나 그룹 내에 다양한 자회사기업을 보유하는 경우가 많아서 '협동조합형 기업'의 특성이 있다.

다만 외국 소비자협동조합을 살펴볼 때 유의하여야 할 점이 있다. 역사적으로 소비자협동조합이 모두 성공적이기만 하지는 않았다는 사실이다. 미그로, MEC(등산용품협동조합) 같이 성공한 사례가 많지만, 1900년대 후반에 프랑스 소비자협동조합 연합단체 및 그 소속 협동조합들, 독일 소비자협동조합 '도르트문트 카셀'(Dortmund-Kassel)과 같이 소매업 분야의 경쟁격화, 불황, 주요 의사결정의 지연 또는 전략적 대응 실패, 조합원의 수동적·소극적 참여 등이 원인이 되어 경쟁력을 상실하고 결국 실패의 길로 들어선 조합도 있다.

소비자협동조합, 우리나라는 아직 초기단계

협동조합 설립이 자유롭게 된지 얼마 안 되는 우리나라는 현재 협동조합 개별법(특별법)상의 생활소비자협동조합(생협)이 상당히 활발한 활동을 한다. '한살림'이나 '아이쿱'은 수천억 원 이상의 매출액을 기록하는, 상당한 사업규모를 가졌으나, 아직 외국 소비자협동조합에 비하면 소비재 유통시장 또는 소매업시장을 대체할 정도의 규모와 시장지배력을 가졌다고 보기는 어렵다.

지금부터 외국 소비자협동조합 중 협동조합 가치와 정신, 사업추진에서 전략적 대응이나 혁신, 효율성을 잘 융합시켜 성공적이거나 높은 지속가능성을 보인 조합의 특징과 그 시사점을 살펴보고자 한다.

소비자협동조합 사례

미그로협동조합(스위스, 소비재)

미그로(MIGROS)는 스위스 최대의 소매유통기업이다. 스위스의 사업가이자 정치가 고트리프 두트바일러(Gottlieb Duttweiler, 1888-1962)가 1인 기업으로 창업(1925년)하였으나 후에 협동조합으로 전환하였다. 두트바일러는 스위스에서 존경받는 인물 1, 2위를 다툴 정도로 스위스 국민들의 가슴속에 남아 있다. 고트리브 두트바일러재단(Gottlieb Duttweiler Institute)은 이런 그를 기념하여 세워졌으며, 스위스 국민들을 위하여 각종 사회적 활동을 한다.

오늘날에는 스위스인 3명 중 1명이 그 조합원으로 있다. 두트바일러가 처음에 미그로를 창립할 당시에는 커피, 설탕, 비누 등 5~6가지 식품류와 가정용품을 저렴하게 파는 것을 주목적으로 했다. 1920년대에만 해도 유통시설이 크게 부족했고 불편했기 때문이다.

개인기업에서 협동조합으로, 미그로

두트바일러는 아내와 의논한 끝에 성장하던 기업이었던 미그로를 스스로 협동조합으로 전환시켰다.(1941년) '자본이 아니라 사람이 우선이다'(forcus on people and not on capital)를 경영이념으로 하여 회사 지분을 고객에게 나눠 주면서 회사를 고객의 '소유'로 만들었다. 바로 협동조합이었다. 그 결과 오늘날에는 가히 스위스의 '국민협동조합'이라 할 만큼 성장하였고 세계 40대 소비재 유통기업 안에 들어갔다.

미그로협동조합은 오렌지색으로 된 영어대문자 M을 크게 디자인한 로고(logo)를 사용한다. 일부 스위스신문은 거대한 M자 모양 로고를 '거인오렌지'라고 부르기도 한다.[14]

미그로의 오늘

- 두트바일러가 1925년에 창업
- 1940년에 1인 소유의 '성공한' 기업에서 '사랑받는' 소비자협동조합으로 전환
- 스위스 소매시장 점유율 20퍼센트(스위스 총인구의 약 3분의 1이 조합원)
- 고수익·고위험(High Risk, High Return)사업/투자 회피
- 조합원 위주로 안정적 사업 수행·다국적 유통자본 까르푸와 경쟁에서 승리
- 지역 집중(지역본부 중심) 영업전략 실시
- 협동조합 본부조직 + 지역협동조합으로 구성

지역에서 살고, 지역을 위하여 살다

미그로는 식료잡화나 일반 생활소비재를 판매하는 슈퍼마켓 운영, 식품산업을 포함해 석유, 가정용 전자제품 등 다양한 제품을 유통판매하면서 '지역으로부터, 지역을 위하여'(aus der region, für die region)라는 캐치프레이즈를 내걸고 철저하게 '지역'을 기반으로 하여 '지역'을 위한 사업을 펼친다.

미그로의 이러한 경영전략은 요즈음 우리나라에서도 상당히 활성화된 로컬푸드 운동과 그 맥락이 닿아있다. 농산물·주방용기·세제 등 기

14 　　미그로협동조합 홈페이지(www.migros.ch) 참조.

미그로협동조합을 상징하는 로고(자료: 미그로협동조합 홈페이지)

본 생활품목의 소비유통 분야에서 더 나아가 협동조합이 기반을 두는 지역에서 필요로 하는 약국이나 주유소 운영, 문화적 서비스까지 조합의 사업활동 영역을 넓혀 온 미그로의 노력은 현재진행형이다.

미그로의 경영전략 1

- 철저한 지역밀착 전략 채택 : "지역에서 지역으로!"
- 대형매장부터 중소형까지 지역 특성과 여건에 맞게 다양(소형 카페, 약국, 주유소 등 직영), 취급상품은 농산품, 조리식품, 주방용기, 세제 등 다양하며 소매유통, 금융, 문화, 가구 등 서비스 제공
- 지역 네트워크(매장)를 통한 생필품 위주의 소매영업으로 유통의 '실핏줄' 역할

철저히 조합원의 이익을 지향하다

미그로협동조합은 철저히 '협동조합적'으로 원가경영을 지향한다. 이

와 관련해 조합 이름인 '미그로'가 함축하는 의미는 참으로 깊다.

원래 '미그로'는 절반 혹은 중간지점을 뜻하는 프랑스어 'mi'와 도매(wholesale)를 의미하는 'gros'의 합성어이다. 따라서 'Migros'에는 도매와 소매의 중간수준의 판매가격, 다시 말해 도매가격보다는 비싸지만 일반소매가보다는 훨씬 값싸게 공급한다는 두트바일러의 창업이념이 서려있다. 두트바일러는 미그로를 창업할 때부터 중간판매상을 철저히 배제하고, 고객에게 생활필수품을 싼값으로 공급하려 했다. 협동조합의 지속가능성과 원활한 사업수행에 지장이 없는 범위 내에서 최대한 조합원에게 이익이 되는 원가경영을 지향하였다.

이를 위해 미그로는 생활필수품 등 주요 취급품목의 유통마진을 축소하여 조합원 복리 증진을 위한 유통시스템 혁신과 유통효율화를 지속적으로 추진한다.

미그로의 경영전략 2

- 강력한 유통시장 장악력(협상력)으로 유통마진 축소
- 유통의 중간단계 최소화 + 직거래방식 적용
- 일반 시중가보다 30%~40% 저가 판매
- 최신의 업태(業態) 도입과 사업다각화 등 추진
- PB(자체상표) 정책, 물류시스템의 효율화 도모

미그로협동조합은 조합의 지배구조(governance)와 의사결정 과정에서도 역시 '협동조합답게' 민주적 운영과 사회적 책임(공헌)을 등한시하지 않는다.

조합의 주요 정책결정을 위한 투표에 조합원이 최대한 참여하도록 유도함은 물론, 미그로의 이익잉여금 중 매년 일정비율을 할애하여 미그로클럽스쿨(Migros-club-schools)을 운영하면서 광범위하게 성인대상 교육문화 활동을 실시한다.

또한 소비자협동조합임을 감안하여 조합의 제품 및 서비스에 대한 조합원 또는 고객의 충성도를 높이는 다양한 정책(고객충성도증진계획(loyalty business model)을 실시하는데, 그 중의 하나가 'M-적립카드'(M-cumulus card)시스템 전략이다. 우리나라의 포인트 적립카드에 해당하는 카드를 비롯해 가격할인카드, 협동조합(미그로) 내 시설물 우선이용카드 등 그 종류가 다양하다.

미그로의 사회적 책임 수행

- 조합의 민주적 운영과 사회적 책임(공헌) 수행
- 모든 조합원투표에 의한 주요 정책결정
- 조합운영잉여금을 교육문화 활동에 배정하여 성인교육의 조직화 및 광

  범위한 문화사업 실시
- 기타 지역사회 정보 제공 활동

이페르코프(이탈리아, 소비재)

이탈리아는 역사적으로 사회적협동조합을 주도하는 위치이기 때문에 소비자협동조합보다도 사회적협동조합으로 더 많이 알려졌다.

하지만 이탈리아에서도 소비자협동조합의 역사는 결코 짧지 않으며, 규모도 만만치 않다. 19세기 중반인 1854년, 토리노에 소비자협동조합의 상점이 설립된 것이 이탈리아 소비자협동조합의 시초이다. 거기서

ipercoop

'이페르코프'의 로고

100년은 더 지난 1970년대 이탈리아 경제위기 때 소비자협동조합 설립 및 경쟁력 강화 움직임이 본격화된다.

스위스는 국가 규모나 인구수에 비례해 소비자협동조합이 큰 비중을 차지하지만, 소비자협동조합 자체만 놓고 비교한다면 전국 조직이나 사업규모 등에서 이탈리아가 훨씬 활발하다.

이탈리아에서는 소비자협동조합을 보통 '코프'(Coop)라고 지칭한다. 우리나라에서 '슈퍼'가 생필품 소매점을 통틀어 일컫는 말이 되듯이 이탈리아에서는 '코프'가 소비자협동조합시스템을 의미하며, 생필품 매장을 나타내는 일반 용어가 되다시피하였다.

볼로냐에 바로 코프라고 불리는 소비자협동조합이 많이 있고, 볼로냐에서도 가장 대표적인 소비자협동조합 매장이 '이페르코프'(IperCoop)이다.

이탈리아어로 '이페르'는 (규모가) 크다는 의미가 있다. 이페르코프는 생필품을 파는 중대형매장이다. 또한 이탈리아 내와 크로아티아에서 운영되는 협동조합형 하이퍼마켓(hypermarket)의 브랜드명이기도 하다. 하이퍼마켓은 슈퍼마켓과 백화점을 혼합한 유통매장이라고 보면 된다.

이탈리아의 소비자협동조합은 아주 체계화되고 조직화되어 있는 것으로 유명하다. 특히 소비자협동조합의 연합체인 '코프 이탈리아'(Coop Italia)[15]가 유명한데, 그 산하에 '코프 아드리아티카'(Coop Adriatica)를 비

---

15 여성용 부츠처럼 생긴 이탈리아 반도의 북동부에는 에밀리아 로마냐 주, 베네토 주 등 4개 주가 있는데, 특히 에밀리아 로마냐 주를 중심으로 소재하는 소비자협동조합의 연합체가 바로 '코프(Coop)이탈리아'이다. 그리고 이탈리아에는 '레가코프'라는 이탈리아 전국단위의 협동조합 연합

롯한 다양한 규모(대, 중, 소)의 협동조합 및 매장 100여 개가 속해 있다. 이들이 에밀리아 로마냐 주의 '코프' 매장 대부분을 운영한다.

코프 이탈리아는 1967년에 설립되어 식품류와 비식품류(공산품 등) 유통을 주사업으로 한다.

이러한 매장에는 중대형 매장과 소형매장이 있는데, 이 중에서 중대형 소비자협동조합 매장을 '이페르코프'라고 한다. 때로는 '코프 아드리아티카'와 '이페르코프'가 혼용되기도 한다. 이페르코프는 코프 아드리아티카의 조합원과 코프 이탈리아의 비조합원 일반고객이 이용한다.

소비자협동조합의 연합체 조직 또는 단체와 이들이 운영하는 매장이 이탈리아 소비재 유통시장에서 비중 있는 역할을 담당한다는 점에서 이탈리아의 소비자협동조합 조직은 '시장대체형 협동조합'이라고 할 만하다.

이탈리아의 볼로냐 지역에는 소비자협동조합 외에도 주택협동조합, 사회적협동조합 등이 유명한데 이는 뒤에서 살펴보기로 한다.

등산용품협동조합(MEC) (캐나다, 소비재)

캐나다 서부지역에 위치하며, 390만 명의 조합원을 보유한 MEC(Mountain Equipment Coop)는 스포츠 분야 레저용품 판매 및 생산을 주력사업으로 하는 소비자협동조합이다. MEC는 밴쿠버(Vancouver)에서 6명의 조합원과 65달러의 출자금으로 설립(1971. 8. 2.)되었다.[16]

체 조직이 있다.

16   MEC 홈페이지(www.mec.ca) 참조.

MEC 본부는 캐나다 브리티시 컬럼비아(British Columbia) 주 밴쿠버에 있으며, 캐나다 6개 주의 주요 도시 밴쿠버, 오타와 등 18곳에서 유통망을 운영한다. 또한 캐나다 군대, 국립경찰대 등 공공기관도 주요고객이다. 조합원이 되려면 5달러만 내면 되고 이때 평생조합원 자격이 주어진다.

등산용품협동조합 MEC의 특징

- 등산용품 전문 협동조합 기업
- 협동조합형 기업(Cooperative Enterprise)의 전형적 사례!
- 매장 운영에만 그치지 않고, MEC 자체브랜드로 등산 의류, 장비 등 각종 용품도 직접 생산
- 지역사회 발전, 환경보호 투자(연간 총수익의 일부를 환경보호기금으로 투입)
- 1987년 브리티시 컬럼비아 주의 스모크 절벽 공원지역 매입 후 환경보존 조치(1987)
- 이윤보다는 협업에서 조합의 존재가치(정체성)를 추구
- MEC의 모토 : "조합원들에게 질이 좋은 제품을, 가장 싸게 팔기 위해, 차라리 우리 협동조합이 만들어 팔자!"
- 조합설립 후 첫 3년간 조합활동은 상설매장이나 유급직원 없이 조합원 자원활동으로 유지

6명의 산악인 모임으로 출발하다, MEC

MEC의 탄생배경에는 우선 이 조합이 처음 만들어진 지역의 환경이 깊이 관련되어 있다.

지금 캐나다 브리티시 컬럼비아 주의 공업·상업·금융의 중심지 역

할을 하는 밴쿠버는 북아메리카 서부를 뻗어내리는 웅장한 산세(山勢)를 자랑하는 로키산맥 인근 즉, 캐나다 서부인 브리티시 컬럼비아 주의 남서부에 자리 잡고 있어 등산 장비나 용품 수요가 많을 수밖에 없었다.

MEC가 설립될 무렵인 1970년대에만 해도 산악지대인 이 지역에서 등산용품이나 장비를 구하기가 쉽지 않았고, 품질도 그리 좋지 못했다. 그리하여 밴쿠버의 산악인은 품질 좋은 등산장비의 직접생산 및 유통이 필요함을 절감한다. 이러한 '필요성'을 해결하기 위하여 6명의 산악인이 모여 등산용품 분야 협동조합 MEC를 설립하였다.

협동조합으로서 미션을 분명히 세우다

MEC는 환경보호 활동을 주요미션으로 삼았는데, 홈페이지에 이러한 조합 미션을 매우 상세하게 설명한다. '인간을 이롭게 하고, 환경을 보호한다!'라는 미션을 바탕으로 조합원에게 '품질은 최고로! 최저의 가격으로!' 등산용품을 공급하는 협동조합이 된다는 비전을 세우고, 이를 실천한다.

협동조합으로서 영구적 지속가능성(sustainability) 확보를 위하여 홈페이지에 다음과 같이 선언한다.

"우리(MEC)는 환경에 대한 부정적 영향을 최소화하는 위대한 상품을 만들고, 우리(MEC)가 관계하는 모든 사람의 생활 개선을 추구한다."

로고의 이미지에도 녹색을 사용하여 환경친화적(eco-friendly)이다.

MEC는 협동조합으로서 지속가능성을 달성하기 위하여 '3P' 곧 사람(People), 제품(Product) 및 환경(Planet)에 초점을 맞추어 사업모델을 수립하고 이를 실현하기 위하여 노력한다.

우선 그 조합이 소재한 지역과 그 지역 사람들의 필요와 요구를 충족시키는 사업모델을 만드는 데 힘썼다. 이른바 MEC가 말하는 사회적합성(또는 사회적 책임이행) 프로그램(Social Compliance Program)[17]이다. 한마디로 사회적으로나 환경적으로 책임 있는 방법으로 최고의 가치나 제품을 조합원이 원할 때 제공한다는 계획을 세우고 이를 실행하는 것이다.

이를 더 구체적으로 살펴보자. 로키산맥이 있는 산악지대라는 지역의 특수성(등산인구가 많고 등산동호인들이 많이 찾는 지역)에 대한 배려(사람, People)가 MEC의 탄생배경이자 사업모델의 기본바탕이 되었다.

산악지역이라는 환경 특성에서 사업기회를 포착한 다음, 아웃도어 (outdoor) 제품의 저렴한 생산 및 공급(제품, Product)에 초점을 맞추고, 여기에다 지역사회 기여와 환경보호 미션(환경, Planet)을 추가하여 MEC의 사업모델로 만들었다. 다시 말해 MEC는 지역의 필요와 욕구에 적합하고 환경보호를 고려하여 사업모델을 성공적으로 구축했다.

특히 MEC는 환경보호를 위하여 유통판매장을 건축할 때부터 이른바 '그린빌딩시스템'(Green Building System)을 철저히 적용하여 에너지 절약형 건물을 짓는 등 조합의 모든 활동이나 사업에서 환경을 크게 배려한다. 이를테면 오타와 주에 있는 MEC매장 건물(앞의 사진)은 기존에 있는 비슷한 규모의 주변 빌딩보다 에너지 사용을 50퍼센트 이상 줄일 수 있다고 한다.

MEC에서 배우는 협동조합적 시사점, 'MEC헌장'(MEC Charter)
MEC는 규모로만 보면 여느 대기업 못지않다. 그야말로 협동조합형 대

---

17   MEC 홈페이지(www.mec.ca) 자료.

기업이다. 캐나다의 18개 주요 도시에 대
형매장을 가졌고, 등산복을 비롯한 아웃
도어 제품 전 품목을 거의 다 생산한다.

등산용품협동조합(MEC)로고

그럼에도 MEC는 초심(初心)을 잃지 않
는 것을 가장 중요하게 여긴다. '협동조
합을 처음 설립할 때의 미션을 잊지 말고
기억하자!'는 것이다. '조합원에게 질 좋
은 제품을 값싸게 공급한다'는 원가경영 원칙이다. 이러한 MEC의 미
션은 약 200년간의 협동조합 역사에 그 이름을 남긴 본보기 협동조합
과 협동조합의 가치와 원칙의 측면에서 그 맥이 닿아있다.

그러면 협동조합 MEC로부터 어떤 시사점을 찾을 수 있는가?

우선 협동조합이 소재하는 지역과 밀접한 연관성 즉, '지역적합성'을
사업모델 구축에 반영하는 것이 바람직하다는 데서 그 의미를 찾을 수
있다. 우리나라의 협동조합 관계자 특히 조합의 설립운영을 계획하는
분들이 MEC의 탄생배경, 미션과 경영비전을 참고한다면 어떻게 비전
을 세우고, 사업모델을 만들어 협동조합을 운영해야 하는지 좋은 교훈
을 배울 수 있다.

다음으로 MEC는 국제협동조합연맹(ICA)의 '협동조합 7원칙' 중 7번
째 원칙인 '지역사회에 대한 기여'를 잘 수행하는 대표적인 협동조합이
다. 협동조합의 사회적 기여에는 다양한 방법이 있지만, MEC는 지역
의 환경보호에 초점을 맞추었다.

MEC는 자신의 소재 지역 환경개선 및 보호를 위해 이익의 일정비율
(약 1%)을 출연하여 환경기금을 만들었다. 이것을 가지고 조합의 본거지
인 브리티시 컬럼비아 주의 스모크 절벽(Smoke Bluffs) 공원지역을 조합

MEC가 아웃도어 제품을 주력으로 하는 협동조합임을 나타내는 홈페이지 홍보화면. 각종 등산용품을 대폭 할인판매한다는 내용이 보인다.

캐나다 오타와(위니펙)에 있는 MEC매장 건물. 주변의 동일한 연면적 건물보다 에너지가 절반 정도만 소요된다고 한다.(자료: MEC 홈페이지)

명의로 매입하여 보존조치를 취하는 등 자연경관 유산 보호를 위해 노력하며 캐나다 해안지역의 청정해안 유지에도 많은 공을 들이고 있다.

또한 협동조합의 미션과 비전 실현 그리고 협동조합의 정체성을 명문화(明文化)하고, 이를 조합원 교육 및 사업수행에서 직접 실천하도록 제도화한다.

이른바 'MEC헌장'(MEC Charter)을 만들어 홈페이지에 게시하는데, 여기에는 MEC의 사명, 비전, 가치, 핵심목적 그리고 책무(조합원)가 포함된다. MEC헌장은 다섯 가지 카테고리로 구성되며 그 항목을 소개하면 다음과 같다.[18]

첫째, '우리는 왜 MEC를 만들고, 그 조합원이 되었는가를 명심한다.' (Why we're here?)

MEC협동조합의 존재목적은 무엇인가를 스스로 묻고, 이를 실현해야 함을 강조한다. 아웃도어(등산용품·의류 등) 분야의 제품생산 및 공급을 통해 라이프스타일을 창조하고 조합 구성원(조합원)의 필요를 충족하면서 이들에게 제품 이상의 가치인 열정과 경험, 전문성을 불어넣는 활동을 추구한다는 내용이다.

둘째, '협동조합을 처음 설립하게 된 미션을 잊지 말고, 초심(初心)을 기억하자!'(Where we came from?)

젊은 등산가 몇몇이서 MEC를 설립할 당시에 '소비자가 부담을 느끼지 않을 저렴한 가격'으로 아웃도어 레저 의류나 장비를 공급하자는 비전을 가지고 만든 협동조합임을 잊지 말자는 의미이다. 규모확대를 지향하는 성장이나 영리추구 위주의 사업은 하지 않겠다는 의지이기

---

18   MEC헌장의 자세한 내용은 MEC 홈페이지를 참고하기 바란다.

도 하다.

셋째, '우리 MEC는 조합원 소유협동조합으로서 역할수행을 제대로 하고 있는가를 항상 확인한다!'(Where we are?)

불과 6명의 조합원에서 수백만 명의 조합원을 가진 협동조합으로 성장했지만, MEC는 조합원 소유 협동조합(a member-owned cooperative)으로 과도한 이익을 추구하지 않고, 협동조합으로 현재 사업의 지속가능성을 확보하기에 적정한 이익을 추구하는 조합임을 조합원이 항상 명심해야 한다는 내용이다.

넷째, '우리 MEC가 어떤 가치를 지향하는지를 항상 유의하자!'(What guides us as we go?)

MEC와 그 구성원은 높은 품질, 윤리적 가치(성실·정직 등), 협동정신, 창의성, 리더십, 지속가능성(협동조합으로서), 환경보호, 인간중시, 도전정신에 따라 조합 운영 및 사업을 해야 한다는 내용이다.

다섯째, '우리 MEC의 미래 비전을 항상 기억하자!'(Where we want to go?)

캐나다에서 제일 높은 수준의 아웃도어 레저용품 및 의류를 생산판매하고, 나아가서는 사회적이고 환경친화적인 협동조합이 되어, 더 나은 세상을 만들어나간다는 비전을 잠시도 망각해서는 안 된다는 내용이다.

레베 그룹(독일, 소비재)

레베 그룹(Die Rewe-Gruppe) 사업의 본질적 특성은 슈퍼마켓 체인이며, 1926년 말에 17개의 구매협동조합이 조합 설립에 합의하고 1927년에

독일 서부 쾰른시(市)에서 정식으로 협동
조합으로 출발하였다.

조합 로고(REWE) 아래에 작은 글
씨로 '보다 나은 삶'(Besser Leben)
을 지향한다는 레베 그룹의 미션
이 보인다.

'레베'(REWE)라는 이름은 '서부지역 구
매조합연합체 조직변경'을 뜻하는 독일
어 '*Re*visionsverband der *We*stkauf-
Genossenschaften'에서 앞 두 문자를
따왔다.

독일 서부의 소상인이 원가절감을 위
해 공동구매 목적으로 설립한 구매협동조합이 모여, 오늘날 1만 5천여
개의 매장(독일 내에만 3천여 개의 매장)과 33만여 명의 조합원[19]을 가진 독
일의 대표적 소비자협동조합으로 성장하였다.

현재는 소비재 유통에 더해 여행서비스까지 취급하면서 독일 밖으
로 사업영역을 확장하고 있다.

이 협동조합 그룹은 지속적으로 지역 소상인을 조합원으로 받아들
이며, 협동조합을 슈퍼마켓 중심으로 운영하는 점이 특색이다. 레베 그
룹은 슈퍼마켓 체인의 성격을 보이나, 협동조합의 정체성(1인 1표제 의사
결정 등)을 유지하면서 소상인 조합원, 직원뿐만 아니라 고객에게도 최
상의 제품과 서비스를 제공하려 한다.

독일 유통업계에는 에데카 그룹, 메트로 그룹, 슈바르츠 그룹, 알디
그룹 등 레베 그룹의 강력한 경쟁업체가 있는데 레베는 그 중에서 2~3
위권의 매출실적을 올린다. 레베는 독일을 넘어 유럽의 10여 개 국가
에도 매장을 운영하면서 다국적으로 사업을 추진한다.

---

19   레베 그룹 홈페이지(www.rewe.de) 2014년 자료.

독일의 거대 소비자협동조합 연합체, 레베

레베 그룹의 협동조합적 측면의 성공전략은 의외로 단순명쾌하다. 신선하고 좋은 품질을 공급한다는 이미지를 구축하고, 공동구매를 통하여 가격경쟁력을 확보함으로써 다국적 거대유통기업과 경쟁에서 생존하는 역량을 확보하는 전략이다.

또한, 조합의 마케팅 강화를 위해 그룹 내 하이퍼마켓부터 할인점이나 편의점까지 크고 작은 레베(REWE)매장을 운영한다. 오랫동안 페니(Penny Market, 할인점), 툰 등 다양한 브랜드를 사용해왔으나 마케팅 효과를 강화하고자 'REWE'를 중심으로 하는 공동브랜드 정책으로 전환하였다. 근래에 다시 단일 공동 브랜드 '레베'로 통일하고 소속 슈퍼마켓에 적용해서 브랜드 파워(Brand Power)를 높이고자 노력한다.

이와 함께 레베 그룹은 소속 조합원의 생존과 경쟁력 확보를 위해 과감하게도 대형 유통기업을 선제공격하는 소속 조합원 보호전략을 취한다. '까르푸'와 같은 다국적 대형 유통기업에 대응하여 그들보다 먼저 좋은 입지에 공동브랜드 레베슈퍼를 개점하는 방식이다. 이렇게

레베 슈퍼마켓

'레베 그룹'이라는 우산이 폭풍우를 막아주며 삶을 풍요롭게 한다는 메시지를 담은 홍보(자료
: 레베 그룹 홈페이지)

하여 레베 그룹 소속 슈퍼의 매출액이 감소하는 경영악화 가능성을 사
전에 차단한다. 그리고 소속 조합원 슈퍼의 경쟁력 강화를 위해 점포운
영 교육이나 자금지원 등 간접적 경영지원도 실시한다.

'보다 나은 삶을 제공한다'는 미션

레베 그룹의 미션은 '보다 나은 삶을 제공한다'(Besser Leben)이며, 이를
구체화하기 위한 사업전략을 실행한다. 지역사회의 미래를 위한 투자
로 사회적 책임을 다하고자 노력한다.

　유통 분야 협동조합 기업인 레베 그룹은 특히 환경보호를 상징하
는 레베 그룹 자체상표(주문자상표, private label(brand))를 소속 매장에
서 취급하는 모든 상품에 부착한다. 바로 '지구환경을 보호하자!'(PRO

PLANET) 정책이다.

5단계의 공정한 심사를 거쳐 이를 통과한 취급상품에 'PRO PLAN ET'마크를 부착한다. 또한, 협동조합과 사회의 지속가능성을 추구하면서 '녹색상품'(Green Products) 제공의 미션을 달성하기 위해 환경 및 사회적 관점을 중요한 품질기준으로 삼고, 이를 위하여 지역 사회단체 (NGO)와 협조관계를 구축한다.

한편 우리나라에서도 일반화되고 익숙한 개념인 로컬푸드와 비슷한 친환경농산물 코너 랜드마켓(Land Markt; Land Market)을 운영한다.

레베 그룹은 무엇보다 조합운영의 민주성을 확보하기 위해 1인 1표제를 준수하며 조합원의 의견을 반영하기 위하여 노력한다. 조합원의 반대의사를 받아들여 슈퍼마켓 이외 다른 영역으로 사업을 확장하는 일을 포기한 바 있다.

협동조합 기업, 레베 그룹의 특징

- 300대 협동조합 기업 소비자협동조합 분야 세계 1위
- 국제협동조합연맹(ICA) 2008년 보고서 기준
- 소매 및 관광업에서 유럽의 대표적 협동조합 기업
- 17개 구매협동조합의 단결로 탄생, 쾰른에서 창립(1927)
- 소비재·청과물 유통뿐만 아니라 여행서비스도 취급하면서 사업영역을 독일 이외 국가로 확장
- 독일 포함 유럽 10여 개 국가의 1만 5천여 개 매장에서 약 33만 명 고용, 독일에서만 3천여 개 매장을 직영 및 지점 형식으로 운영
- 환경과 사회적 관점에서 품질관리 기준설정 및 상품관리
- 녹색상품(Green Products)정책: 지역 사회단체와 협조해 품질기준 설정

- 지구환경 보호하기(PRO-PLANET) 정책 : 청과물 등 취급상품에 PRO-PLANET라벨 부착

바이바 (독일, 농기자재)

바이바(BayWa AG, 1923년 설립)는 약 90년의 역사를 지닌, 1천여 개 지역협동조합 그룹의 경제사업 분야 자회사(子會社)

바이바의 로고

이다. 바이에른의 주도(州都) 뮌헨에 본사가 있으며, 농업과 에너지 부문의 경제사업(농업기자재 유통)을 수행한다. 독일이 제1차 세계대전에서 패전한 후, 라이파이젠 신용협동조합이 금융(신용)사업과 경제사업 부문을 분리하면서 독일 내 지역협동조합의 경제사업을 전담하기 위해 탄생하였다.

이후 1천여 개 지역협동조합의 경제사업 부문 담당 자회사로서, 농업기자재 및 건축자재 등으로 사업영역을 다각화하면서 유럽 각국에서 인수합병으로 사업을 확대하여 다국적 기업화되었다.

협동조합의 경제사업 전담 자회사, 바이바

'바이바'는 협동조합 자체라기보다는 협동조합의 경제사업을 전담하기 위하여 설립된 협동조합형 기업으로서 이 책에 소개되는 다른 협동조합이나 협동조합 그룹과는 달리 '모기업'(母企業) 성격의 협동조합이 아닌 점에서 특이하다. 수십 개의 자회사를 보유한 그룹이며, 프랑스·벨기에 등 10여 개 국가에서 다국적으로 사업을 수행한다.

주요 사업영역은 농업 부문, 에너지 부문 및 건자재(建資材) 등 3개 부문으로 구성되며, 주요품목으로는 농산물, 종묘(씨앗), 비료 및 농기자재 유통과 DIY(自作) 매장, 주유소 등 서비스 공급이다. 이 중에서 농업용 자재 매출을 포함한 농업 부문의 매출액이 전체 절반을 훨씬 넘는다.

바이바(BayWa)의 탄생과정

- 독일 농촌의 고리채 문제를 해결하기 위해 설립된 라이파이젠 신용협동조합은 공동구매·공동판매 등 경제사업으로 영역 확대

↓

- 1923년 바이에른협동조합의 신용·경제사업 분리

↓

- 바이바는 1천 개 이상의 지역협동조합의 경제사업 전담 자회사로 탄생

여기서 잠시 '바이바' 협동조합 자회사의 모태(母胎)가 된 라이파이젠 협동조합을 간단히 살펴보고 넘어가자.

라이파이젠은 19세기 중반, 독일에서 견디기 힘든 비싼 이자를 내는 농민들이 부채의 압박에서 벗어나게 하고자 결성된 신용조합이다. 독일의 시골 소읍(독일 중부 농촌 '바이어')의 선각자 라이파이젠(F. W. Raiffeisen)이 주도하여 일종의 '마을기금'을 만들어 농민을 순차적으로 도와주기 시작한 것이 그 시초가 되었다.

마을기금 형식으로 시작하여 신용조합 형태로 조직을 유지하다가 라이파이젠은행(Raiffeisen bank)으로 성장하며, 후에 라보뱅크로 전환된다. 라이파이젠 신용협동조합은 조합원인 농민들을 위한 공동구매와 공동판매 등 협동조합이 그 장점을 발휘할 수 있는 분야로 사업영역을

바이바가 농자재(농기계, 기타 농업용 자재)를 주력 품목으로 하는 협동조합 기업임을 나타내는 홈페이지 화면

확대하면서 성장하였다.

철저한 서비스시스템, '시장보다 우수한 바이바!' 지향

바이바가 독일을 넘어 유럽 전체에서 농기계를 포함한 농업자재 부문의 시장점유율 1~2위를 확보하는 힘은 농민의 신뢰에서 나온다. 농민이 농업자재(농기계, 씨앗, 농약, 사료 등)를 구입, 사용하는 데 불편을 느끼지 않도록 신속하고 품질 좋은 서비스를 제공하는 시스템을 구축하였다.

바이바의 미션은 '시장보다 우수한 바이바(BayWa als Marke)!'이다. 기업이 중심이 된 일반시장에서 구입하는 것보다 더 편리하게 우수한 농기자재나 관련 서비스를 공급하는 것을 사업미션으로 삼았다. 바이바는 이러한 미션을 다음과 같이 구체적으로 실천한다.

비료나 농약부터 농기계까지 농민에게 필요한 서비스를 '신속하게',

원스톱으로 제공하기 위하여 지역별로 20~30km마다 '농자재서비스 센터'를 설치하고, 농업자재 부문에서 숙련된 기술자를 배치하여 24시간 풀(full)서비스를 제공한다.

협동조합의 자회사인 바이바는 협동조합의 특성(정체성, identity)을 유지하면서도 주력사업인 농기자재, 에너지사업 등 시장에서 경쟁력도 확보해야 하는, 상황이었다. 이럴 때 자칫하면 '협동조합 딜레마'[20]에 빠지기 쉽다. 그렇기 때문에 바이바는 '협동조합 기업'의 경쟁력을 확보하면서도 협동조합의 정체성을 지키기 위한 조치를 취하였다.

바이바는 독일 증권시장에 상장까지 되어 주식회사에 가깝지만, 라이파이젠 신용협동조합에서 바이바 총지분의 절반 이상을 보유한다. 따라서 바이바의 주요경영 의사결정에는 협동조합인 라이파이젠 조합원의 의사가 반영된다.[21]

바이바의 경영전략

- 협동조합 지배체제(governance)로 정체성 유지
- 독일 증시에 상장되었으나 라이파이젠 협동조합의 농업펀드가 과반수 이상 지분 소유
- 경영전략상 조합원 신뢰확보를 최우선적으로 고려
- 일반시장보다 우수한 상품 및 서비스 공급
- 지속적으로 사회적 취약계층 지원사업 실시

---

20   '협동조합 딜레마'는 제1장에 자세히 다루고 있다.

21   바이바는 1천 개 이상의 협동조합 그룹 소유의 자회사로서 주식회사 체제를 유지하면서 의사결정권은 협동조합 그룹인 라이파이젠 협동조합이 가진다.

바이바의 공익활동, 사회적 기여

마지막으로, 바이바의 사회적 기여활동을 살펴보기로 한다.

바이바는 그룹(the BayWa Group)산하에 바이바재단(BayWa Foundation)을 설립하고, 식품·에너지·교육 분야에서 취약계층을 돕는다. 특히 바이바재단은 독일의 호헨하임(Hohenheim)대학과 공동으로 아프리카 탄자니아에 에너지 공급시설을 지원하고, 아시아에서도 교육시설 확대 프로젝트를 추진한다.

웨이크펀푸드(미국, 식품류·소비재)

미국의 웨이크펀푸드(Wakefern Food Corp.) 역시 소비자협동조합이다. 국제협동조합연맹(ICA)이 발표한 「글로벌 300 보고서」(2008년 기준)에 포함된 세계 300대 협동조합 기업 중 연매출액 84억 달러로 소비자협동조합 부문에서 11위, 미국 내 최상위권 규모로 영업을 한다.

슈퍼마켓 분야의 소매업자 협동조합 그룹, 웨이크펀푸드

웨이크펀푸드는 1946년, 미국 뉴저지 주 키스비(Keasbey)에서 7개의 식품잡화상(소매업체)이 각각 1천 달러 정도의 출자금을 모아 설립되었다. 판매상품의 저렴한 구입으로 원가를 절감하기 위해서였다.

'웨이크펀'(Wakefern)은 조합 설립에 참여했던 7개 소매업자의 이름인 Lewis **W**eiss, Al **A**idekman, Abe **K**esselman, Leo **E**isenberg의 이니셜을 딴 'WAKE'와 Dave **Fern**의 'Fern'을 합성한 단어이다.

웨이크펀푸드는 다수의 소매업자에게 도매서비스를 제공하면서도 숍라이트(ShopRite), 프라이스라이트(PriceRite) 등 하드디스카운트스토어(Hard Discount Store) 또는 초저가 할인매장을 협동조합 자회사형태로 보유한다. 이러한 창고형 매장은 일반 슈퍼마켓보다 품목 수는 줄이고, 자체상품(PB상품) 비중은 높이는 '비용절약형' 매장이다.

소매 유통업체의 플랫폼, 웨이크펀푸드

- 소매업체의 효율적 공동구매를 위해 설립
- 미국 뉴저지 주에서 상품구매 원가절감을 위한 공동구매를 하고자 7개의 개별 소매업체가 연합하여 설립
- 참여 소매업체가 각각 1천 달러 출자, 설립(1946. 12.), 본사는 뉴저지 주 키즈비에 위치
- 소매업체의 상품공급 및 정보제공을 위한 플랫폼 역할
- 본거지인 뉴저지 주를 넘어 미국 동부의 식료품 및 공산품 유통에서 중요한 역할을 담당
- 상품데이터 관리 및 제공업체와 연계하여 조합원 소매업체들에게 가격을 포함해 상세한 상품정보를 제공(약 1천만 건의 제품이 등록된 Global Data Synchronization Network(GDSN)의 정보공유)

소매업체에 상품공급 및 정보제공을 위한 플랫폼 역할

웨이크펀푸드는 현재 미국 북동부에 있는 독립 소매업체의 협력회사로서 뉴욕, 뉴저지, 코네티컷, 펜실베이니아 주 등을 주요 사업활동 지역으로 하며, 이름과 달리 식품 분야뿐만 아니라 공산품에서도 상품정보 제공 및 유통사업 활동을 한다.

좀 더 자세히 말하자면 소속 조합원인 소매업체를 위한 컴퓨터유통, 보험서비스, 각종 생활소비재 조달, 저장창고 제공 등 물류네트워크 제

"Helping Small Business Succeed in a Big Business World^SM"

'웨이크펀푸드'가 청과물 등을 유통하는 소매업체 협동조합임을 나타내는 사진. 하단에 '우리의 미션은 소매업체가 성공하도록 돕는 것'이라는 홍보문구가 보인다.

공 및 상품화·광고 등 마케팅 사업을 한다.

뉴저지 주의 최대 고용창출 기업(2013년 기준, 직원 수 5만 명)이며, 미국 내 슈퍼마켓 분야의 최대 규모 소매업자 협동조합 그룹(Retailers' cooperative group)이고, 업종별 협동조합 전체에서는 미국 내 5위권의 조합이다.

웨이크펀푸드가 협동조합으로서 독특한 점은 식품공급 소매업체의 플랫폼 역할을 수행한다는 것이다. 이에 대한 웨이크펀의 자부심은 대단하다. 홈페이지 메인에 '우리의 미션은 소매업체가 성공하도록 돕는 것!'이라는 메시지를 띄워놓았다.

다양한 식품업체가 납품할 수 있도록 하고, 물품 납품은 인터넷 사이트를 통해 이루어진다. 웨이크펀푸드에 식자재(食資材)를 납품하고자 하는 식품회사는 웨이크펀푸드에서 아이디(ID)와 패스워드(PW)를 받고, 식품 납품업체 즉, 벤더(vendor)로서 등록하는 절차를 거친다.

또한 웨이크펀푸드는 미국 내외 고객에게 광범위하고 다양한 상품 및 정보를 포함해 소매업에 관련된 각종 환경정보를 제공하여 소속 조합원 소매업체에 도움을 준다.

참고로 웨이크펀푸드는 전 세계의 기업 간, 기업과 소비자(고객) 간 제품정보를 공유하여 신뢰성을 높이는 솔루션 및 서비스를 제공하는 기관인 '원 월드 싱크'(1World Sync)에 가입하고 다양한 제품이 등록된 Global Data Synchronization Network(GDSN)[22]를 통하여 소속된 소매업체가 다양한 상품정보를 공유하도록 한다.

---

22   GDSN은 글로벌 데이터 동기화 네트워크라고도 하며, 상품과 수요공급업체의 데이터풀(pool)의 연계 및 공유를 통해 정보공유를 가능하게 하는 네트워크서비스의 일종이다.

신용협동조합형
– 시장대체 사례2

- 신용협동조합은 오랜 역사를 지니며, 현재에도 세계 여러 나라에서 강력한 시장경쟁력을 보유
- 19세기 말, 독일 농촌에서 농민의 고리채를 해결하기 위해 F. 라이파이젠의 리더십으로 출현한 협동조합 유형(농민조합원 다수가 상부상조의 이념으로 자금을 모은 다음 상황이 시급한 조합원부터 순환대출한 것이 계기)
- 신용협동조합의 경쟁력은 대출받은 조합원의 신용 정보를 잘 알고 있어 신용위험 저하(정보의 비대칭문제 해결)

신용협동조합은 19세기 중반에 독일의 농촌지역 라이파이젠 (Raiffeisen)에서 발생한 고리채 해결을 위한 사회적 운동으로 시작되었다고 알려져 있다.

국내에서도 흔히 볼 수 있는 '금융기관'이며, 세계적으로 일반화된

협동조합 방식으로서, 우리나라는 1972년에 신용협동조합법[23]의 제정으로 신용협동조합이 공식 출현하였다. 산업정책상 필요에 따라 특별법을 제정하는 입법형식을 통해 협동조합으로서 법률적 설립 근거를 가지게 되었다. 외국처럼 자발적 운동에 의한 신용협동조합이라고 보기는 어렵다.

물론 우리나라에서 1972년 이전에 민간중심의 신용협동조합운동이 전혀 없었던 것은 아니다. 1960년대에 가톨릭 성직자들의 주도로 종종 신용협동조합이 설립되었고, 사단법인 신용조합연합회(1964년)가 설립되기도 했다.

주목할 만한 신용협동조합은 세계 여러 나라에서 많이 발견되나, 사실상 신용협동조합이 가장 활성화된 나라는 캐나다이다.

캐나다의 신용협동조합은 퀘벡 주나 브리티시 컬럼비아 주를 중심으로 많이 몰려 있으며, 국민 세 사람 중 한 사람은 일반은행이 아닌 신용조합에 가입했다고 할 정도로 인기와 신뢰도가 높다고 알려져 있다.

'라보뱅크', '데자르댕 그룹' 등 이 장에서 돌아보는 신용협동조합의 경우에는 '협동조합이 일반시장(금융시장: 은행중심)을 대체하고 있다'고 해도 큰 무리가 없다. 다만 이러한 측면보다는 이 두 금융그룹이 '협동조합이 가야 할 길' 또는 '협동조합이 가는 길'을 제대로 보여주므로, 오늘날 우리나라의 많은 신생 협동조합들에 참고가 되리라 믿는다.

23 　'구성원 간의 공동유대 형성으로 신용협동조직을 육성하고, 이를 바탕으로 구성원의 경제적, 사회적 지위 향상, 지역주민에게 금융편의 제공, 지역경제의 발전에 기여'를 목적으로 제정되었다.

라보뱅크 그룹(네덜란드)

"함께 하면 더 강해진다!"(Standing stronger together!)라는 분명한 협동조합 철학을 가진 협동조합은행 라보뱅크(Rabobank) 그룹! 라보뱅크는 지역 신용협동조합 연합조직의 성격을 지니며, 이미 100여 년이 된 협동조합 금융기관이다.

"함께 하면 더 강해진다!" 거대 신용조합, 라보뱅크

라보뱅크는 네덜란드의 농업금융 그 자체(네덜란드 전체의 80퍼센트 이상)라고 해도 과언이 아니다. '농촌과 도시의 격차해소!'를 협동조합은행인 라보뱅크의 미션으로 삼았고, 일반예금 점유율이 40~50퍼센트나 되어 높은 시장지배력을 가지며, 네덜란드 국민의 거의 절반이 조합원이다.

　세계 10위권 금융기관의 위상도 지니고 있는데, 농업과 금융을 결합하여 다국적(40여개 국가) 기업에 가까운, 대규모의 국제적인 사업을 수행한다.

라보뱅크가 협동조합은행임을 홍보하는 사진. 왼쪽 하단에 '함께 하며 더 많은 것을 성취하는 협동조합은행'이라는 내용의 문장이 보인다.

라보뱅크를 말할 때 라이파이젠(Raiffeisen) 신용조합과의 연관성을 빼놓을 수 없다. 19세기 후반(1896년)에 탄생한 라이파이젠 신용협동조합[24]은 그로부터 약 100년 후인 1972년에 보에렌린(Boerenleen)은행과 합병하여 라보뱅크로 거듭난다.

라보뱅크(Rabobank) 특징

- 네덜란드 북부, 남부지역 신용협동조합의 연합조직 합병
- 라이파이젠(Raiffeisen)뱅크 : 북부 6개 지역신용협동조합
- 보에렌린(Boerenleen)뱅크 : 남부 22개 지역신용협동조합
- 농업 부문에 특화된 협동조합은행 지향
- 농식품 부문 특화 : '전문가 컨설팅 → 금융거래(지원) 실시 → 영농기업가 육성' 단계별 농민 지원프로그램 실시
- 전 세계적으로 강력한 네트워크 기반으로 동유럽·남미 등에 농업 부문 해외사업 추진(농업 부문 특화/현지화 전략)
- 네덜란드 3대 금융기관이며 다국적 은행
- 네덜란드 농업금융의 80퍼센트 이상 점유하며, 지역 라보뱅크(Local Member Rabobanks) 120여 개, 조합원수 약 180 만 명, 고객 1천만 명(40여 개국), 직원 8만 명(2014년 12월 기준)

농업인을 위한 농업과 금융의 결합, 라보뱅크

농업과 금융의 결합이라는 점에서 라보뱅크는 우리나라의 농업협동조합(이하 농협)과 유사하다.

---

[24] 독일인 라이파이젠(Fridriech Wilhelm Raiffeisen, 1818~1888)이 주도한 신용협동조합을 말한다.

그러나 협동조합의 역할이나 세부적인 사업활동으로 들어가면 우리나라의 거대은행 중 하나인 농협은행과 다른 부분이 있다. 우선 라보뱅크와 농협(농협은행)은 각 소속국가에서 차지하는 금융상의 비중에서 크게 차이가 있다. 우리나라의 농협협동조합[25]은 농협 부문 세계3위의 규모이지만 라보뱅크에 비해서는 금융 부문에서 그 위상이 그리 높다고 보기 어렵다.

한편, 60여 년 전에 태어난 우리 농업협동조합은 라보뱅크와 비교해 볼 때, 그동안 농업인의 조직화에 어느 정도 성공하고, 정부의 농업정책 수행에 상당부분 기여하였다. 다만 농업협동조합법 제1조(목적)에 비추어볼 때 우리 농협이 과연 농민 중심의 지역사회에 얼마나 기여하고, 농업인들의 권익과 복지향상에 얼마나 기여했는지는 앞으로 계속 논의해야 할 문제이다.

철저한 내부유보로 자립하다, 라보뱅크

그러면, 라보뱅크는 우리 협동조합들에 협동조합적 가치와 운영측면에서 무엇을 가르쳐줄 수 있을까?

가장 중요한 것은 라보뱅크의 철저한 자조·자립정신이다. 그렇다! 라보뱅크는 스스로의 힘으로 자금을 모으고, 그 규모를 키워나갔다. 라보뱅크는 조합원 일부의 잉여금배당 요구에 대해 내부유보의 중요성을 강조하며 설득하여 무배당원칙을 강력히 지키면서, 재무구조 안정

---

[25]　농협은 1957년, 특별법인 농업협동조합법에 의해 생겨난 협동조합이다. 농업협동조합법 제1조(목적)에 농업협동조합은 '농업인의 자주적 협동조직을 바탕으로 농업인의 경제적, 사회적, 문화적 지위 향상, 농업 경쟁력 강화를 통하여 농업인의 삶의 질을 제고하고, 국민경제의 균형적 발전에 이바지한다'라고 규정되었다.

을 추구했다. 그리하여 창출한 잉여금의 내부축적만으로 약 40조 원에 해당하는 자기자본을 만들었으며, 2008년 무렵에 전 세계 금융위기에도 경영에 별다른 악영향을 받지 않고 무난히 넘어갈 수 있었다.

라보뱅크 로고와 미션(자료: 라보뱅크 홈페이지)
알파벳 'C'를 형상화한 원은 '도농(都農)격차 해소'라는 라보뱅크의 미션을 함께 하자(Join the journey)는 의미를 담는다. 원 내부의 'Rabobank'라는 상호 위에 지구의(地球儀) 위를 걷는 사람의 모습을 디자인한 라보뱅크의 로고는 인간을 중시하는 협동조합의 가치와 철학을 담은 것이기도 하다. 'C'자로 그려진 원을 따라 빌딩과 공장, 태양과 구름, 풍차와 나무들, 환경보호를 뜻하는 삼각모양의 리사이클링(recycling) 표시 등이 라보뱅크의 미션과 이를 실현하기 위한 주요 사업 분야를 상징한다.

라보뱅크는 협동조합적 정신과 가치에 충실하게 외부의 힘이나 지원에 의존하지 않고 조합원 스스로의 힘으로 자금을 축적하여 자본 대부분이 자체자금이다. 라보뱅크는 조합원들에게 배당을 최대한 자제하는 것으로 알려져 있다. 경영상의 이익이나 잉여금을 배당위주로 처분해버리면 조합의 성장이나 발전은 기대할 수 없기 때문이다.

한편, 라보뱅크의 로고에는 협동조합은행의 인간중시 철학이 잘 드러난다. 또한 조합원이 협동조합의 중심이라는 상징적인 의미로 조직도의 제일 위에 조합원을 배치했으며, 그 아래에 감독이사회(Supervisory Board; 의사·정책결정)와 최고경영자회의(Executive Board; 정책집행) 등 경영진이 자리한다. 라보뱅크는 그만큼 조합원을 중시하는, 조합원을 위한, 조합원의 협동조합이라는 의미이다.

다음으로 라보뱅크의 사업철학은 이른바 '함께 정신'(Together Spirit 또는 Team Spirit)으로 상징된다. '함께 더 많이'(More Together)[26], '함께 서기'(Standing Together)가 바로 그것이다. '서로 같이 하면 각자의 힘은 더 강해지고, 서로의 취약점은 보완된다'라는 믿음이다. 라보뱅크 그룹은 스스로 이것을 '협동조합 철학'(cooperative philosophy)이라고 부르며, 이것이 라보뱅크 그룹의 모든 사업수행의 기반이 됨을 선언하고 있다.

'함께 더 많이', '함께 서기'로 같이 간다! 라보뱅크

협동조합이란 바로 이런 것이다! 우리나라의 협동조합기본법 상으로 설립되는 협동조합들은, 라보뱅크가 조합원 중시와 내부유보에 의한 거대 자본축적 등 자주, 자립의 협동조합적 가치와 정신이 주는 시사점에 눈을 돌리지 않으면 안 된다.

'자조'라는 협동조합을 떠받치는 가장 중요한 가치 또는 이념과, 조합원을 가장 소중한 존재로 여기는 정신을 반드시 본떠야 한다.

라보뱅크 그룹은 협동조합적 조직구조 덕분에 고객서비스나 투자 등 고객관계와 지역사회를 좀 더 장기적이고 안정적으로 접근하는 것이 가능하다. 라보뱅크의 4가지 핵심가치 중의 하나는 지속가능성(sustainability)이기 때문이다.

라보뱅크에서 배운다!

• 자조·자립·협동정신에 투철한 라보뱅크

---

26   'More Together', 'Standing Together'는 라보뱅크 그룹 홈페이지(www.rabobank.com)에서 사용된 표현으로, 협동조합의 가치와 원칙을 잘 나타내는데, 여기에서는 '함께 정신', '협동정신'(Team Spirit)으로 번역하였다.

- 창출한 이익으로 지속적 내부 적립 추진
- 조합원 무배당을 바탕으로 튼튼한 재무구조 구축
• 조합원을 최고로 소중히 하는 정신
- 라보뱅크의 조직도는 역(逆)삼각형구조로, 수많은 조합원이 조직도의 제일 위에 있고, 이사회와 경영자는 조직도의 아래에서 조합원을 위해 봉사한다는 것을 상징적으로 표시

라보뱅크의 전신(前身) 라이파이젠 신용협동조합은 100여 년 전에 이미 '라이파이젠 원칙'을 만들었다. 이 원칙은 협동조합 역사에서 협동조합의 가치와 원칙을 정립하는 데 중요한 역할을 담당한다. 오늘날 라보뱅크의 존재와 협동조합의 운영에서 라이파이젠은 중요한 자리를 차지한다.

'라이파이젠 원칙'에는 엄격한 차입금사용 제한 원칙, 소액출자금 의무납부 원칙, 조합원 무한 책임 원칙, 조합구성원(임직원)의 무보수 원칙이 포함된다. 이 '원칙'들을 보면 조합외부에 의존하지 않고, 협동조합스스로 역량을 키워나가는 것과 함께 조합원과 임직원 등 협동조합 구성원의 철저한 헌신과 참여 또는 무한책임을 강조한다는 사실을 알 수 있다. 그리하여 라보뱅크는 잉여금의 무배당원칙으로 공동자본을 적립해나가는 자조·자립이 가능했다. 협동조합의 가치와 원칙에 충실한 경영이나 사업추진이 곧 협동조합의 성공요인이 된다는 것을 라보뱅크가 여실히 증명한다.

물론 라이파이젠협동조합이나 라보뱅크가 조합원의 헌신과 책임만 요구하지는 않는다. 협동조합 운영의 비전과 목표는 철저히 조합원의 권익과 복리증진에 있음은 두말할 여지가 없다.

데자르댕 그룹(캐나다)

'데자르댕'(Desjardins)은 그 규모에서 캐나다 제1의 신용협동조합으로 알려져 있다. 일종의 금융그룹이라고 할 만큼 총자산 규모가 200조를 웃돌며[27] 우리나라의 신한은행이나 국민은행과 거의 유사한 수준이다. 그리고 약 780만 명 퀘벡 주 인구의 70퍼센트에 해당하는 550만 명 정도가 조합원이다.

인간사랑에서 시작된 데자르댕 신용협동조합

데자르댕 신용협동조합은 19세기에서 20세기로 전환되던 시점에 알퐁스 데자르댕(Alphonse Desjardins, 1854~1920) 부부가 주도한 '고리채 퇴치운동'에서 시작되었다.

좀 더 자세히 보면, 데자르댕은 자신의 고향인 퀘벡(Quebec) 주 레비(Levis)시에서 캐나다를 넘어 북미 최초의 신용협동조합인 레비신협(La Caisse Populaire De Levis)을 1900년에 창립하였는데, 이것이 오늘날의 데자르댕의 시초가 되었다.

19세기 말, 퀘벡 주 프랑스계 주민 대부분은 높은 금리의 부채에 시달리고 있었고 심지어 1백 달러 정도를 빌리고 그 30배에 해당하는 5천 달러를 갚아야 하는 경우도 있었다고 한다. 고리채(高利債)에 대한 문제의식을 가지면서부터 이 신용조합의 시작점(始作点)이 열렸다. 이러한 문제의식은 일종의 방향성을 가진 '운동'으로 발전하기 시작했다. 이른바 '데자르댕 운동'이다.

---

27   데자르댕 2011년 연차보고서 기준, 219억 캐나다 달러(약 218조원)

이 '운동'의 정점에는 선구적인 '리더'가 있었다. 바로 알퐁스 데자르댕(Desjardins) 부부이다. 이 부부는 1900년 무렵에 고리채 해결방안을 찾기 시작했고, 당시 신문기자이었던 알퐁스 데자르댕은 고리채의 사회적 문제점을 지적하며, '서민들을 위한, 서민들 스스로의 은행'을 만들자고 선창(先唱)하기에 이른다.

데자르댕의 신용조합 운동이 처음부터 무슨 거창한 프로젝트로 시작된 것은 아니었다. 생활이 어려운 많은 주민들이 참여할 수 있도록 작은 출자금(5달러)을, 그것도 매주 조금씩(10센트)을 1년간 모아 납부하도록 하고 이를 종잣돈(seed money) 삼아 이른바 '시민은행'(people's bank)을 만들어 조합원들을 대상으로 금융사업을 시작하였다. 이것이 오늘날 데자르댕이 있게 한 '발판'이었다.

데자르댕의 미션

그러면, 데자르댕의 미션은 무엇인가?

데자르댕의 사명은 조합 홈페이지에, '조합원에 의해 소유되고 관리되는 안전하고 수익성 높은 협동조합 금융서비스 네트워크를 지속적으로 확충함으로써, 지역사회와 사람

조합원의 복리를 중요시하는 협동조합임을 나타내기 위하여 '사람이 제일 우선이다!'라는 미션을 엄지손가락으로 형상화한 데자르댕 그룹

들의 사회경제적 복지개선에 기여'하는 것이라고 명시되었다.

그리하여, 데자르댕은 협동조합 금융그룹으로서 우수성(The Desjardins difference)을 창출함으로써, 지속가능한 번영(sustainable

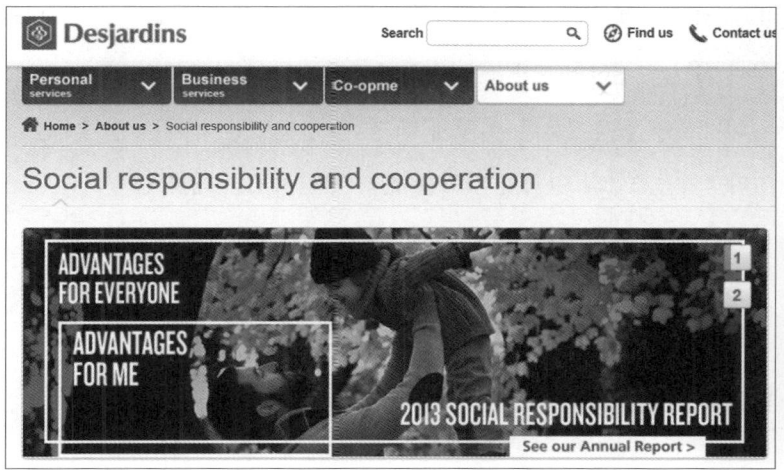

사회적 책임과 지역사회와 협력을 알리는 사이트(데자르댕 그룹 홈페이지 www.desjardins.com)

prosperity)의 창조를 주도하고자 한다.

이를 위해 데자르댕 그룹은 1970년에 '데자르댕 재단'(Desjardins Foundation)을 창립하고, 신용조합 운영잉여금으로 사회경제기금을 조성하여 다양한 지역사회와 협력 및 기여활동을 펼친다. 특히 데자르댕 소재지역 대학생 장학금 지급, 환경보호활동 등을 주도한다.

우리 신생 협동조합들이 '협동조합 금융그룹'인 데자르댕에서 배울 만한 시사점은 바로 이것이다! 협동조합은 해결해야 할 문제나 달성해야 할 목표를 발견하고 이를 해결하는 '좋은' 도구일 수 있다는 점이다. 소비자협동조합이든 서비스 분야 협동조합이든 분야가 다른 경우에도 마찬가지이다.

저자가 데자르댕을 살펴보고 떠나면서, 내리는 결론은 다음과 같다. 협동조합이 성공으로 가는 길에 들어서기 위해서는 상황적 특수성을 해결할 미션을 주도하는 리더그룹(데자르댕 부부)이 있어야 하고, 실현가능한 사업모델과 이에 적극 참여하는 사람들 곧 협동조합으로 문제해결이 필요한 조합원들의 능동적인 참여가 있어야 한다.

데자르댕 금융그룹은 이렇게 진정한 '협동조합이 가는 길'을 걷고 있다. '협동조합의 원칙과 가치를 잘 지키면서도 거대한 금융기관으로 성장한 신용협동조합'이다!

포흘라 그룹(핀란드)

'포흘라'의 정식명칭은 〈OP-포흘라(Pohjola)그룹〉(2014년부터 OP Financial Group으로 변경)으로서, 핀란드 내에서 200여 개의 회원은행을 조합원으로 보유한 금융서비스그룹이다. 금융 부문을 포함하여 보험 부문 및 자산관리 등 3대 부문을 주력사업으로 하며, 특히 핀란드의 소매금융과 보험 부문(공공보험 등)에서 높은 비중을 차지한다.

2015년 2월 기준으로 포흘라 그룹은 180여 개의 회원 협동조합은행(cooperative banks)과 금융서비스 관련 다양한 자회사를 가지고 있으며, 핀란드 가구수의 약 90퍼센트인 140만 가구가 포흘라 그룹의 고객이다.[28]

핀란드의 개별금융기관연합체, OP-포흘라(Pohjola) 그룹

'포흘라'는 단일 협동조합이 아니라, 소속 은행과 금융자회사 등으로 구성된 일종의 협동조합금융 그룹이다. 앞에서 소개한 라보뱅크(네덜란

---

[28]   OP-포흘라 그룹의 홈페이지(www.pohjola.fi) 자료.

224

드)나 우리 농협(농협은행 포함)과 다소 유사한 측면이 있다.

포흘라그룹에는 컨트롤타워 역할을 하는 OP신용협동조합(credit institution of OP Cooperative)이 있고, 여기에 소속된 포흘라은행(Pohjola Bank plc)은 포흘라 그룹 전체의 자금흐름을 관리하는 기능(그룹 내 중앙은행의 역할)을 수행하면서, 일반소매금융이나 보험 등의 금융서비스를 제공한다.

포흘라 그룹은 전통적인 협동조합과 비교해 볼 때 특이한 점이 있다.

첫째, 조합원과 일반투자자의 의결권 차별화 정책을 실시한다. 자본을 원활하게 조달하기 위해서 불가피한 측면이 있다고 해도 협동조합의 가치와 원칙 측면에서는 매우 이질적인 부분이다. 포흘라 그룹 내의 포흘라은행은 조합원(수백 개 회원은행, 자회사 등)과 외부기관(일반투자자 등)을 상대로 의결권에서 차이가 나는 증권(일종의 지분증권)을 발행한다. 자본조달을 위하여 포흘라 그룹 외부의 투자자에게도 주식형태의 증권인 지분증권을 발행하면서 의결권에서 내부 조합원과 차이를 두는 것을 말한다.

조합 외부의 기관이나 일반투자자를 대상으로 A형 지분(증권)을, 조합원에게는 B형 지분을 발행하는데, B형 지분은 A형 지분에 비해 5배의 가중치가 부여된 의결권(A타입이 1주라면, B타입은 5주의 의결권 부여)이 주어진다. 따라서 외부투자자들을 대상으로 자본을 조달하더라도 포흘라 그룹 전체의 지분비율은 크게 영향을 받지 않아 조합원의 의결권이 보호된다. 즉 포흘라 그룹 조합원의 단순보유 지분이 전체의 50퍼센트를 다소 밑돌더라도 가중치 지분으로 인해 실제 지분점유율은 50퍼센트를 훨씬 초과한다.

이는 미국식 '신세대협동조합'처럼 자본조달을 위한 출자금 중심의 운영으로 협동조합 고유의 의결권방식인 1인 1표제에 위배될 가능성이 높다. 그러므로 우리 신생 협동조합들이 벤치마킹하기에는 다소 문제가 있다.

포휼라 금융그룹 특징

- 회원은행, 중앙회, 중앙은행, 금융자회사로 구성된 협동조합 금융그룹
- 핀란드 전역의 2백여 개의 회원은행은 협동조합 법인으로 소매금융 담당
- 조합원은 1백 40만 명의 규모이며, 핀란드 전체인구(540만 명) 중 약 25퍼센트가 조합원으로 가입
- 독특한 의결권제도를 운영하며, A형과 B형 두 종류의 지분증권을 발행하고, 각각 1주, 5주의 의결권이 차등적으로 부여됨(일종의 조합원 우대제도)

둘째, 포휼라 그룹 내 소속 조합원의 다양한 구성원인 회원은행과 자회사 간 시너지효과를 잘 발휘한다.

핀란드 내 조합원 은행, 그 은행들의 중앙은행 역할을 하는 '리더은행'(포휼라은행)과 금융자회사 등 다양한 기능과 역할을 수행하는 금융기관이 섞여 많은 갈등이 발생할 가능성이 높은데 상호조정으로 소속기관 간의 시너지효과를 높인다.

포휼라 금융그룹의 교훈

결론적으로 포휼라 금융그룹이 협동조합과 관련하여 시사해 주는 교훈은 크게 두 가지로 간추릴 수 있다.

첫째, 협동조합 지배체제(governance) 즉, 조직구조를 철저히 유지

한다.

포흘라 그룹은 조직의 최상위에 컨트롤타워로 'OP신용협동조합'이 자리 잡고, 그 아래에 포흘라은행을 비롯해 200여 개 협동조합은행이 회원으로 가입하며, 민주적인 의사결정과 운영으로 조합원의 이익보호를 소홀히 하지 않는다.

둘째, 사업추진이나 자본조달에서 전통적인 협동조합적 전략에만 매달리지 않는다.

협동조합은 지속가능성을 목표로 하지만 이를 위해서는 사업이 효율적이어야 하고, 자본조달이 원활해야 한다고 보기 때문이다. 그리하여 포흘라 그룹은 사업추진에서 자본주의적 경쟁과 효율의 가치를 매우 중시한다. 아울러 자본조달을 위해서 주식회사 기법(주식발행)을 사용하며, 외부투자자의 의결권은 조합원에 비해 다소 차등을 둔다. 내부 조합원(회원은행, 자회사, 일반개인조합원)의 이익은 희생되지 않으며 오히려 보호되는 효과가 있다.

지역개발형
협동조합

- 협동조합 학자 그레그 맥레오드는 『협동조합으로 지역개발하라』에서 몬드라곤 그룹을 지역개발형 협동조합의 사례로 들고 있음.
- 몬드라곤협동조합 그룹, 이탈리아 볼로냐 지역의 협동조합 도시적 특성이나 우리나라 원주(강원도)의 '원주협동사회경제네트워크' 등은 지역개발형 협동조합으로 구분 가능함.
- '지역개발형 협동조합'은 지역사회 기여를 강조한 유형의 협동조합이라고 할 수 있음.

여기에서는 '지역개발형 협동조합'을 협동조합의 사회경제적 역할 또는 기능 차원에서 접근하고자 한다. 지역개발형 협동조합은 앞에서 소개한 생산자협동조합이나 소비자협동조합과 같은 협동조합의 한 유형이라기보다는 지역지향성을 강하게 드러내는 협동조합의 역할모델이라고 해야 한다.

협동조합과 지역발전

협동조합 분야의 전문가이자 종교인(가톨릭)인 그레그 맥레오드(Greg Macleod)는 『협동조합으로 지역개발하라』(1997년)[29]에서 협동조합에 의한 지역개발의 필요성을 강조한다.

특히 그는 노동자협동조합으로 출발해 오늘날 협동조합 그룹으로 성장한 몬드라곤 그룹(협동조합복합체)을 지역개발이라는 특이한 관점으로 접근한다. '협동조합으로 지역개발하라!'는 것이다.

캐나다의 안티고니쉬 지방, 이탈리아의 에밀리아 로마냐(볼로냐) 등의 지역도 협동조합으로 지역이 개발되고 성장한 경우이다. 즉, 이들은 지역개발형 협동조합 또는 협동조합운동의 대표적 예로 들 수 있다.

지역개별형 협동조합은 협동조합 간의 연대로 나타날 수밖에 없다는 점에서 우선 협동조합의 연대를 간단히 살펴보고 넘어가기로 한다. 지역별 협동조합 연대는 두 가지 형식으로 나타난다.

우리나라도 협동조합으로 지역개발 활발

그 하나는, 우리나라 원주나 이탈리아 볼로냐처럼 특정 지역 전체가 '협동조합 도시'를 이루는 경우이다.

우리나라도 오래 전부터 협동조합적 이념과 활동에 의한 지역사회 개발 또는 부흥운동이 존재해 왔다. 강원도 원주의 '원주협동사회경제 네트워크', 서울의 성미산마을의 마을공동체 사업 등도 협동조합적 가치와 정신으로 주민들 스스로 지역개발운동을 진행한 경우이다.

다른 하나는 서로 다른 분야의 협동조합 곧 이종(異種)협동조합이나

---

[29]   원제는 『From Mondragon to America; Experiments in Community Economic Development』, 한국협동조합연구소에서 번역출간(2012)하였다.

협동조합과 공동체적 정신과 가치의 일부 또는 전부를 공유하는 단체들과 연대하여 시너지효과를 꾀하는 방식이다.

특정 지역에서 서로 다르거나 연관된 분야나 업종의 협동조합끼리 모여서 결합체를 구성함으로써 협동조합 간 연대 효과를 발휘한 협동조합의 사례가 여기에 해당한다.

외국에서는 이탈리아의 '카라박 프로젝트'가 협동조합 중심의 연대로 대표적인 경우이다. 특정지역의 사회경제적 단체나 서로 다른 유형이나 분야의 협동조합이 모여 있으며, 해당지역의 현안문제나 개발이 필요한 분야의 공동사업을 진행한다. 따라서 '카라박 프로젝트'를 지역개발형 협동조합으로 보고 논의를 전개해도 큰 무리는 없다. 하지만 사회적협동조합이라는 점을 감안하여 다음 장에서 소개하기로 한다.

협동조합 간 연대로 지역을 개발할 수 있는 것은 당연하다. 정부나 지방자치단체에 의한 지역개발은 한계가 있게 마련이다. 지역주민의 수요를 정확히 충족하는 맞춤형 지역개발이 이루어지기 쉽지 않기 때문이다.

협동조합 간 연대에 의해 '힘'을 모음으로써 지역개발이 가능해진다. 협동조합 간 연대로 의견을 모으고, 지역개발의 대안을 찾고, 그것을 실행한다.

몬드라곤 그룹 (스페인, 바스크)

이 책에서는 몬드라곤 그룹이 협동조합 역사상으로 차지하는 비중이나 현재 많은 협동조합의 벤치마킹 사례가 되는 점을 감안하여, 몬드라곤의 현황부터 조합운영 원칙, 경영상의 성공요인 또는 시사점에 이르기까지 세세히 들여다본다.

협동조합의 전형적(典型的) 사례로 손꼽히는, '몬드라곤의 기적', '해고 없는 기업', '노동자들의 복지천국' 등 협동조합에 관한 한 온갖 긍정적인 수식어가 따라붙는 협동조합이 있다. 바로 몬드라곤 그룹(Mondragon Corporation)이다! 특히 '협동조합 중의 협동조합' 또는 협동조합으로 지역의 재생(再生)[30]에 성공한, 상징적인 협동조합인 몬드라곤 그룹은 협동조합의 자생성의 상징적 존재라고 할 만하다.

협동조합의 모범, 협동조합의 교과서 몬드라곤 그룹

몬드라곤 그룹은 스페인 바스크(Basque)지역에 기반을 둔 노동자협동조합들과 자회사들 간의 연합체이다. 1956년에 기술전문학교 출신 졸업생들이 모여 난방용 기구(난로)를 생산을 시작한 것이 오늘날의 몬드라곤의 출발점이다.

홈페이지에 스스로를 다음과 같이 자부심이 듬뿍 넘쳐나게 소개한다.

"우리 몬드라곤은 생산자회사와 세계 41개국에 해외사무소를 가진 자발적이고 독립적인 협동조합들로 구성된, 스페인의 주도적인 기업집단이다."

국제협동조합연맹(ICA)이 제정한 「협동조합 정체성에 관한 선언」(Statement on the Cooperative Identity)[31]에 충실하게 운영되어 세계 최고

30　협동조합의 지역개발 역할에 대한 좀 더 자세하고 체계적인 내용을 알고 싶다면, 협동조합 연대형 지역사회 공동체 개발에 성공한 대표적인 사례로 몬드라곤 그룹을 소개한 저서(앞의 책)를 참고하기 바란다.

31　ICA 선언문 내용: "협동조합은 공동으로 소유되고 민주적으로 운영되는 사업체를 통하여 공동의 경제, 사회, 문화적 필요와 욕구를 충족시키고자 하는 사람들이 자발적으로 결성한 자율적

몬드라곤협동조합 지도

의 모범적인 협동조합이자, 협동조합으로 스페인 바스크지역의 개발에
성공한 사례이다.

　몬드라곤(Mondragon)은 스페인 북부인 피레네산맥의 남서부에 자리
잡은 조그만 시골마을이었다. 스페인의 주요 공업도시인 '빌바오'에서
도 동남쪽으로 1백 리 이상 떨어져 있다. 몬드라곤 그룹은 스페인 북부
의 기푸스코아 주(州)의 주도(州都) 산세바스티안(San Sebastián)에서 서
남쪽으로 약 70km 떨어진 소도시 몬드라곤에 있다. '몬드라곤'은 스페
인어 공식 명칭이며 몬드라곤시 인구의 거의 절반인 바스크인의 언어
로 '아라사테'(Arrasate)라고 불린다. 바스크는 독자적인 언어와 문화를
가지고 있고, 한때 분리주의 독립운동이 활발했던 지역이다. 몬드라곤
그룹은 소속 협동조합이나 산하 자회사의 이름에 스페인 공용어 외에
바스크어를 같이 표기하기도 한다.

───────

인 결사체이다."

노동자협동조합으로 시작하여, 스페인경제의 중심에 서다

'몬드라곤 그룹'은 한동안 '몬드라곤협동조합 그룹', '몬드라곤협동조합복합조직' 또는 몬드라곤협동조합복합체(MCC; MONDRAGON Corporación Cooperativa)로 불려왔으며, 흔히 몬드라곤협동조합으로 알려져 있다. 몬드라곤 그룹은 스페인 내에서 총매출액으로 10위권 안에 드는 규모를 지니며, 고용창출로는 스페인 전체 5위권 이내의 비중을 차지한다.

몬드라곤을 좀 더 자세히 들여다보기로 하자.

몬드라곤 그룹의 홈페이지[32]를 보면, 참으로 대단하다는 생각이 든다. 중심조직인 협동조합과 산하 자회사(기업)는 전체 257개(협동조합 110개, 산하 자회사 147개), 기술센터(R&D연구소) 15개, 대학 등 기타 기관은 32개로 구성되어 있다.

뿐만 아니라 해외 41개 국가에 협동조합 및 생산자회사의 지사(支社)를 가졌고, 150여 국가에서 사업활동을 한다. 8만 명을 넘는 고용인력은 일시 휴직 등으로 다소 줄기는 했어도 74,060명이나 된다.

몬드라곤 그룹은 일반산업, 금융, 유통, 농업, 교육 및 서비스, 연구분야를 포함하고 있는데, 소속된 주요 협동조합과 자회사를 보면 유통분야의 에로스키(Eroski), 자동차부품 제조의 로라멘디(Loramendi) 협동조합과 이들 협동조합의 자회사인 자전거 전문제조업체 오베아 등이 유명하다.

또한, 금융 분야에는 몬드라곤 그룹 내에서 중앙은행 기능을 담당하는 까하 라보랄(Caja Laboral)노동자금고, 교육 분야에는 몬드라곤대학,

---

32   몬드라곤 그룹 홈페이지(http://www.mondragon-corporation.com, 2014년 12월 기준)

서비스 분야에는 라군 아로(Lagun Aro) 등이 문자 그대로, 서로를 도와가며 살아간다. 특히 '까하'는 신용조합으로서 바스크지역을 중심으로 약 370개의 지점을 운영하며 몬드라곤 소속 협동조합과 자회사, 조합원들에게 금융서비스를 제공하는, 몬드라곤의 심장과도 같은 역할을 한다.

몬드라곤 주요 협동조합 로고(왼쪽 위부터 시계방향으로 까하 라보랄, 라군 아로, 에로스키, 로라멘디)

몬드라곤 그룹 주요 협동조합 특징

- 까하노동자금고(Caja Laboral)
- 정식명칭은 'Caja Laboral Popular Cooperativa de Creditor'이며, 로고에서 'EUSKADIKO KUTXA'는 Caja Laboral의 바스크지역 언어 표기임.
- 몬드라곤 내 노동자/생산자협동조합 창업 및 투자자금과 경영 등 지원

몬드라곤 그룹의 '심장'역할을 하는 '까하(Caja)노동자금고'가 입주해 있는 건물. 이 건물의 중앙 상단부에 C자 모양으로 디자인된 까하노동자금고의 로고가 보인다.

- 조합원 협동조합은 노동자금고(까하)에 분담금을 납부하고, 그 대신 모든 금융거래를 노동자금고에 집중하도록 함.
- 까하노동자금고는 각 조합원 협동조합을 협동조합적, 기업적 관점 양면에서 회계감사를 실시함.
• 라군 아로(Lagun Aro)
- 몬드라곤 그룹 내 자체적 사회보장 기능을 담당하고 있음.
- 노동자들의 정치세력화를 우려한 스페인 정부정책 때문에 노동자조합원의 고용보험가입이 금지되면서 노동자복지 차원에서 결성(1959년)된 조직임.
- 몬드라곤 그룹 내 조합원에게 의료·퇴직연금 등을 공제 및 보험형식으로 제공하며, 일반기업보다 보장성이 높음.
• 에로스키(유통)
- 1960년대 후반, 몬드라곤이 스페인 바스크지역의 소비자협동 조합들

과 통합하면서 탄생, 성장과정에서 다른 소비자협동조합 및 유통기업과 합병으로 규모가 확대됨.

- 현재 스페인에서 최상위권 유통업체로서, 가정용 소비재와 운동·레저·여행용품 등 다양한 상품판매사업을 수행함.

- 직원과 소비자도 조합원으로 참여하는 다중 이해관계자협동조합; 비조합원에게도 일정 조건충족 시(회비납부 등) 의결권을 부여함.

• 로라멘디(제조)

- 몬드라곤 그룹 내 자동차부품 중소제조업 협동조합 성공사례

- 파산기업을 직원들이 인수, 협동조합 전환으로 활성화

- 협동과 연대를 통해 경제적 가치 창출 및 지역사회 기여

- 공존(共存)과 시장경쟁(영리추구)의 부조화를 극복한 사례

몬드라곤의 '헌법', 협동조합 운영 10원칙

다음에는 몬드라곤 그룹의 '헌법'인 협동조합 운영원칙을 살펴보자.

국제협동조합연맹(ICA)의 '협동조합 7원칙'과 함께 몬드라곤의 협동조합 운영원칙은 우리나라의 신생(新生)협동조합들에 많은 시사점을 준다.

먼저 노동자생산협동조합으로 시작한 협동조합 그룹답게 노동자의 권익과 복리증진에 초점을 맞춘 것이 특징이다. 이를 단적으로 보여주는 것이 의사결정에서 '노동자지배의 원칙', '자본의 노동종속성(도구성) 원칙'이다. 몬드라곤의 '협동조합 운영 10원칙'은 협동(Cooperation), 참여(Participation), 책임(Responsibility) 및 혁신(Innovation)이라는 4가지 핵심가치로 요약된다.

이러한 몬드라곤의 '협동조합 운영 10원칙'은 로치데일협동조합원칙,

라이파이젠원칙과 함께 훗날 국제협동조합연맹의 「협동조합 7원칙」으로 집약된다.

몬드라곤 협동조합 운영 10원칙

- 조합원 자율가입 원칙(Open Admission)

- 민주적 조직운영 원칙(Democratic Organization)

- 노동자지배 원칙(의사결정권)(Sovereignty of Labor)

- 자본의 노동종속성 원칙(Instrumental & Subordinate Nature of Capital)

- 참여적 경영 원칙(Participancy Management)

- 임금연대 원칙(균등화 지향)(Payment Solidarity)

- 협동조합 간 연대 원칙(Inter-Cooperation Solidarity)

- 사회개발 원칙(Social Transformation)

- 보편적 가치 원칙(Universitality)

- 조합원 교육 원칙(Education)

몬드라곤이 이러한 운영원칙을 실제로 어떻게 실현하여 왔는지 좀 더 자세히 알아보기로 하자.

첫째, 몬드라곤의 고용정책이다.

당연히 몬드라곤이 최우선적이며 최고의 비전으로 삼은 것은 최대 고용의 창출로 '해고가 없는 협동조합'을 지향한다. 이를 위하여 조합원들도 유사시에 몬드라곤 내 협동조합이나 산하 자회사로 재배치하는 데에 동의해야 하는 의무가 부가되기도 한다.

둘째, 수익배분 관련 원칙이다.

몬드라곤은 조합원 복지를 지향하면서도 협동조합의 지속가능성을 위한 준비도 소홀히 하지 않는다. 조합의 재정능력 범위의 50퍼센트 내에서 조합원에게 이익을 배당하되, 가능한 한 현금으로는 배당하지 않는다는 원칙을 적용한다.

조합원에게 정당한 권리보호 차원에서 정해진 비율대로 배당을 하되, 그것을 조합원소유 계좌로 이체하고 퇴직 때까지는 인출하지 않도록 설득함으로써 몬드라곤협동조합 그룹의 보유자금이 증대되는 효과를 가져왔다. 한편, 조합원은 수익(잉여금)의 일정비율을 조합원교육을 위한 기금으로 적립하기 위하여 소속 그룹에 납부하도록 되어 있다.

셋째, 조합원 간의 급여격차의 최소화이다.

몬드라곤에는 최고경영자와 최소임금을 받는 현장 또는 공장근로자 사이에 합의된 임금 비율이 있다. 조합원 노동자들의 동기부여와 생존권보장 차원에서 몬드라곤의 '무(無)해고경영' 지향과 연계된 것이다. 임금 비율은 몬드라곤 소속 협동조합이나 자회사별로 다소 차이는 있지만 3:1~9:1 범위 내에서 대체로 5~6:1 수준으로 유지된다.

설령 경영자라 해도 최하위 조합원과 급여가 5~6배 이상 차이가 나지 않도록 하기 위한 조치이다. 몬드라곤 그룹은 이를 실천하기 위해 정기적으로 적정한 임금 비율을 민주적 투표로 결정하거나 변경한다는 점이 특이하다. 노동자의 권익과 입장을 충분히 배려하는 제도이다.

이는 노동자생산협동조합으로서 내부연대 차원에서 조합원을 배려하는 것으로, 오늘날 일부 다국적기업이나 우리나라 대기업 집단, 금융지주회사 CEO의 거액보너스 지급과는 매우 큰 차이가 있다.

넷째, 필요자금은 조합원으로부터 나와야 한다는 원칙이다.

한마디로 성공하려는 협동조합은 자조·자립해야 한다. '성공하는 협동조합'의 상징, 몬드라곤을 보라! 몬드라곤은 협동조합의 자본형성에 조합원들이 적극 참여하도록 제도화시켰다. 물론 조합원을 설득하고 동의를 받았다. 자조·자립정신에 매우 철저함을 알 수 있지 않은가?

이렇게 내부적 합의로 잉여금배당액을 가능한 한 몬드라곤 내부에 적립하는 방법을 통하여 자본을 자체적으로 확충해 온 시스템은 오늘날 우리 협동조합에 시사하는 바가 정말 크다. 몬드라곤의 '자립'을 향한 '자조적'(自助的) 노력을 깊이 새겨볼 필요가 있다.

다섯째, 조합 내부 거래 우선원칙이다.

조합원, 조합 기업은 권리만 누리는 것이 아니라 의무도 분명히 부담 의무가 있다. 몬드라곤은 조합원이나 구성원(조합 산하 자회사 포함)의 '도덕적 해이'(moral hazard) 방지에 힘쓴다.

몬드라곤 그룹은 소속 개별 협동조합 조합원이든, 그룹 소속 협동조합이나 산하 자회사이든 그룹 소속 은행인 '까하(Caja)노동자금고'와 우선적으로 거래하도록 한다.

몬드라곤 그룹 내 금융거래를 그룹 내부의 중앙은행과 마찬가지인 노동자금고에 집중시킴으로써 몬드라곤 그룹 전체적인 자금력을 확보하려고 한다. 이렇게 확보된 자금으로 그룹 내 소속 협동조합이나 산하 자회사에 금융적 위기[33]가 도래할 때 지원할 수 있는 '힘'(자금역량)을 갖게 된다.

여섯째, 소속 조합이나 기업 간 내부경쟁 자제원칙이다.

내부연대 차원으로서 몬드라곤 그룹 소속 협동조합 간, 산하 자회사 간에 서로 부족한 부분을 보완하고 지원함으로써 몬드라곤 전체적인

---

[33]　실제로, 몬드라곤 그룹은 가전 부문 시장의 환경급변으로 그룹 내 주요 가전 부문 산하기업인 파고르(FAGOR)가 파산위기에 직면하자 그룹 내 중앙은행격인 '까하(Caja) 노동자금고'를 통하여 자금위기 해소를 위한 지원 곧 일종의 구제금융을 실시하였다.

경쟁력이 강화되도록 한다.

만약 사업수행 과정에서 투자나 사업수행에서 중복이 발생하면 몬드라곤 그룹 전체 경영회의에서 이를 조정한다.

• 이것이 몬드라곤이다 1

- 협동조합으로 지역개발성공 대표사례(스페인 바스크 지방의 핵심 기업)
- 금융 · 제조 · 유통 · 지식 4개 부문 복합체(다양한 협동조합 및 자회사로 구성)
- 자체금융기관 운영(자금대출)으로 자본조달 및 지원(까하노동자금고)
- 조합원 복지 보장(자체 기금 조성으로 조합원 복지, 실업급여 제공)과 무해고(無解雇)경영원칙
- 협동조합의 정체성 유지와 성장(조합 내부적인 자주적 자본조달 또는 자본축적)의 동반 달성

• 조합원의 자주적 참여확보와 민주적 운영

- 노동자 자주관리시스템 지향
- 높은 수준의 조합원 참여를 보장
- 자본소유를 통한 참여, 의사결정 참여, 이윤분배 참여

↓

- 불황기나 소속 조합(기업) 파산 시에도 고용유지
- 협동조합의 기본적인 가치를 유지하면서도 독자적 참여민주주의 · 연대의 원리 실천
- 노동자 자주관리에 기초한 소집단활동 전개
- 조합원 간의 보수 차이 최소화(6배 차이 이내)

몬드라곤과 우리나라 신생 협동조합

이제, 몬드라곤협동조합으로부터 우리 신생 협동조합이 어떤 교훈을 얻을 것인가를 정리할 때가 되었다.

몬드라곤 그룹(MCC)은 협동조합으로 지역개발에 성공한, 대표적이고 상징적인 존재이다. 스페인 내에서 지역차별적 요소가 강했던 바스크 지방에서, 한 가톨릭 신부의 주도로 시작된 몬드라곤 그룹은 이제 바스크 지방뿐만 아니라, 스페인 경제전체의 중요한 축이 되고 있으니 말이다.

또한, 협동조합적 가치와 원칙을 철저히 유지한 '성공적 협동조합'이다. 몬드라곤 그룹은 소속 협동조합과 자회사 그리고 노동자 조합원 및 직원 등 구성원 모두에게 진정한 '주인'으로서, 주인공이나 주역으로서 헌신과 참여를 요구한다. 이에 대한 보상으로 경영 성과의 최대한 균등 배분과 고용보장을 제공한다. 조합원의 의무수행과 조합원에 대한 보상이 균형을 이룬다. 이것은 협동조합으로서 몬드라곤의 지속가능성을 높였으며, 궁극적으로 성공하는 협동조합으로 이끌었다. 리더와 조합원 간의 의사소통이 잘 이루어져 조합의 운영전략에 대한 협의 및 설득이 원활했고, 몬드라곤의 모든 구성원이 협동조합적 방식 즉, 협동조합적 가치와 원칙을 철저히 지켜왔기 때문이다.

예를 들면, '인간중심 노동(Humanity at Work)!'이라는 캐치프레이즈를 통해 협동조합그룹으로서 몬드라곤의 정체성 또는 조직문화를 잘 나타내고 있다고 볼 수 있다.

몬드라곤은 협동조합 자체기금 조성을 할 수 있었고, 이를 바탕으로 하여 '해고 없는 경영', '충분한 실업급여 제공' 등 조합원 복지가 가능했고, 자체금융기관을 통해 소속 조합 및 산하 자회사에 자금대출이 가

능했다. 그리하여 '더 많은 노동자에게, 더 좋은 일자리를 제공'할 수 있었다.[34]

몬드라곤 그룹의 조직문화-인간중심 노동(Humanity at Work)!

스페인의 세계적 협동조합 그룹인 몬드라곤협동조합복합체(MCC)는 경영이 다소 어려워지더라도 해고보다는 고용을 유지하려 한다. 소속 조합이나 산하기업에서 경영상 구조조정의 필요가 발생하면 해당 직원들을 해고하기보다는 산하 조합이나 기업 간 인력 재배치를 통해 고용안정을 추구한다. 이것이 '인간중심 노동(Humanity at Work)!'이라는 캐치프레이즈에 집약되어 있다.

몬드라곤은 조합민주주의 실천(보장)에 철저하다.

몬드라곤은 헌신적이고 높은 수준의 조합원 참여를 이끌어내기 위하여 자본보다 사람을 우선시하는(People before Profit!) 휴머니즘적 경영철학을 실천한다. 최고경영자와 일반근로자의 임금 비율 결정을 위한 투표참여를 비롯한 주요 의사결정 참여, 이익분배 참여 등 노동자권리확보를 위해 구체적이고 제도적인 노력을 지속한다.

몬드라곤은 노동자 자주관리 차원의 소집단활동을 보장하고, 조합원 간의 보수 차이를 최소화하는 등 근로자 참여 및 연대의 원리 실천하고, 이를 통해 노동자들의 참여와 헌신을 이끌어내려고 한다.

몬드라곤은 경영관리의 효율화에 집중한다. 그룹 내부의 조직을 의

---

34 몬드라곤 그룹에도 '일시적 해고'는 있다. 2013년 말에 파산신청한 파고르(FAGOR)전자로 인해 발생한 잉여인력에 대해 실업급여 제공, 전직훈련 및 그룹 내 타기업으로 배치전환 등의 조치를 통해 근로자들의 생활을 최대한 보장해 주었다.

사결정기관, 통치기관, 집행기관으로 체계적으로 구분하고, 어느 한 기관에 권한이 집중되지 않도록 한다. 최고 의사결정기관인 이사회는 조합원에 의해 선출된 이사로 구성하고, 실제 주요사항에 대한 집행기관은 이사회에서 선출된 경영자가 맡는다. 그리하여 그룹운영에서 견제와 균형을 꾀하고, 아울러 경영의 효율성을 달성하려고 한다.

또한 몬드라곤은 기술 부문의 경쟁력을 높이기 위해 몬드라곤대학과 연구개발(R&D) 전담조직인 협동조합 '이켈란'(Ikerlan)을 설치하고 전자공학, 기계 등 4개 분야에 대해 연구개발을 지속한다.

성공 기반의 제도적 측면

1. 조직 경영관리

- 일종의 은행인 노동자금고(까하 라보랄) 설치 (중앙은행 역할: 자금공급)
- 협동조합 운영에 대한 경영지도시스템 구비 (은행 내부에 '기업부' 설치)
- 4개 분야(전자, 기계 등) 연구개발 기관 (R&D전담 협동조합 '이켈란' 설치) 보유
- 투명하고 공정한 운영을 위한 조합의 기관 (의사결정기관, 통치기관, 집행기관) 구축
- 노동권 우위보장, 협동조합 민주주의 실현과 사업효율성 강화로 조합원(직원)의 조직충성 확보 및 협동조합이 일반적으로 안고 있는 다양하고 복합적인 제약 요인 극복

2. 자금 조달 및 운영

- 안정적 투자자금 확보를 위해 자금(잉여금) 외부유출 방지시스템 구축
- 잉여금의 약 절반을 조합원에 분배 후 조합원 보유 자금구좌(자본구좌) 입금, 조합원의 퇴직 시까지 원금인출 제한 조치

- 조합원구좌의 자금을 투자재원으로 활용, 몬드라곤 소속 협동조합, 자
  회사에 자금지원

3. 몬드라곤 경영의 견제와 균형
- 의사결정은 조합원이 선출한 이사로 구성되는 이사회가 담당
- 집행은 이사회에서 선출된 경영자그룹이 담당

'협동조합적 가치와 정신'을 실현하는 노력을 배우자

몬드라곤은 스페인 북부의 바스크라는, 역사와 지리에서 특수한 배경
이 있는 지역에서 탄생한 협동조합이다. 특히 몬드라곤의 구성원들은
스페인 내전으로 파괴되고, 지역 차별을 받으면서도 이에 좌절하지 않
았다.

오히려 이러한 환경에서 협동조합 고유의 자금조달상 취약점이나
의사결정 지연 등 협동조합 특유의 문제점들을 협동조합의 장점인 연
대와 헌신을 통하여 극복할 수 있는 제도적 장치 또는 시스템 구축에
성공하였다.

몬드라곤 그룹은 세계의 많은 협동조합이 안고 있는 근원적인 고민,
즉 어떻게 협동조합의 기본적 가치를 상실하지 않으면서, 협동조합으
로는 달성하기 어려운 과제인 효율적인 사업수행과 협동조합의 정체성
유지 모두 성공할 수 있을까 하는 고민에 희망적인 길을 보여주었다.

1. 몬드라곤 방식의 적용가능성(총론적 측면)
- 조합경영에서 민주적 운영은 기본적 사항
- 다만, 조합운영의 민주성은 협동조합의 비교적 높은 의사결정 비용으

로 협동조합 사업(운영)의 효율 저하 가능성 존재
- 즉 민주적 의사결정과 조합경영의 효율성 간에 상충적 측면 (딜레마) 존재
- 조합운영의 민주성, 효율성 확보라는 두 가지 목적의 동반달성을 위한 제도적 장치와 노력 필요
- 몬드라곤의 방식을 적용하려면 '협동조합의 제약 요인을 극복하기 위한 제도적 장치'를 보유해야 가능
- 몬드라곤 그룹은 협동조합의 기본적 가치를 상실하지 않으면서도, 운영의 민주성 확보, 사업의 지속적 성장의 동시실현 가능성을 보여준 사례

2. 몬드라곤 방식의 적용가능성(각론적 측면)
- 협동조합은 자본 조달 시 일반적인 애로요인 존재
- 대부분의 협동조합은 자체자금 조달관련 어려움에 직면
- 경영이익(잉여금)의 투자 전환 시 많은 제약
- 일반적으로 협동조합의 조합원은 배당을 더 선호하는 경향
- 기존 조합원이 새 조합원 가입을 꺼리는 경향
- 조합원 간 무임승차 또는 도덕적 해이가 장애요인

따라서 몬드라곤 그룹은 노동자(생산자)협동조합으로서, 산하에 수백 개의 협동조합과 자회사를 보유한 '지역개발형' 협동조합이라는 복합적 특성이 있어, 소규모 협동조합이 일반적으로 참고하기는 어려운 측면이 존재한다.

우리는 몬드라곤협동조합 그룹을 탐구하면서 몬드라곤이 협동조합으로서 지속가능성을 확립하는 과정을 확실하게 살펴보고, 분명한 시

사점을 얻을 수 있었다.

그렇다! 몬드라곤은 인간중심주의에 사상적 기반을 둔 사업추진, 참여와 연대의 철저한 실천, 조직문화의 강한 공유 등 이 세 가지를 바탕으로 하는 '견고한' 협동조합이다.

세상에 쉽게 이루지는 것은 없다. 몬드라곤의 '오늘'이 가능한 데에는 협동조합을 만들어야 할 '절실한 필요성'이 있었다. 몬드라곤의 모태(母胎)조직인 울고르(Ulgor)가 설립될 당시 스페인에서 몬드라곤 지역을 포함한 바스크는 정치적으로 차별을 받았고, 생존에 위협을 받을 만큼 경제적으로 빈곤하였다.

선구적 리더, 호세 마리아 아리스멘디아리에타

그러나 아무리 절실한 필요성이 있어도 그 필요성을 충족시키기 위한 비전설정과 추진력을 가진 '리더'가 있어야 한다. 마침 몬드라곤에는 호세 마리아 아리스멘디아리에타(Jose Maria Arizmendiarrieta)라는 선구적 협동조합 운동가가 있었다.[35] 또한 리더의 비전제시와 실현노력에 자발적으로 부응하려는 참여자들이 있었다.

당시 몬드라곤 지역에는 별로 할 일이 없는 젊은 청년과 같이 변화에 대한 열망이 강한 협조자그룹을 비롯한 적극적 참여그룹이 있었다. 다만 협동조합이 구성원인 조합원의 필요를 충족시키려면 산업적, 기술적, 제도적인 뒷받침이 있어야 한다.

---

35 '울고르'는 호세 마리아 신부가 만든 직업학교 출신 기술노동자 5명이 1956년 11월 22일에 난로와 라디에이터를 만드는 것을 시작으로 하여, 오늘날 몬드라곤 그룹의 초석이 되었다. 한편 호세 마리아 신부가 만든 직업학교는 후일 기술전문대학을 거쳐 오늘날의 몬드라곤대학으로 성장발전하게 된다.

이 문제는 몬드라곤 초기의 실질적 리더였던 호세 마리아 신부가 기술학교를 설립하고 실업자 청소년을 교육시키고 기술을 가르쳤으며, 몬드라곤의 인근 공업지대인 빌바오 지역이 산업적인 전통 내지 뒷받침을 하였기에 해결 가능했다. 몬드라곤협동조합이 공식적으로 시작된 시점은 난로 생산공장을 설립한 1956년으로 보지만, 실제로 몬드라곤 역사는 젊은 신부가 당시 인구 7천 명에 불과한 몬드라곤에 부임해온 1941년으로 거슬러 올라간다.[36] 호세 마리아 신부는 1943년에 기술전문학교를 설립했고, 이 학교 출신 기술노동자들이 모여 1956년에 설립한 것이 바로 울고르라는 난로 생산공장이었다.

몬드라곤의 환경적 성공요인

• 절실한 필요성

스페인 내에서 정치적, 지역적으로 차별받으며, 경제적으로 낙후된 지역(바스크 지방)이라는 특수성 때문에 생존을 위하여 협동조합에 대한 '절실한 필요성'이 있었다.

• 산업적 뒷받침

바스크 지역은 이전부터 산업적 기반을 가지고 있던 지역이며, 몬드라곤협동조합 설립초기에 도제학교, 전문기술학교 등 기술적 뒷받침이 있었다.

• 뛰어난 리더십

뛰어난 비전과 열정적인 추진력을 지닌 리더(호세 마리아 신부 등)가 바스크 지역의 협동조합에 대한 절실한 필요성과 산업적 뒷받침을 '몬드라곤'협

---

36   영문판 위키피디아(en.wikipedia.org) 몬드라곤 편 참조.

동조합으로 융화시켰다.

• 적극적인 참여

초기 몬드라곤협동조합의 지속가능성을 높이고, 오늘날 스페인 10대 고용창출기업으로 만든 것은, 어려웠던 시기의 바스크 지역 출신 지역 사람들이 조합원으로 적극적인 참여한 것이 그 뒷받침이 되었다.

'몬드라곤'의 경영

- 재정능력 범위 내에서 최대의 고용을 창출한다는 미션과 비전 설정
- 해고하지 않는 협동조합 지향 : 조합원은 몬드라곤 내에서 재배치에 동의 의무, 몬드라곤 내 타 협동조합, 산하업체 재배치
- 급여에서 최고 임금과 최저임금사이의 격차 최소화 : 임금의 배분적 정의 추구, 최대·최저임금 비율 6:1 이하
- 협동조합 가입 시 조합원은 출자금, 가입금을 납부하는 기본적 의무 부여
- 조합원의 이익배당금은 조합원 자본구좌 이체 : 조합이익의 40~50퍼센트를 조합원 배당하는데 현금불지급 원칙/내부적립, 퇴직 시 반환지급·자체 자본력 확충
- 수익금 일정 비율을 소속 그룹에 납부, 적립 : 소속 조합 적자보전 지원 등으로 2~10퍼센트 기금적립
- 조합원은 노동자금고에만 은행거래 의무 : 금융거래 집중으로 자금력 확보
- 몬드라곤 소속 협동조합 간, 산하기업 간 경쟁 최소화, 내부 경쟁 금지

그러면, 몬드라곤이 '성공하는 협동조합'이 될 수 있었던 또 다른 측

면인 시스템에 초점을 맞추어 살펴보기로 하자.

몬드라곤의 '오늘'이 있기까지 협동조합적 가치와 원칙에 기반을 둔 경영원칙의 충실한 실천이 가장 중요했다. 그러나 이는 필요충분조건이 될 수는 없다. '구슬이 서 말이라도 꿰어야 보배'라고 하지 않던가! 몬드라곤은 자신의 미션을 실현하기 위하여 가치와 원칙의 실천이 필요하며, 그 실천을 위해서는 제도 또는 시스템이 갖추어져야 한다는 사실을 일찌감치 깨달았다. 몬드라곤의 모태(母胎) 또는 출발점인 기술전문학교는 교육기관이었다는 점이 이를 증명한다.

몬드라곤은 오랜 시간을 두고 대학(몬드라곤), 연구개발 기관(이켈란), 자체 '금융기관'(까하 라보랄), 사회보장기구(라군 아로) 등을 차례로, 두루두루 갖추어 나갔다. 조합원 및 직원에 대한 사회보장, 교육(훈련), 사업추진을 위한 금융지원과 연구개발이라는 4가지 시스템적 요소는 몬드라곤의 성장을 받쳐주는 기둥역할을 하면서 시너지효과를 창출한다.

몬드라곤의 시스템적 성공요인

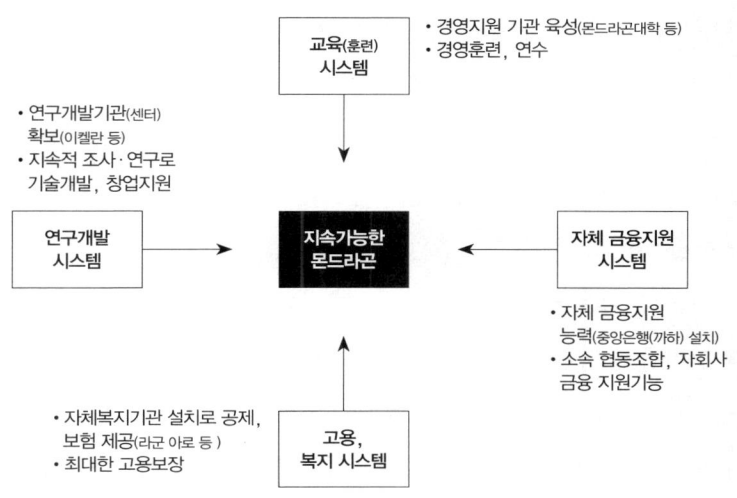

몬드라곤은 대학과 경영연구기관을 통해 조합원을 교육·훈련시켜 유능한 일꾼으로 만들었고(교육훈련), 이들이 걱정 없이 일할 수 있도록 급여와 고용에서 큰 걱정을 덜어 주었다(사회보장). 또한 자체금융기관을 만들고 소속 협동조합 및 조합원, 산하 자회사에 대하여 지속적으로 지원했으며(금융지원), 연구소들을 통해 기술연구개발을 지원하여(연구개발) 거의 60년을 지속할 수 있었던 역량을 가지게 되었다. 그리고 이제는 앞으로 1백 년 이상 지속가능한 협동조합으로 가는 길을 걷고 있다.

몬드라곤협동조합 되돌아보기 : 우리나라 신생 협동조합에 주는 시사점

협동조합이 얘기되는 곳이면 '약방의 감초'격으로 등장하는 모범적이고 대표적인 협동조합 '몬드라곤', 그 탄생의 역사부터 이 협동조합이 오늘날 우리 신생 협동조합들에 성공하는 협동조합으로 가는 시사점을 줄 수 있을지에 대하여 조목조목 들여다보았다.

몬드라곤 그룹의 홈페이지를 중심으로, 몬드라곤에 관한 세계적인 협동조합전문가(스테파노 자마니, 그레그 맥레오드 등)들의 저술이나 논문, 우리나라 공중파 방송사들의 몬드라곤 특집이나 기타 관련자료를 두루두루 살펴보고 연구하였다. 그 결과가 바로 이 장의 몬드라곤 '특집'이다.

몬드라곤은 1956년에 협동조합에 관한 탁월한 선구자 한 사람의 주도로 시작되었으며, 노동자 5명이 난로를 제조하는 노동자협동조합에서 출발하여, 60여 년 후 '오늘'에 이르렀다.

몬드라곤에는 뛰어난 리더가 있었다. 그는 스페인 북부 산악지역의 작고 가난한 마을 몬드라곤에서 기술전문학교를 개설하고 청년들에 대한 기술교육을 시작하고, 울고르(Ulgor)라는 작은 난로회사를 만들었다. 이것이 오늘날 몬드라곤협동조합복합체 즉, 몬드라곤 그룹이 되었다. 드디어, 몬드라곤은 바스크지방을 넘어 스페인 전체의 경제를 떠받치는 한 축으로까지 성장하게 되었다. 그레그 맥레오드가 말한 대로, 협동조합으로 지역개발에 성공한 것이다. 그러므로 수백 개 협동조합과 자회사로 이루어진 몬드라곤 그룹은 일괄적으로 하나의 지역개발형 협동조합이라고 불러도 좋지 않을까 싶다.

그러나 우리가 몬드라곤협동조합을 바라보는 시각은 좀 신중하지 않으면 안 된다. 우리나라의 협동조합들은, 협동조합기본법 이전에 이미 설립된 협동조합이든 협동조합기본법상의 협동조합법인이든 몬드라곤의 시스템이나 규모를 그대로 따르거나 갖추기는 거의 불가능하며, 또한 그럴 필요가 없을지도 모른다.

몬드라곤에서 협동조합의 가치와 정신이 잘 발휘된 것은 배워야 하나, 몬드라곤의 방식이 곧 우리의 방식이 될 수는 없다. 해고 없는 경영이나 자체적 자본조달능력 등 몬드라곤의 현재 역량만 강조해서는 안 된다. 자칫하다가는 어려운 여건 하에서 탄생하는 우리나라의 많은 신생 협동조합들에 좌절감만 안겨줄 수도 있기 때문이다.

다만 협동조합에 관계하는 오늘의 우리들, 협동조합에 직접 몸담고 있는 협동조합의 조합원, 경영자라면 '몬드라곤의 정신'은 반드시 배우고 교훈으로 삼아야 하지 않을까 싶다. 협동조합의 가치와 원칙에 충실한 협동조합 운영은 놓치지 말아야 한다. '인간중시 노동을 지향하는 몬드라곤!'이라든가, '자본보다 인간이다!'라는 조직문화를 바탕으로 자주자립하는 몬드라곤의 협동조합 경영방식과 역량, 그리고 시스템을 갖춰나가면서 난관과 장애를 극복하는 도전정신 내지 기업가정신은 배워야 한다.

이제 몬드라곤을 마무리하고 떠날 때가 되었다.

몬드라곤 사람들은 그들이 처한 자신의 환경에서 생존하기 위하여 자신들의 몬드라곤을 만들었다. 절박함을 가진 사람들과 비전을 가진 리더, 조합원에 대한 배려와 조합원들의 적극적 참여가 자조·자립하는 훌륭한 협동시스템을 가진 현재의 몬드라곤으로 인도하였다.

오늘날 협동조합기본법 이후로 설립되는 우리나라 협동조합들도 어떻게든 어려운 환경을 잘 극복하고 보유역량을 최대한 발휘하여 '성공하는 협동조합'을 만들어나가야 한다.

협동조합 도시들의
다양한 협동조합

볼로냐의 협동조합들(이탈리아, 에밀리아 주)

협동조합의 나라 이탈리아 중에서도 '잘 사는 동네'로 통하는 도시, 볼로냐! 바로 협동조합 덕분에 듣게 된 호칭이다.

볼로냐는 이탈리아 북부지역 피렌체 부근의 레노강과 사베나강 사이에 위치하며, 행정적으로는 이탈리아 북서부에 위치한 에밀리아 로마냐(Emilia Romagna) 주[37]의 주도(州都)이다. 인구수는 불과 40만 명에 협동조합만 4백여 개나 된다. 소위 점포형 또는 공방형(工房型) 중소기업들로 된 협동조합이 대부분이며, 특히 볼로냐 지역에서 협동조합이 차지하는 경제적 비중이 약 30퍼센트에 이른다. 생활협동조합이나 상

---

[37]　에밀리아 로마냐는 이탈리아 20개 주 중 하나로 이탈리아 북동부를 가로지르는 곳이다. 면적이 약 22만 평방킬로미터, 인구는 430만 명 정도이다. 여기에는 약 8천 개의 협동조합이 있다고 알려져 있다. 이 지역은 이탈리아 내에서 1인당 GDP가 세 번째로 높으며, 유럽 전체를 놓고 봐도 부유하고 잘 개발된 곳이다.

인협동조합이 이 지역의 생활필수품 시장의 주요 유통경로가 된다. 볼로냐 지방은 가히 '협동조합 도시'라고 할 만하다.

협동조합 도시, 볼로냐의 다양한 협동조합들

볼로냐를 중심으로 에밀리아 로마냐 지역에는 세계적으로 이름이 알려진 협동조합이 상당수가 있다. 생산자협동조합, 소비자협동조합, 주택협동조합 등 다양하다.

이탈리아에서 콥(Coop)은 최대 규모의 슈퍼마켓 체인을 운영하는 소비자협동조합시스템 또는 연합체를 의미한다. 협동조합연합체 코프 이탈리아 내에 대형 소비자협동조합인 코프 아드리아티카(Coop Adriatica)와 이페르코프(Ipercoop), 주택협동조합인 무리(Murri)와 콥안살로니(Coop Ansaloni), 낙농협동조합의 자회사기업 '그라나롤로'(Granarolo), 농업생산자(농민)협동조합 '코메타'(Cometa)가 대표적이다. 또한 와인분야 협동조합 '리유니트'(Riunite)도 눈여겨볼 만하다. 볼로냐 인근 협동조합 중에서 몇 개만 소개하기로 한다.

우선, 소비자협동조합 '코프 아드리아티카'를 간단히 살펴보자. 이탈리아의 대표적 소비자협동조합인 이 협동조합의 역사는 꽤 길다. 19세기 중반(1850년대)에, 임금이 적은 노동자들을 위하여 공동매점을 만든 것이 코프 아드리아티카의 시작이다.

이 조합은 볼로냐시를 중심으로 파두아(Padua), 베네치아(Venezia) 등 에밀리아 로마냐 주의 소속 도시에 수십 개의 대형쇼핑몰을 보유하였다. 그

이탈리아의 소비자협동조합을 상징하는 '콥'의 로고

중에 이페르코프가 대표적인 매장(슈퍼마켓)이다. 이페르코프는 우리나라의 홈플러스나 이마트와 같은 대형마트와 유사한데, 가전제품을 비롯한 공산품에서 농식품까지 직접 생산하고, 판매한다는 점이 특색이다. 이페르코프는 볼로냐 지역의 수많은 점포형 중소기업의 공동판매장의 역할을 한다.

이외에도 코프 아드리아티카에는 1백 개를 훨씬 넘는 중소형 쇼핑몰이 있고, 약 100만 명의 조합원이 가입되어서 연매출액 20억 유로 내외의 매출액을 달성한다. 이처럼 볼로냐 지역의 소비와 생산의 큰 축을 담당하고 있다. 한편 로컬푸드 원칙 즉, 지역농산물판매를 최우선적으로 고려한다.

또한, 코프 아드리아티카는 소비자협동조합으로서 저가격 판매정책을 유지한다. 이와 더불어 우리나라의 대형마트와 같은 가격할인 행사를 펼치기도 한다. 한때 '일바소토(*IL Bassotto)'라는 대대적 가격할인캠페인을 벌이기도 하였는데, 협동조합으로서 웬만한 경쟁력을 갖추지 않고서는 무척 하기 어려운 일이다.

*'매우 낮은' 또는 '이례적으로 낮은'의 의미가 있으며, 우리나라의 창고대매출 정도로 볼 수 있음.

주택건설시행협동조합 무리 & 콥안살로니

'무리'(Murri)와 '콥안살로니'(Coop Ansaloni)도 주택협동조합과 관련하여 주목할 만하다. 세계적으로 보면, 주택협동조합은 크게 두 가지 유형으로 나뉘는데, 조합이 직접 주택건설을 하는 경우와 임대를 위주로 하는 경우가 있다.

'무리'는 전자에 해당한다. 주택건설시행협동조합이다. 이 조합은 주택수요에 대한 접근방식이 색달랐다. 흔히 말하는 주택수요에 대응하는 접근방식이랄까 패러다임이 달랐다. '선분양, 후공급(건설)' 방식이나 아니라, '선(先)건설, 후분양(임대)' 방식이다.

이 주택조합은 주택건설자금을 미리 확보한 다음 집을 짓는, 색다른 방식을 시도하였다. 그렇다고 해서 주택수요자들의 수요가 반영되지 않는 것은 아니다. 조합원회의를 통해서 주택수요자인 자신들의 필요와 선호사항(에너지절약형주택 등)을 조합에 반영할 기회는 충분하다.

또한 주택건설자금 대부분이 조합자체의 적립금과 조합원들의 출자금이고, 이것이 부족할 경우 종종 은행차입금으로 보충하기도 한다. 그러므로 이들 주택협동조합은 자금부족이나 부동산경기 등 외부환경의 영향을 훨씬 덜 받아서 안정적인 조합운영을 한다.

한편 1948년에 설립된 콥안살로니(Coop Ansaloni)는 주택협동조합으로서 추구하는 비전과 설립목적이 앞서 말한 '무리'와 큰 차이가 없다. 다만 콥안살로니는 '무리'와 달리 임대형 주택협동조합 성격이 강하고, 조합원 규모도 작아 1천 5백 명 정도이다.

이탈리아의 주택협동조합과 우리나라의 경우와 잠시 비교하고 다음으로 넘어가기로 하자. 우리나라의 주택공급, 특히 아파트는 이른바 '선분양, 후공급(건설)' 방식이 일반적이다. 우선 수요자부터 모집해 놓고 계약금을 받고 중도금도 받아가면서 건설하다가 막상 입주시점이 되어서야 아파트가 완성되는 단계를 거친다. 이렇게 되면 주택수요자의 니즈(needs)나 선호도는 거의 반영이 안 되고, 몇 가지 규격(평형)에 대한 제한적 선택의 여지만 남는다.

주택협동조합들의 모든 조합원은 대부분 주택수요자들이지만 모두가 주택소유를 원하지는 않는다. 주택소유보다는 임대를 선호하는 경우도 적지 않다.

양파 · 감자 생산자협동조합, 코메타

코메타는 이탈리아 볼로냐 지역의 농업생산자로 구성된 협동조합이다. 볼로냐 지역 농민들이 자신들이 생산하는 농산물 가격안정과 적정이익 확보를 위해 만들었다.

이들이 협동조합을 구성한 이유는 어떻게 보면 단순하다. 양파와 감자를 주로 생산하는 이 농민들은 생산품을 품질유지한 채 오래 보관할 수 있어야 했고, 가격변동(특히 가격폭락)에 대처할 수 있어야 했다. 그러기 위해서는 생산된 농산물을 오래 보관할 수 있는 냉장시설이 잘 된 저장고가 필요했다. 하지만 농민들은 그런 시설(저장고)을 갖출 능력 곧 '돈'이 부족했다.

결국 코메타에 소속된 농민들은 현명했다. '뭉치면' 가능하다는 것을 알았다. 그들은 십시일반(十匙一飯)으로 출자금을 내 적정온도가 유지되는 저장창고를 갖출 수 있었다. 이제 양파나 감자생산농가들은 농산물이 썩어서 버리는 일이나 보관의 문제 때문에 헐값에 파는 일도 없어졌다.

협동조합을 만들어 '힘'을 모은 덕분에 시장상황에 맞춰서 감자나 양파 등 주력 생산품의 출하시기와 출하량을 조절할 수 있게 되었다.

뿐만 아니다. 그들은 경영의 전문성이 필요하면 외부의 전문경영인을 고용했고, 이를 통해 경영효율을 높이고 수익률을 끌어올리는 계기를 만들었다.

와인 협동조합, 리유니트

리유니트는 와인생산업자들이 모인 것으로, '이탈리아산 레드와인'으로 유명하다. 협동조합이 많이 몰려 있는 에밀리아 로마냐 주에 위치한다.

1950년대에 9개 와인생산자들이 각자 생산한 와인의 정보 교환과 품질향상을 위해 만든 모임이 협동조합 설립으로 이어졌다. 주변의 양조장과 포도재배 농가들이 조합원이다. 리유니트협동조합이 유명해진 것은 람보루스코(Lambrusco)라는 브랜드로 미국시장에 수출한 와인이 미국인들의 큰 인기를 얻으면서부터이다.

현재는 '리유니트의 재발견!'(Reinvent Riunite)이라는 캐치프레이즈를 내걸고, 맛을 순화시킨 젊은층 취향의 다양한 와인을 개발하여 홍보에 집중하는 등 재성장을 시도한다.

'리유니트'가 협동조합으로서 시사하는 점은 와인협동조합으로서 경쟁력확보를 위하여 수평적 협력관계와 수직적 계열관계를 잘 조화시켰다는 것이다. 1차적으로 협동조합의 기본인 포도생산농가들 간의 수평적 협력관계를 이루어낸 후에는, 포도생산부터 와인으로의 가공, 유통에 이르기까지 전(全) 과정의 효율화를 실현하였다.

리유니트의 조합원들은 생산자협동조합들이 일반적으로 저지르기 쉬운 오류에 빠지지 않는다. 생산만 해놓으면 다 해결될 것이라고 안이

하게 생각하지 않고, 생산한 포도의 납품부터 와인생산, 판매에 관련된 주요 의사결정까지 민주적, 적극적으로 참여한다.

리유니트의 조합원들은 주생산품인 포도의 높은 가격수매에만 관심 있는 것이 아니라 포도의 품종개량, 포도 재배면적의 결정, 와인 생산 시설 투자, 관련사업의 신규진출 등 협동조합의 성장에 기반이 되는 주 요사항의 의사결정이 이루어질 때 방관자로 머물지는 않는다.

볼로냐 지역 협동조합이 보여주는 것

볼로냐 지역이 협동조합이 다른 국가, 다른 지역에 비해 좀 더 활성화 될 수 있었던 것은 몬드라곤의 바스크 주민들이 그랬듯이, 볼로냐 주민 들의 강한 자치정신이 무엇보다 큰 몫을 했다.

이와 더불어 협동조합과 고객(시민, 소비자) 간의 깊은 신뢰감, 그라나 롤로 협동조합과 같은 높은 품질관리 의식, 그리고 협동조합 운영에 대 한 조합원이나 노동자들의 높은 참여정신 덕분이다.

이탈리아 볼로냐 시를 중심으로 하는 에밀리아 로마냐에 소비자협 동조합을 포함한 전체 협동조합이 약 8천 개에 달할 정도로 이 지역에 서 협동조합이 차지하는 사회경제적 비중이 높다. 또한 볼로냐가 이탈 리아 내뿐만 아니라 유럽 전처에서도 잘 개발되고 부유한 지역으로 꼽 히는 것도 협동조합의 역할이 컸기 때문이다.

따라서 볼로냐의 협동조합을 살펴볼 때는 개별 협동조합보다는 한 지역 전체를 아우르는 집단 측면에서 협동조합을 바라보는 것이 더 바 람직하다. 볼로냐를 포함한 어밀리아 로마냐 지역에 있는 수천 개의 협 동조합을 하나의 그룹으로서 지역개발형 협동조합으로 정의해도 되지 않을까 싶다.

안티고니쉬 운동 (캐나다, 노바스코샤)

단일 협동조합이나 특정된 협동조합연합체나 복합체가 아니라, 특정
지역 전체를 아우르는 협동조합에 의한 지역개발 운동을 하나 소개하
고자 한다. 이 지역에서 일어났던 협동조합 활동의 연쇄적 파급효과에
'운동'(movement)이라는 호칭을 붙인 상징성 때문이다. 바로 '안티고니
쉬 운동'(The Antigonish Movement)[38]이다.

가난한 어촌의 살기위한 움직임, '안티고니쉬 운동'

이 운동은 캐나다의 남동부 해안지방인 노바스코샤 주의 조그만 소읍
안티고니쉬(Antigonish)에서 19세기 중후반에 시작되어 100년 이상 지
속되는 주목할 만한 협동조합 운동이다. 이러한 운동은 성인교육과 마
이크로 파이낸스(micro-finance)[39], 협동조합을 융합하여 한 지역전체의
사회경제적 수준을 높이는 일종의 지역개발운동으로 발전되었기에 붙
여진 이름이다.

캐나다는 협동조합 운동이 활성화된 나라에 속한다. 캐나다 국민의
10명 중 4~5명이 하나 이상의 협동조합에 가입되어 있으며, 전국에서
약 1만 개의 협동조합이 활동 중이다. 캐나다 전체인구가 약 3,500만
명임을 감안하면, 인구 3,500명 당 1개의 협동조합이 설립되어 운영된
다고 할 만큼 캐나다 국민경제에서 협동조합이 차지하는 비중은 높다.

---

[38] '안티고니쉬 운동'의 정식명칭은 'the Antigonish Movement of adult education
through economic cooperation'이다. '경제적 협동을 통한 성인교육을 위한 안티고니쉬 운동'으
로 번역할 수 있다.

[39] 보통 '미소금융'으로 번역되며, 열악한 사회경제적 위치로 인해 은행 등 금융기관 및 관련
금융서비스를 정상적으로 이용할 수 없는 계층을 대상으로 하는 금융서비스이다.

캐나다의 작은 마을 '안티고니쉬'가 협동조합의 역사나 협동조합의 가치 측면에서 중요한 이유는 이 지역에서 일어났던 '지역개발운동'에 포함된, '자발성'의 협동조합적 가치 때문이다. 안티고니쉬 지역을 중심으로 하는 캐나다 북동부에서 협동조합 선구자적 리더들에 의해 지역주민교육을 중심으로 하는 협동조합 운동이 요원(遼遠)의 불길처럼 일어났고, 이것을 기반으로 이 지역이 어렵고 척박한 생활환경을 극복할 수 있었다. 한마디로 '협동조합으로 지역개발'에 성공하였다.

물론 이 협동조합적 차원의 지역개발운동은 현재 우리나라의 많은 신생 협동조합의 사업모델 구축에 직접적인 시사점을 주기보다는 협동조합이 대부분 부딪히는 어려운 환경 극복의 역사와 과정이 고스란히 '안티고니쉬 운동'에 녹아들어 있기 때문에 그 의미는 충분하다.

안티고니쉬 운동의 전개과정과 협동조합 리더들

안티고니쉬 운동은, 좀 더 풀어서 설명하면, 캐나다 노바스코샤(Nova Scotia) 주의 소읍인 안티고니쉬에서 성 프란시스코 샤비에르(St. FX; Saint Francis Xavier)대학[40]을 중심으로 성인교육 또는 지역사회교육 사업을 실시하면서 지역 전체에서 전개된 협동조합 운동이다. 지역개발운동(rural community development) 또는 농어촌개발운동이라고도 볼 수 있다. 여기에는 신용조합을 비롯해 협동조합이 주요 수단적 역할을 한 것이 분명하므로 노바스코샤 주 안티고니쉬 전역의 협동조합을 포함한 지역개발운동 전체를 '지역개발형 협동조합'으로 분류한다.

---

40   St. FX대학은 1853년, 캐나다 동북쪽 끝 대서양 연안에 돌출된 섬모양의 리아스식 반도인 노바스코샤(Nova Scotia) 지방의 농어촌지역인 안티고니쉬에 설립된 작은 대학이다.

그러면, 안티고니쉬 운동의 전개과정을 살펴보자.

안티고니쉬 운동의 시대적 배경은 1900년대 초반으로 거슬러 올라간다. 안티고니쉬 지역의 성 프란시스코 샤비에르대학에 부임한 가톨릭 신부 두 사람으로부터 시작된다. 지미 톰킨스(J. J. Tompkins) 신부와 모제스 코디(Moses Michael Coady) 신부가 바로 그들이다.

이들은 사람들이 빈곤에서 벗어나고 지역이 발전하기 위해서는 교육이 선행되어 자립정신을 가지는 것이 무엇보다도 중요하다고 보았다. 코디 신부는 『자신의 운명의 개척자들: 경제적 협동을 통한 성인교육에 관한 안티고니쉬 운동에 관한 이야기』[41]에서 협동을 통하여 가난과 무지에서 벗어날 수 있음을 강조하였다. 안티고니쉬 지역을 포함한 캐나다 북동부의 어부, 지역주민이 가난하고 어려운 처지인 것은 교육 부족에 큰 원인이 있다고 판단하였다.

이들은 열악한 환경에 처한 지역주민들을 향하여 "스스로가 운명의 주인이 되어라!"라고 외치며, 행동에 나섰다. 어부가 많은 이 지역주민에게 자신들의 문제를 스스로의 힘으로 해결하도록 이끄는 노력을 지속하였다.

또한, 자신들이 재직하던 대학에 성인교육 프로그램을 설치하고, 그것을 통해 협동조합의 장점이나 지역개발 관련내용을 교육하고 홍보하며, 성프란시스코 샤비에르대학(St. FX대학)에 설치된 코디국제협회(The Coady International Institute)를 통하여 신용조합설립[42]을 주도하였다.

41　원저(原著)명: 『Masters of their own destiny: The story of the Antigonish Movement of adult education through economic cooperation』

42　캐나다 노바스코샤 주의 신용조합시스템, 특히 뉴브룬위크(New Brunwick)나 페이(PEI; Prince Edward Island) 등 이 지역을 대표하는 신용조합들은 이러한 안티고니쉬 운동이 그 결정적인 계기가 되어 탄생하였다.

이러한 노력이 결실을 맺어 안티고니쉬 지역 주민들은 자신들 스스로의 힘으로도 열악한 환경을 개선할 수 있고, 잘 살게 될 수 있음을 깨닫게 되었다.

이 협동조합 선구자들의 노력은 신용협동조합을 중심으로 수백 개의 협동조합으로 지역이 조직화되는 큰 결실을 가져왔고, 지역주민들의 생활수준을 포함한 이 지역의 경제여건이 크게 개선되었다.

안티고니쉬 운동과 협동조합적 가치

한편, 「서기 2000년의 협동조합」이라는 보고서(레이들로 보고서)를 통하여 전 세계의 협동조합인에게 협동조합적 가치와 정신의 중요성을 일깨워준 알렉산더 F. 레이들로(Alexander Fraser Laidlaw, 1908~1980)도 안티고니쉬 운동과 관계가 깊다. 그는 노바스코샤 출신으로 알려져 있으며, 안티고니쉬 운동에 참여한 경험이 레이들로 보고서를 작성하는 데 참고가 되었다.

안티고니쉬의 협동조합 운동은 노바스코샤 지역의 지역개발에 크게 기여하였을 뿐만 아니라 캐나다 전역과 전세계 협동조합 운동에 큰 영향을 주게 된다.

앞에서 잠시 언급한 '코디국제협회'는 아프리카 지역을 포함한 세계 각국의 신용조합 설립에 기여한다. 한편, 1백여 개 이상의 국가에서 온 지역개발운동가들이나 신용조합활동 관계자들이 안티고니쉬 소재 대학(st. FX대학)에서 연구활동을 한다.

원주협동사회경제네트워크(한국, 강원도 원주)

제3장 [협동조합이 가는 길]에서, 외국의 협동조합을 순례하고 있으나, 원주협동사회경제네트워크의 사례는 '지역개발형 협동조합'의 연장선 장에 있다고 보고, 여기에서 살펴보기로 한다.

스페인 바스크에 몬드라곤협동조합 그룹이 있고, 이탈리아에 '협동 조합 도시' 볼로냐가 있으며, 캐나다에 '안티고니쉬'라는 지역적 협동 조합 운동의 발상지가 있다면, 우리나라에도 상당히 주목할 만한 협동 조합 도시가 있다. 바로 강원도 원주시이다. 원주에는 '원주협동사회경 제네트워크'가 있다.

이들 국가나 지역의 배경적 특성은 상당히 다르지만, 협동조합이나 '협동조합적 가치와 운동'을 통해 지역개발을 이루었으며, 그러한 과정 과 성과는 지금도 진행 중이다.

자발적 협동조합 운동의 산물, 원주협동사회경제네트워크

강원도 원주시는 협동조합기본법 시행 이전에 이미 협동조합과 그 유 관단체(사회적 기업 등)를 통하여 상당한 수준의 지역발전을 이루고 있다.

산업적 기반이 비교적 약한 강원도의 지역경제에 협동조합의 활성 화가 고용창출을 비롯해 일정부분 보탬이 된다. 그 중심에는 사회적협 동조합 '원주협동사회경제네트워크'가 자리 잡고 있다.

원주협동사회경제네트워크는 협동조합과 사회적기업, 공동체 운동 기관, 농민생산자 단체, 마을공동체 등 원주의 다양한 사회적 경제관련 단체와 분야에서 사회경제적 서비스제공을 위해 공동의 이해관계자들 이 참여하며 시작되었다.

협동조합기본법이 시행되기 10여 년 전인 2003년, '대안사회를 위한 새로운 기획'을 주제로 원주지역 8개 협동조합 단체가 모여 '원주협동조합운동협의회'를 만들어 활동을 시작하고, 2007년에 현재의 이름으로 전환하였으며, 2013년 3월에 협동조합기본법상의 사회적협동조합으로서 새출발하게 되었다.

사회적협동조합으로 거듭나다

그리하여 원주협동사회경제네트워크는 '협동조합 지역사회 건설', '협동조합 수도, 원주'[43]를 비전으로 설정하고 공동소유를 지향하며, 협동체로서 운영은 민주적 원칙을 적용하고, 인간중심의 사회경제적서비스(people-oriented social-economy service)의 협동적 제공으로 공존공영의 사회적 목적의 실현을 도모한다.

2015년 현재, 밝음신협, 원주한살림 등 24개의 협동조합, 사회적기업이나 기타 지역공동체가 참여하여 '지역 내 사회경제적 연합체'로서 활동한다. 원주협동사회경제네트워크를 구성하는 단체나 기관, 분야 중에서 밝음신협이나 원주한살림생협, ㈜행복한시루봉은 비교적 많이 알려진 편이다.

특히 '은행, 그 이상의 은행'을 지향하는 〈밝음신협〉은 단순히 금융기능 제공에 머물지 않고 더불어 행복하게 사는 사회를 위한 교육운동·윤리운동·사회운동을 펼친다. 이것이 저자가 원주협동경제사회네트워크를 지역사회개발형 협동조합이라고 부르는 이유이다.

---

43   원주협동사회경제네트워크의 비전은 홈페이지(www.wonjuand.com)에서 인용하였으며, 저자는 2013년 9월에 원주협동사회경제네트워크를 방문하여 관계자분들을 만나고 '무위당(장일순 선생)기념관', '밝음신협', '원주한살림생협', '행복한 시루봉' 등을 둘러보았다.

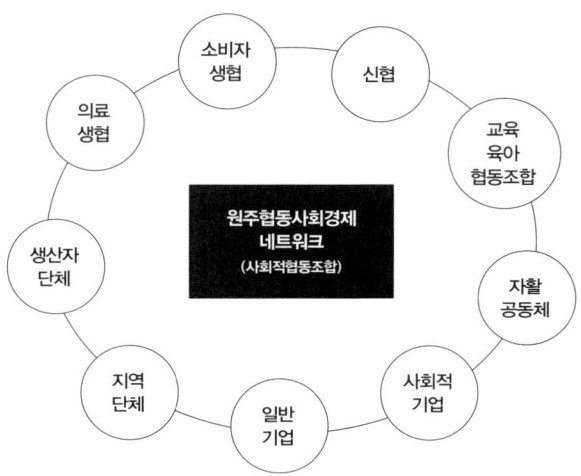

〈원주협동사회경제네트워크〉의 다중이해관계자 참여 분야(기관)

　　이외에도 원주협동사회경제네트워크에 있는, 사회적협동조합에 어울리는 공동체 운동기관 '갈거리사랑촌'이 참으로 의미 있는 사회적 서비스를 제공한다. 갈거리협동조합을 포함한 '십시일반'(무료급식), '아네스의 집'(의료봉사), '봉산동할머니의 집', '원주노숙인센터'를 운영하며 장애인, 노숙인, 노인 등 취약계층에 대한 각종 서비스를 제공한다.

- 신용협동조합 : 밝음신협
- 소비자생활협동조합(생협) : 원주한살림, 원주생협, 원주의료생협, 원주 노인생협
- 교육 : 소꿉마당(공동육아협동조합), 참꽃어린이(교육협동조합), 원주진로교 육센터 '새움'(청소년진로안내)
- 공동체 운동기관 : 성공회 원주나눔의 집(아동·청소년·노인돌봄), 갈거리 사랑촌(갈거리협동조합), 원주지역자활센터(자활공동체), (사)서곡생태마을

(마을공동체), 남한강영농조합법인(주민자치생활공동체), 농업회사법인 '(주)원주생명농업'(지역순환농업)

- 생산·사회적기업 : (주)행복한시루봉(떡사업), 살림농산(친환경참기름), (유)다자원(자원재활용), (합)햇살나눔(어린이먹거리 친환경과자제조), (주)노나메기(주거환경개선), 원주푸드협동조합(로컬푸드), 영농조합법인 토요(원주제철음식점)
- 관련 단체(문화 등) : (사)한국전통예술단 '아울', (사)음악만들기앙상블

원주협동사회경제네트워크는 자연발생적으로 형성된 것이 절대 아닙니다.

스페인 몬드라곤에 '호세마리아', 캐나다 안티고니쉬 지역에는 '모제스 코디'와 '지미 톰킨스', 'A.레이들로'라는 협동조합 리더가 지역사회 개발운동을 이끌었던 것처럼, 강원도 원주에는 일찍이 협동조합적 가치관과 박애정신으로 가득한 '무위당 장일순' 선생이 있었다.

이 점에서 원주협동사회경제네트워크는 특히 캐나다의 안티고니쉬 운동과 유사하다. 성공하는 협동조합은 이렇게 협동조합적 가치와 원칙에 충실한 지도자와 리더십이 참으로 필요하다.

사회적협동조합

- 1970년대에 이탈리아에서 사회적협동조합이 설립되기 시작, 1991년 사회적협동조합법이 제정되어 제도적 기반이 마련됨.
- 이탈리아는 카디아이(CADIAI)를 비롯한 사회적협동조합이 다양하게 활성화 되어 있음.
- 정부 지원만으로 사회복지서비스를 수행하는 데 한계에 부딪혀 출현하였고, 향후 많은 사회적 역할을 기대함.
- 주요목적은 취약계층에 대한 사회적서비스 제공, 고용창출임.
- 우리나라는 협동조합기본법이 일반협동조합, 사회적협동조합을 별도로 규정(2012)함.

사회적협동조합이라고 하면 반드시 들여다보고 가야 할 나라가 있다. 바로 이탈리아이다. 이탈리아는 사실상 사회적협동조합의 원조(元祖) 또는 '사회적협동조합의 나라'라고 할 만하다.

이탈리아에는 수 백 개의 사회적협동조합 및 이들 조합의 지역연합체들의 복합조직인 '사회적협동조합 전국연합'(CGM; Consorzio Nazionale della Cooperazione Sociale Gino Mattarelli)이라는 대규모 단체가 조직되어 있을 정도로 사회적협동조합이 활성화되어 있다.

사회적협동조합의 선구, 이탈리아

이탈리아는 1978년에 정신병원을 철폐하고 사회적 치유를 택한 법률 '바자리아법'이 통과되고, 1991년에 '사회적협동조합법'이 시행되었다. 이로 인해 이탈리아뿐만 아니라 전 세계에서 사회적협동조합의 설립 및 활동이 활발해지는 계기가 되었다.

사회적협동조합법이 만들어진 후 이탈리아에서는 그동안 정부지원금이나 일반인들의 후원금 등으로 사회복지서비스를 제공하던 많은 비영리단체들이 사회적협동조합으로 전환한다.

이탈리아의 사회적협동조합은 두 가지 유형으로 나뉘는데, 그 하나는 일자리창출형(A형, 이탈리아어로'tipo A') 사회적협동조합(Cooperativa Sociale)(이하 A형)이고, 다른 하나는 사회적서비스 제공형(B형, 'tipo B') 사회적협동조합(이하 B형)이다.

'A형'은 취약계층 등을 대상으로 사회적서비스[44] 제공을 위주로 하는 사업을 펼치고, 'B형'은 사회적 취약계층을 대상으로 스스로 수입창출을 할 수 있도록 일자리를 제공하거나 노동시장 진입을 도와주는

---

[44]   우리나라의 사회적기업육성법(제2조제3호)에는 사회적서비스를 '교육, 보건, 사회복지, 환경 및 문화 분야의 서비스, 그밖에 이에 준하는 서비스로서 대통령령으로 정하는 분야의 서비스를 말한다.'라고 규정한다. 한편, '취약계층'은 '자신에게 필요한 사회서비스를 시장가격으로 구매하는데에 어려움이 있거나 노동시장의 통상적인 조건에서 취업이 특히 곤란한 계층'이라고 되어 있다.

사회적협동조합 또는 그 사업이다. 현재 이탈리아에는 볼로냐를 중심으로 전국에 7천 개 이상의 사회적협동조합이 활동 중이라고 알려져 있다.

우리나라는 2012년 12월, 협동조합기본법이 그 시행령과 시행규칙과 함께 일제히 시행되면서, 사회적협동조합 활동이 공식적으로 시작되었다. 협동조합기본법에 사회적협동조합을 별도로 규정하면서, 사업 수행에서 일반 영리협동조합과 별도로 규정하였다.

2014년 6월 말 기준으로 우리나라에는 3백 개가 넘는 사회적협동조합이 설립인가를 받고 활동을 시작한 것으로 나타났다.[45] 이들은 모두 협동조합기본법상의 협동조합이며, 기본법이 시행된 지 불과 3년 남짓된 것을 감안하면 꽤 많이 설립되고 있다. 우리나라의 사회적협동조합에는 강원도 원주의 '원주협동사회경제네트워크', 처음에 문화예술인을 위한 사회적기업으로 출발했다가 협동조합기본법상의 사회적협동조합으로 전환한 '자바르떼'(신나는 문화학교, 서울시 은평구 소재) 등이 대표적이다.

카라박 프로젝트(이탈리아)

공동육아 사업을 위한 프로젝트 성격의 한시적 협동조합 연합체!

바로 이것이 '카라박 프로젝트'(KARABAK Project)[46]를 정확하게 정의

---

45 기획재정부 협동조합 홈페이지(www.coop.go.kr) 참조.

46 '카라박 프로젝트'는 그 자체가 사회적협동조합이라기보다는 컨소시엄 형태의 협동조합 연합체라고 볼 수 있다. 카라박 프로젝트 내의 구성원으로 사회적협동조합 '카디아이'(홈페이지: www.

할 수 있는 표현이 아닐까 한다. 다르거나 연관된 분야나 업종의 일을 하는 협동조합끼리 모여 결합체를 구성함으로써 협동조합 간 연대의 효과를 발휘한 협동조합의 사례이다.

일종의 협동조합 연대방식으로서, 효율적인 공동육아를 위해 만들어진 '한시적' 협동조합 연합체이다. 우리나라의 공동육아협동조합과는 조금 성격이 다르다.

협동조합으로 프로젝트를 수행하다

협동조합들의 이러한 연대방식에 특이하게도 프로젝트라는 이름이 붙은 것은 처음에 5개의 협동조합이 20년이라는 한시적 시간을 정해 결성한 협동조합이기 때문이다. 여기에는 이탈리아 협동조합의 집단지구인 볼로냐에 자리 잡은 협동조합들이 모여 있다. 육아 분야의 공동사업에 참여하는 조합이나 단체들의 주력사업이 모두 다르므로, 일종의 다중이해관계자 협동조합이라고 할 수도 있다.

카라박 프로젝트에 모인 구성원 기관들을 보면, 이탈리아의 유명한 (!) 사회적협동조합 '카디아이'(CADIAI)를 포함하여, 육아협동조합 '소시에타 돌체'(Societa Dolce), 단체급식 분야 협동조합 '캄스트'(CAMST), 건설노동자협동조합 '치페아'(CIPEA), 시설물의 청소와 유지 관리가 주사업인 '마누텐코프'(Manutencoop)가 있는데 서로 연대하여 공동육아 사업에서 시너지효과를 발휘한다.

특히 카디아이는 1974년 볼로냐에서 설립되었으며 사회서비스 분야 교육프로그램 제작 및 훈련실시를 주사업으로 한다. 처음에 간병인여

---

cadiai.it)가 포함되어 있다.

성들의 노동자협동조합으로 출발했으나, 이후에 간호사가 참여하면서 사회서비스를 제공하는 사회적협동조합으로 전환되었다. '카디아이'라는 조합명칭은 지원(돌봄, Assistenza), 주거(Domiciliare), 병자(Infermita), 노인(Anzianita), 아동(Infanzia)관련 사회적서비스 제공을 주력사업으로 한다는 의미에서 이들 분야의 이탈리아어 두문자(頭文字)로 만들어졌다. 카디아이는 소재지역의 지방자치단체, 기업 등 관련기관의 지원과 협력관계를 구축하고, 사회적서비스와 고용창출 기능을 수행한다. 사업수행 과정에서 지방자치단체의 경제적, 제도적 지원을 받기도 한다.

'카라박 프로젝트' 내의 구성원 기관의 역할 분담을 보면, 사회서비스 제공관련 교육훈련이 전문 분야인 '카디아이'는 아이들을 가르칠 교사모집·훈련, 건축이 전문 분야인 '치페아'는 유치원으로 사용할 공간 확보(건축), 단체급식 협동조합인 '캄스트'는 카라박에 소속된 유치원들에 대한 급식, '마누텐코프'는 유치원 시설의 유지관리, 육아전문 협동조합인 '소시에타 돌체'는 핵심사업인 육아 및 교육을 담당한다.

협동조합과 지방자치단체의 모범적 협력관계

이렇게 서로 다른 분야나 업종의 협동조합들이 자신들의 가진 분야를 서로 연결시켜 어느 개별 협동조합이나 조합원 단독으로는 해내기 어려운 과제를 마치 프로젝트 수행하듯이 이루어낸다.

현재 카라박 프로젝트에는 라 치코냐(La Cicogna)를 포함하여 10여 개의 보육시설(어린이집)이 운영된다. 이를 통해 당연히 고용창출이 많이 이루어졌으며, 이것은 협동조합으로 지역에 기여한 부분이다.

카라박의 사례에서 보듯이, 협동조합 간의 연대 또는 협업이 반드시 동종업종이나 유사 분야에서만 이루어질 수 있는 것이 아니라, 서로 다른 분야나 업종 간의 협업(協業)이 프로젝트 형식으로도 가능함을 알 수 있다. 또한 카라박 프로젝트에는 볼로냐 시 당국에서 협동조합 활동을 위한 부지와 운영비를 지원하고, 운영을 카라박이 분담하는 파트너십(협력관계)이 구축된 점에 유의해야 한다.

볼로냐 시는 카라박 프로젝트에 사용되는 시설물의 소유권을, 카라박은 일정기간(약 20년) 운영권을 보유하는 협력관계이다. 협동조합이 시설물을 갖추기가 쉽지 않고, 운영비조달도 여의치 않은 경우에 협동조합과 지방자치단체 간의 연대, 이를테면 협조관계 구축이 큰 역할을 하게 됨을 알 수 있다.

라 루페(이탈리아)

사회적협동조합의 나라, 이탈리아는 정신병원을 없애는 법(바자리아법)까지 제정할 정도로 사회적 취약계층을 지원하는 데나, 사회적서비스를 제공하는 데서 다른 나라와는 다르게 접근하고 있다. 다른 나라보다 훨씬 일찍 사회적협동조합을 활용하기 시작한 것이다.

노숙인을 위한 협동조합, 라 루페

이러한 이탈리아에 있는 다양한 분야의 사회적협동조합 중에 노숙인의 자활을 돕는 사회적협동조합 '라 루페'(La Rupe)가 있다! 이 조합 사업모델의 핵심은 조합 소재지역 지방자치단체의 노숙지원시설을 위탁받아 운영하면서 노숙자의 자활을 돕는 것이다.

이탈리아 전체에서 사회적협동조합이 사회적서비스를 제공하는 분담률이 10퍼센트 정도인데, 협동조합 비중이 높은 볼로냐에서는 사회적서비스 수요의 거의 절반을 '라 루페'같은 사회적협동조합이 담당한다.

'라 루페'는 처음에는 알콜이나 마약중독자를 주요사업으로 추진하기 위하여 1984년에 협동조합으로 만들어졌는데, 앞에서 언급한 사회적협동조합 유형인 A형과 B형의 사업을 모두 수행한다. 취약계층을 대상으로 사회적서비스도 제공하면서(A형), 취약계층 중 자활교육수료자를 대상으로 수입창출도 돕는 사업(B형)도 실시한다.

A형 사업은 정부나 지방자치단체의 각종 지원제도를 활용하여 소외계층 교육 및 보호사업을 주로 한다. 한편 B형은 A형 사업으로 전기기술 등 산업교육을 받은 사람들이 직접 소득을 획득할 수 있도록 기업에 일자리를 알선한다.

로푸키리(핀란드)

핀란드 수도 외곽에는 1백 가구가 안 되는 주민 6십여 명이 모여 사는 아파트가 하나 있다. 겉으로는 평범한 아파트처럼 보이지만 평균 나이 70세 노인들이 아파트 설계와 디자인을 직접 하고, 공동의 생활 규칙까지 정해 생활하는'실버협동조합'의 조합원들이 사는 곳이다.

로푸키리 노인공동체((Loppukiri Senior Community) 또는 로푸키리 주택공동체(Loppukiri Housing Community)라고 부르기도 한다. 사실 로푸키리는 사회적협동조합으로 보기는 어렵지만 사회적협동조합이 주로 제공하는 노인보호 사회적서비스를 스스로 해결한다는 점에서, 이 장

2006년에 완공된 로푸키리 노인공동체 건물

에서 같이 살펴보기로 한다.

노인들끼리 외롭지 않게, 로푸키리 노인공동체

노인들의 은퇴공동체, 로푸키리(Loppukiri)에 한번 들어가 보자! 우선 '로푸키리'라는 말이 원래 마지막으로 (포기하지 않고) 전력질주한다는 뜻을 지니고 있다니 재미있다. 로푸키리는 2006년, 핀란드 헬싱키에 노인 10여 명이 모여 만든 '노인주거공동체'에 붙여진 이름으로서 협동조합적 특성을 지닌다.

한마디로, 로푸키리협동조합은 은퇴한 노인분들이 주체가 되어 자신들의 주거나 다른 생활서비스를 창출하여 이를 공유하는 곳이다. 서로 의지하고 외롭지 않게 살아보자며, 시유지를 저렴하게 임대해 1층과 꼭대기 층에 공용공간을 배치하고, 2층부터 6층까지 직접 거주하는 공동생활주택을 건립한 것이 바로 로푸키리 노인공동체이다.

로푸키리 공동체는 핀란드의 고령자대책협회(The Active Seniors

로푸키리 노인공동체의 조합원. 노인들이 공동체 내의 식당에 모여서 식사한다.

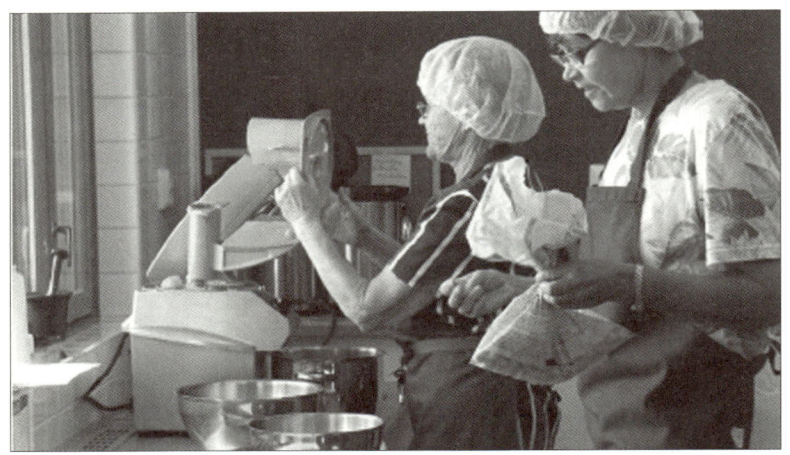

로푸키리 노인공동체의 공동주방. 조합원들은 공동주방에서 같이 음식을 같이 준비하고 공동식당에서 식사도 같이 한다.

Association)가 6개년 프로젝트를 추진한 끝에 탄생하였다. 이 협회는 급속히 고령화되는 핀란드에서 '노인층을 대상으로 주거공동체 실현'이라는 미션을 가지고 설립(2000년 8월)되었다.

실버요양조합(자발적 은퇴공동체)

보통 노인복지에 이르기까지 사회복지가 잘 보장된다고 알려진 핀란드에서 노인들이 자발적으로 모여 협동조합을 만들어 성공적으로 운영한다고 하니 그저 놀라울 뿐이다. '로푸키리' 조합원인 입주노인들이 돌봄이 필요한 일상을 어떻게 해결하는지 궁금해질 수밖에 없다.

조합원인 노인들은 일상생활을 스스로 해결해가며 살고 있다. 식사와 청소, 빨래 등 생활에 필요한 모든 일을 같이 해결한다. 매주 월요일부터 금요일까지 오후 5시에서 공동식당에서 함께 준비(교대근무)하고, 저녁식사를 같이 한다. 세탁실·관리실·체조실 청소도 이런 방식으로 해결한다.

'노인의, 노인에 의한, 노인을 위한' 노인들의 모임, 로푸키리

로푸키리 노인주거공동체가 다른 협동조합들에 주는 시사점이나 교훈은 딱 한 가지이다. 그것은 철저히 자주, 자립, 협동적이라는 점이다. 이외에 협동조합에 절실히 필요한 것이 무엇인가? 물론 여기 로푸키리도 사람 사는 곳이니 '돈'이 필요했다. 그러나 핀란드 정부의 직접적인 지원은 받지 않고, 이 공동체에 참여한 노인들이 자신의 정부연금을 출자금 형식으로 모아 운영한다. 협동조합의 가치와 원칙에 충실하게 설립, 운영되는 협동조합! 로푸키리는 이를 잘 실천하고 있다.

급속도로 고령화 사회가 된 우리나라에 로푸키리가 던져주는 시사점은 적지 않다. 로푸키리의 경우를 직접 본뜨기는 쉽지 않지만 자신들에게 필요한 사회경제적 욕구나 필요사항을 스스로 해결할 방안을 찾는 협동조합적 가치와 정신만은 협동조합에 의한 사업모델을 찾는 오늘의 우리에게 충분히 참고가 될 만하다.

신세대 협동조합

- 미국 등 북미지역의 농업협동조합을 중심으로 출현하기 시작. 생산물을 직접 출하하기보다 가공해 부가가치를 높여 조합원의 소득 증대를 높이는 새로운 협동조합운동
- 조합원 기여도에 비례한 의사결정제도 도입
- 1인 1표제 의사결정 제도에서 부분적 이탈(변형)
- 출자금, 사업이용 규모 등에 비례한 의결권 부여
- 자본 조달의 어려움 해소로 협동조합의 취약점 보완 시도
- 출자증권의 부분적 거래 허용 등 협동조합의 정체성 훼손우려
- '신세대협동조합'이라는 용어는 1990년대 초 미국의 북부지역인 노스다코타, 미네소타에서 농산물 가공사업을 중심으로 협동조합들이 전통적인 협동조합 경영방식에서 조금 벗어나 새롭게 등장하면서 사용됨.

사실, '신세대협동조합'(New Generation Cooperatives)은 협동조합의 한 유형이기보다는 전통적 협동조합과 비교되는 개념으로서, 협동조합 운영이나 사업수행의 새로운 트렌드라고 해야 더 정확하다.

따라서 신세대협동조합은 아직 확정된 협동조합 개념이라고는 볼 수 없다. 그러므로 신세대협동조합에 대해 두 가지 방향의 접근이 필요하다. 첫째로 왜 신세대협동조합이 출현하게 되었는가, 둘째로 이 신세대협동조합의 역할 또는 순기능이나 부작용(문제점)은 무엇인가를 살펴보아야 한다.

협동조합의 단점을 극복하기 위한 몸부림

'신세대 협동조합' 또는 '신개념 협동조합'은 주로 미국에서 많이 발생하여 이슈화되었다.

새로운 협동조합의 경향이 나름대로 상황이나 필요성을 따라 나타났다 해도 협동조합 고유의 운영방식이나 개념에서 다소 이탈 또는 변질된 것은 사실이다. 이와 같은 신세대협동조합이 미국만의 고유한 현상은 아니며, 유럽지역에서 보편화된 협동조합형 기업에서도 신세대협동조합과 유사한 제도나 시스템을 사용하는 경우가 꽤 있다.

앞에 소개한 핀란드의 금융협동조합 그룹인 '포횰라그룹' 역시 의사결정권에 차등을 두는 지분증권을 발행하는 식으로 자금조달 및 의사결정방식을 사용한다. 또한 네덜란드 그리너리(Greenery)협동조합도 흡수합병 운영을 통한 성장과정에서 협동조합의 민주성(1인 1표제 원칙)을 다소 벗어난 측면이 있다.

신세대협동조합의 탄생배경
그러면, 신세대협동조합이라는 개념이 나오게 된 과정을 살펴보기로 하자. 어느 나라 어느 분야에서 먼저 신세대협동조합이 출현하였으며, 그 이념적(?) 기반은 무엇인지 알아본다.

우선, 신세대협동조합은 미국에서 시작되었다고 보는 것이 대체적인 관점이다. 미국은 전통적으로 중서부를 중심으로 대평원 지역 즉, 캔자스, 노스다코타, 미네소타, 위스콘신 주 등 곡창지대에서 밀과 같은 농산물이 대규모로 생산되었다.

그런데 농산물의 수출이나 판매가 감소하기 시작한 1990년대 초반부터, 소비되거나 판매되고 남은 농산물의 처리가 사회문제로 대두된다. 잉여농산물의 단순판매가 아니라 고부가가치에 의한 농가 소득증대의 필요성이 사회적 이슈로 제기되었다. 그리하여 미국에서는 기존 판매위주 협동조합(판매조합) 외에 농산물을 가공하는 협동조합(가공조합)이 많이 설립되기 시작했다.

이러한 협동조합은 생산되어 미처 소비되지 못한 잉여농산물을 가공, 포장 등의 방법으로 고부가가치 창출을 도모하면서, 기존의 전통적인 협동조합(판매조합 등)과는 다른 시스템, 특히 자본조달 부문에서 새로운 전략을 적용하는 조합이 나타나기 시작했다. 변화하는 환경에 대응하여 경쟁력을 높이기 위해 이전의 협동조합과는 다른 새로운 전략을 채용하는 협동조합에 수식어가 하나 붙는다. 이른바 '신세대협동조합' 또는 '신개념협동조합'이다.

신세대협동조합이 출현한 배경으로 또 하나 생각해 볼 점은 조합원이 대규모일 경우에 조합원의 참여도와 도덕적 해이의 문제이다. 조합사업 참여에 소홀한 조합원이 많을 경우, 조합원의 참여도가 떨어지게 되면 1인 1표제는 오히려 협동조합의 사업이나 운영에 치명적일 수 있다. 조합의 사업수행이나 참여 그 자체보다 조합의 경영권 장악이나 배당에 더 관심이 있는 조합원이 많을 때, 협동조합의 민주성은 오히려 협동조합의 사업을 원활하게 수행하는 데 장애요인이 될 수 있기 때문이다.

한편, 미국식 신세대협동조합이 출현하게 된 이론적 배경은 미국 농무부(USDA)의 협동조합에 기인하는 점도 있다. 미국 농무부는 협동조합이란 '이용자가 소유하고 통제하며, 이용규모를 기준으로 이익을 배분하는 사업체(business)' 라고 규정했다.[47]

미국 농무부의 협동조합 정의가 1인 1표제나 민주성을 분명하게 부정하는 것은 아니지만, 국제협동조합연맹의 협동조합 7원칙이 반드시 준수해야 할 '헌법적' 강제규정은 아니어서, 제2원칙인 '민주적 의사결정원칙'을 살짝(!) 우회할 수 있음을 간과할 수 없다.

미국 농무부의 협동조합 정의는, 협동조합 의사결정에서 1인 1표제의 단순적용보다는 조합원의 조합사업 참여나 그 협동조합이 제공하는 제품이나 서비스를 이용하는 정도(규모)에 따른 이익배분이 오히려 협동조합의 민주성을 보장할 수 있고, 배분 정의 실현에 더 가까워진다는 논리이다. 미국다운 실용주의 논리가 협동조합의 정의에도 반영된 듯하다.

그러나 이러한 논리는 자칫하면 투표권을 차등부여하여 협동조합의 민주적 운영원칙의 본질을 훼손하는 위험이 있다. 그리고 전통적 협동조합은 조합원의 가입과 탈퇴만이 가능하고, 조합원 간 지분 거래나 조합원 지위양도를 의미하는 지분거래는 원칙적으로 불가능하다. 그런데 신세대협동조합에서 폐쇄적 조합원제도를 도입하고 자금조달상의 융

---

47   기획재정부 발간 협동조합 자료집 「상생과 통합의 미래, 협동조합과 함께」(2012. 10.) 참조.

통성 확보를 위해 출자지분의 양도 또는 거래를 제도화하려는 사례가 발생하였다.

신세대협동조합의 경영전략적 의의

신세대협동조합이나 이와 유사한 전략적 경향을 보이는 유럽의 협동 조합형 기업은 경영전략 특히 자본조달과 관련하여 주식발행 및 매매 제도 도입, 우선주 발행 등에 의한 비조합원의 조합에 대한 투자허용이 가히 파격적이었다. 이는 전통적인 협동조합 고유의 원칙인 의사결정 의 민주성(1인 1표 제도), 자본의 자기조달 원칙(조합원의 경제적 참여의무)에 서 다소 이탈할 수도 있는 가능성을 의미한다.

신세대협동조합의 경영방식은 처음에 미국 중서부의 대평원 곡창지 대 중 노스다코타나 미네소타 주의 농산물 가공을 주력사업으로 하는 협동조합들에서 적용되다가, 이후 전세계에 특히 유럽지역을 중심으로 상당수 협동조합들에 적용되기 시작했다.

신세대협동조합의 탄생배경과 전통적 협동조합에 대하여 일반적으 로 제기되어온 문제점들을 고려할 때, 신세대협동조합은 자본조달에 불리한 전통적 협동조합의 취약점을 보완하기 위하여 출현한 측면도 있다.

그러므로 단순히 신세대협동조합을 비판적인 시각만으로 본다는 것 은 문제가 있다. 전통적 협동조합은 자본조달에서 무시하기 어려운 한 계를 보이고, 의사결정 지연이나 일부 조합원의 무임승차, 조합활동 참 여도의 저하 등 문제점이 많이 드러나기 때문이다. 이제는 협동조합 거 의 대부분이 생존을 위해, 지속가능성을 높이기 위해 경영전략상 선택 의 고민을 할 수밖에 없다.

협동조합은 기본적으로 민주적 조직운영과 조합원의 헌신적 참여가 동반될 경우 좋은 성과를 낼 수 있는 조직유형이다. 그렇다고 협동조합이라는 조직유형이 장점만 있지는 않다. 협동조합의 취약점인 자본조달 또는 자금확보상의 불리, 의사결정의 지연 등은 그대로 협동조합의 치명적 약점이 될 수도 있다.

신세대협동조합이 나타난 현상은 협동조합이 장점만 있거나 완벽한 사업조직이라고는 보기 어렵기 때문에 발생한다. 그러므로 신세대협동조합이 출현한 시점에서 미국 상당수 협동조합이 부딪혔던 딜레마 상황은 전 세계의 많은 협동조합이 부딪힐 수 있는 공동의 문제이다.

신세대협동조합은 '필요악'인가?

그렇다면, 이러한 신세대협동조합은 '필요악'(必要惡)이란 말인가? 앞에서 언급한 바와 같이 신세대협동조합은 전통적 협동조합의 경쟁력 부족과 같은 취약점 또는 문제점을 극복하는 과정에서 출현하였다.

신세대협동조합은 출현배경으로 볼 때 불가피한 측면이 있었음은 인정된다. 어느 협동조합이든지 그 조합의 경쟁력 향상과 추진사업이나 주력품목의 부가가치 증대는 중요한 요소이므로, 보통 협동조합이 사업환경 변화에 대응하거나 조합원의 요구를 수용해야 하는 경우에 신세대협동조합의 몇 가지 전략적 시도는 유의해볼 만하다.

그러나 신세대협동조합들의 전략적 선택 또는 경영방안을 무분별하게, 과도하게 모방하거나 차용(借用)하는 것은 지양되어야 한다.

신세대 협동조합들의 전략방식 즉, 조합사업 참여에서 이용고(利用高)를 따라 비례배분하는 의사결정 방식이나 경영전략은 초기에는 성공적이었으나 투자실패나 조합원 간의 갈등, 이탈의 심각한 부작용을 초래하기도 하였기 때문이다.

　다음에서는 미국식 신세대협동조합의 주요 사례를 살펴보기로 하자. 앞에서 협동조합도 실패할 수 있다는 사례로 잠시 언급한 '팜랜드', '애그웨이'는 제외하고, 조합 경영에서 신세대협동조합이 경쟁력 확보를 위해 시도한 전략이 무엇인지 파악할 수 있도록 몇 개의 신세대협동조합을 소개하도록 한다.

아메리칸 크리스털슈거(ACS)협동조합

미국 미네소타 주 사탕무 재배농가들에 의해 설립되어 오래된 역사를 가진 협동조합이 있다. 1890년에 미국인 헨리 옥스나드(Henry Oxnard)가 네브래스카 주에 사탕무 설탕공장을 설립한 것이 그 시초가 되었다. 1973년에 '아메리칸 크리스털슈거(ACS; American Crystal Sugar Company)협동조합'으로 전환되었다.

사탕무 재배농가들의 연합체, ACS협동조합
ACS는 설탕 및 관련제품 생산을 주력사업으로 하는 농업 분야 협동조합기업(agricultural cooperative corporation)으로, 미네소타와 북다코타 주의 사탕무 생산농가 중 거의 3분의 2에 해당하는 2,800여 생산농가가 참여[48]하였으며, 처음에는 주식회사 형태로 운영되었다.

　ACS는 초기에는 혁신적 영농기법을 적용하여 생산비를 사탕무 및

48　　American Crystal Sugar(ACS) Company 홈페이지(www.crystalsugar.com) 자료 참조.

설탕생산원가를 낮추는 등 성장을 지속하여 설탕시장에서 압도적인 시장지배력을 보유하기도 하였다. 그러나 한때 미국 최대 사탕무설탕 생산기업이었던 ACS는 운영상의 어려움을 겪게 되자 사탕무 생산자(농가)들이 ACS를 인수하여 협동조합으로 조직을 변경했다. 당시 사탕무 가공공장의 횡포로 판매의 어려움에 처한 이 지역 농가들은 협동조합 설립 및 가공공장 인수를 통해 이를 극복하고자 하였다. 이를 통해 사탕무 생산 농가들은 협동조합 설립으로 사탕무의 판로 확보가 가능해졌고, 사탕무의 가공을 통한 추가이익을 얻는 등 새로운 수익모델을 창출할 수 있었다.

ACS협동조합은 사탕무 생산자인 농민의 집단의사결정(group decision making)에 의해 민주적으로 운영된다는 점에서는 분명히 협동조합이다. 다만, 'ACS협동조합'의 경영전략을 보면, 조합원의 자유로운 가입 및 탈퇴라는 전통적인 협동조합의 원칙에서 상당히 벗어나 있다. 일반적인 협동조합원칙인 협동조합의 개방성(조합원 가입)과는 달리 폐쇄형 조합원제도를 운영한다.

협동조합 기본원칙에서 벗어나다(조합원제도, 자본조달)

특히 ACS조합이 신세대협동조합의 상징적인 사례로 거론되는 중요한 근거는 조합원 평등 및 지분거래 금지원칙을 벗어났다는 점이다. 출하량에 비례한 프리미엄 즉, 추가배당을 지급할 뿐만 아니라 주식거래를 부분적으로 허용했다. 이러한 ACS의 조합운영을 보면, 확실히 전통적 협동조합과 다른 점이 두드러진다.

신세대협동조합 기타

바로 앞에서 소개한 ACS 외에도, 미국에는 '실용주의' 나라답게 전통적인 개념의 협동조합에서 벗어난 협동조합 사례들이 많다. '다고타 낙농전문협동조합'(Dakota Dairy Specialities Cooperative), '다고타 파스타생산자회사'(Dakota Growers Pasta Company) 등이 바로 그런 경우이다. '다고타 낙농전문협동조합'은 우유의 운송비 부담을 줄이기 위해 우유생산농가들이 모여 우유가공공장을 설립하고 우유를 치즈로 가공하여 부가가치를 높이는 데 성공하였다.

한편 '다고타 파스타생산회사'는 1천 여 밀생산 농가들이 밀을 직접 출하하기보다는 파스타 등 면류(麵類)로 가공하여 출하함으로써 부가가치를 높이고 가공공장 건설자금 조달을 위해 주식을 발행하기도 했다. 그러다가 결국 주식회사로 전환되었으므로 협동조합으로서는 그리 성공적이지 못했다.

외국 협동조합
순례를 마치며

지금까지 세계 여러 나라의 다양한 분야와 업종, 다양한 유형의 협동조합들을 만나보았다.

영국 로치데일에서, 스페인 몬드라곤, 핀란드의 노인공동체 협동조합 로푸키리, 1세기 이상 지속되고 있는 캐나다 신용협동조합 데자르댕, 가난한 어부들의 고단한 생활을 일으켜 세운 안티고니쉬 운동을 거쳐 미국인다운 실용주의 협동조합인 신세대협동조합들까지 일종의 '협동조합 세계일주'를 해 보았다.

이렇게 만난 외국의 협동조합들에서 협동조합적 사업 운영방식이나 사업모델에 대한 시사점이나 교훈을 얻을 수 있었다. 외국의 협동조합들이 이미 갔던 길, 이 조합들이 현재도 걷고 있는 길을 따라 그려볼 수 있었으며, 무엇보다 우리 '신생' 협동조합들이 가야 할 길을 좀 더 깊이 생각해볼 수 있었다.

이 협동조합들은 해결해야 할 분명한 과제와 달성해야 할 뚜렷한 목표를 가졌으며, 과제를 해결하고 목표를 달성하기 위하여 조합원의 참여와 헌신을 바탕으로 새로운 사업모델을 탐색하고 사업전략을 혁신하면서 협동조합으로서 지속가능성을 높여 왔다는 사실 또한 알게 되었다.

뿐만 아니라 '성공하는 협동조합'과 '실패하는 협동조합'의 분기점을 알게 되는 데 다소나마 도움이 되었으리라 본다. 저자가 소개한 협동조합과 미처 소개하지 못한, 많은 성공적인 협동조합이 사업 수행이나 운영에서 모두 완벽하거나 문제가 없지는 않다.

그러나, 이 조합들의 시사점이나 교훈을 적용하고, 때로는 이들의 부분적인 실수나 과정의 실패를 교훈으로 삼아 협동조합의 성공적 운영과 결과를 창출하는 것은 순전히 협동조합 스스로의 몫이다.

자, 그러면 다시 우리나라로 돌아와 우리 신생 협동조합들이 좀 더 오랫동안 지속가능하고, 나아가서는 성공하는 협동조합으로 가는 길을 탐색해보기로 하자!

다음 제4장 [협동조합, 이래야 성공한다]에서는, 우리나라 신생 협동조합을 포함한 협동조합기본법상의 협동조합이 여러 가지 어려운 여건을 극복해 경쟁력을 확보하고, 지속가능성을 높이기 위해 필요하거나 유의할 사항들을 논의하기로 한다.

4장.
협동조합,
이래야 성공한다

사업수행모델로서의
협동조합

제1장 [협동조합을 돌아보라]에서는 협동조합이 이제 사회경제적으로 중요한 비중을 차지하는 주루모델화하기 위한 진지한 접근이 필요함을 강조하였고, 제2장 [우리나라 협동조합의 어제와 오늘]과 제3장[협동조합이 가는 길]에서는 국내외 협동조합을 두루 살펴보았다.

이 조합들은 처음 만들어지고 많은 난관을 거쳐 오늘에 이르기까지 협동조합으로 가는 다양한 길을 우리에게 안내하였으며, 협동조합 고유의 특성 또는 정체성이 협동조합 사업에서 어떤 의미를 가지는지 잘 입증해 주었다.

각각 환경이나 사업 분야는 달랐지만 협동조합으로도 충분히, 성공적으로 사업을 추진할 수 있음을 보여주었다. 협동조합에도 사업기회와 사업모델이 많이 있음을, 다양한 사업수행을 통하여 증명해 주었다.

지금까지 만나보고 탐구한 대부분의 협동조합은 '성공하는 협동조합'의 길을 가기 위해 남다른 미션과 비전을 세우고 그것을 실현했다.

또한, 이 조합들은 사업모델이나 내용이 서로 달랐다. 저마다 미션과 비전, 역량과 환경 여건을 감안하여 사업모델을 구축하고 이를 구체적으로 실행해 나갔다.

그러므로 이렇게 역사에 뚜렷한 족적(足跡)을 남긴 협동조합, 현재도 뚜렷이 빛을 발하는 협동조합들을 순례하고 탐구하여 우리 신생 협동조합들이 사업기회를 포착하고 이를 사업모델화해 실행하는 데 도움이 되고자 한다.

따라서 제4장 [협동조합, 이래야 성공한다]에서는 국내외 여러 협동조합의 사례에서 성공하는 협동조합의 공통 특질을 뽑아낸 다음, 우리 신생 협동조합이 성공하는 협동조합의 길로 가기 위해 갖추어야 할 사업모델의 속성을 제시하려고 한다.

이와 함께 저자 나름대로 협동조합 및 사업평가모델을 제시한다. 협동조합의 성공가능성 높은 사업수행에서 필요충분조건을 집중탐구하고, 협동조합의 성공방정식을 만들어, 이를 풀어보자는 것이다.

아울러 협동조합은 그 미션과 비전, 목적을 달성해야 하는 사업조직인 만큼 기업가정신과 리더십, 협동조합의 윤리 경영을 살펴보려고 한다.

협동조합 사업모델의 특성

모든 사물은 고유의 특성이 있는 법이다. 생물 중에는 동물이 있고, 식물이 있으며, 동물 중에서는 하늘을 나는 새가 있는가 하면 초원을 질주하는 말이 있다. 이렇듯 영리조직 안에는 주식회사와 같은 기업이 있는가 하면, 협동조합도 있다.

여러 나라의 많은 협동조합을 보면 기업에서 협동조합으로 전환하거나, 사업추진의 효율과 경쟁력을 높이기 위해 협동조합 산하에 자회사를 두며, 미국의 일부 신세대협동조합처럼 협동조합의 가치와 원칙을 다소 융통성이 있게 적용하기도 한다.

특히 유럽의 협동조합형 기업처럼 실제 협동조합의 경영이나 사업추진에서 주식회사와 같은 기업의 전략방법론을 일부 채용하는 것은 협동조합과 주식회사라는 두 유형의 조직이 지닌 장단점이 다르거나, 본질적인 차이가 존재하기 때문이다.

국제협동조합연맹(ICA)은 협동조합의 본질적 특성 또는 정체성을 '공동으로 소유되고, 민주적으로 운영되는 자율적인 결사체'라고 정의하는 반면, 우리나라에서는 '이용자 소유회사'[1]로 정의하기도 하여 '투자자 소유회사'인 일반 영리회사(주식회사 등)와 대비시킨다.

또한 기획재정부 자료를 보면, '협동조합은 영리행위를 통해 공익을 추구하는 새로운 기업모델'이라고 나와 있다.

사실, 협동조합은 사람중심 조직으로서 사업을 수행하는 조직 곧 인적결사체와 사업체라는 이중적 특성 때문에 그 정의나 의의(특질)에서 혼동될 때가 있다. 그러나 협동조합을 주식회사라는 '거울'에 비춰보면 그 특질이나 정체성이 분명해진다. 주식회사는 결과를 중시한다. 영리극대화를 지향한다. 협동조합은 과정이 더 중요하다. 민주적으로 의사결정하고, 이를 위해 설득과 조정이 앞서야 한다. 조합원 모두의 만족 즉, 권익과 복리증진을 위해서다.

협동조합이 사업조직이라는 데는 별다른 이견(異見)이 없지만, 운영

---

1   기획재정부, 「2012 협동조합 심포지엄」(2012. 7. 6.) 자료 참조.

항목	협동조합	주식회사
조직경영 (운영, 의사결정) 패러다임	운영과 사업수행의 의사결정에서 조합원의 출자금 규모[3]와 무관하게 1인 1표제를 기본으로 민주적 의사결정. 다만, 보유지분의 차이와 동일한 의사결정권의 충돌로 부작용의 가능성이 있어 협동조합의 민주적 의사결정의 양면성을 보임.	1주 1표제로 보유주식수(지분비율)에 따라 의사결정권이 부여되고, 경우에 따라 대주주 1인 단독의 의사결정도 가능; 거대 투자자 1인소유(1인주주)도 가능하며, 과반수 이상의 주식을 소유할 경우에 의사결정을 독점함.
가입과 탈퇴	조합의 종류(업종)에 따라 가입자격 제한가능, 가입(출자금 납입)과 탈퇴(출자금 환급)가 자유스러운 편이나, 일정한 절차가 필요; 출자금 규모 변동성 때문에 조합의 자본(출자금 규모)이 불안정할 수도 있음.	주식(지분)의 매매가 가능하므로, 누구나 주주가 될 수 있으며, 주주의 지위 변경은 주식의 매매 즉, 양도방식으로 충분; 자본금의 규모는 불변(감자, 증자의 경우는 예외)임.
조직의 양태(樣態)와 소유방식	'조합원 공동으로 소유되고, 민주적으로 운영되는'(ICA, 협동조합 정의) 협동조합 관계당사자의 공존공생을 도모하며 인적결합 성격이 강함.	주주이익 극대화가 최우선이며, 기업의 사회적 책임도 주주이익을 지키기 위한 부차적 수단에 머무는 경우가 많고, '물적(자본) 중심 조직' 성격이 강함.
수익(잉여금) 처분	경영의 결과인 잉여금배당에 대하여 엄격히 제한. 출자금에 대한 배당은 필요최소한으로 제한 (협동조합기본법 제51조). 조합의 수익(잉여금)은 이용고배당 위주로, 주로 조합원의 권익·복지·이윤배당에 사용의무를 부여함.	잉여금배당이 협동조합에 비해 비교적 자유로움: 주주이익 우선의 원칙에 의거하여 보유주식수에 비례한 배당을 실시, 주주이익을 우선시하는 수익 처분을 함.
책임범위(경영)	조합원은 협동조합에 대한 경제적 참여의무 곧 출자의무를 지고, 조합원의 출자금 한도에서 책임을 부담함.	원칙적으로 보유주식수에 비례한 책임(유한책임)을 부담함.

에 제약이 많으며, 일반 기업모델(주식회사 등)과는 여러 면에서 다른 '특수한' 사업조직이다. 의사결정방식, 조직구성원 가입 및 탈퇴방식, 조

직의 소유방식, 잉여금처분 등에서 큰 차이를 드러낸다.[2]

협동조합과 주식회사의 차이

협동조합	기업(주식회사)
공동체 구성원(조합원) 모두의 이익추구	주주의 이익극대화

기업은 경쟁에서 승리와 이익추구를 조직운영의 기본이념으로 하는 반면, 협동조합은 자주·자조·자립에 의한 공존공생, 상부상조를 조직운영의 기본가치로 한다.

그러므로 협동조합과 주식회사는 크게 5가지 항목에서 차이를 드러내며, 이러한 차이로 조직의 운영 및 사업수행 방식이 서로 다른 방향으로 나타난다.

일반적인 비즈니스 모델에 대한 이해

앞에서 기존의 일반적인 사업수행 수단으로서 영리조직인 주식회사(기업)와 협동조합은 여러 관점에서 확실히 다르다는 것을 밝혔다. 그러므로 사업수행모델로서 협동조합을 이해하기 위해서는, '비즈니스 모델'이라는 용어 자체를 먼저 이해해야 한다.

비즈니스 모델은 일반적으로 전자상거래를 비롯한 IT산업 분야의

---

2   다만, 협동조합의 운영 원칙이나 조직의 거버넌스(의사결정 체계)가 주식회사 기업과 크게 다르다고 해서 조직으로서 기업의 장점이 무의미하지는 않다.

3   우리나라 협동조합기본법상으로 출자규모를 제한(총출자좌수의 100분의 30 이내)하고 있다.

급성장과 함께 '기존의 비즈니스와 차별화된 방식으로 사업을 수행하여 수익을 창출하기 위한 일련의 프로세스 또는 시스템'이라는 개념으로 정의된다. 좀 더 쉽게 표현한다면, 수익이 되는 사업기회를 포착하고, 이를 실현하기 위한 사업수행 체계 또는 시스템을 의미한다. 따라서 수익창출 가능성이 높은 '사업기회'를 실현하고자 논리적, 체계적으로 정리한 프로세스라고 할 수 있다.

이렇게 볼 때 사업기회는 수익창출 가능성을 포함해야 하므로 결국 협동조합에서 비즈니스 모델이란 협동조합이 무엇을 할 것인지, 다시 말해, 무슨 사업을 해서 '돈'을 벌 것인지, 수익을 창출할 것인지에 대한 프로세스가 있어야 한다.

한편, 비즈니스 모델은 사업수행을 위한 일종의 메커니즘이기 때문에 전략이나 사업계획(서)과는 다르다.

전략은 조직의 방향성에 관한 기본적인 선택의 문제이다. 반면 비즈니스 모델은 전략 선택을 실행하는 사업수행 방식이다. 비즈니스 모델은 전략이 구체화된 모습으로서, 비즈니스 모델의 구축은 사업전략 또는 경영전략의 실현과정에 포함된다.[4]

그리고 사업계획(서)은 비즈니스 모델보다 훨씬 구체적이고 계량적인 측면이 강하며, 사업모델을 좀 더 단계적으로 구체화하고 실현하기 위한 일종의 '수단'이다.

다만 비즈니스 모델이라고 해서 고정불변의 '틀'이나 프레임(frame)이 있는 것은 아니다. 비즈니스 모델은 대체로 사업기회와 환경에 따라 변한다. 어떤 조직유형이든 새로운 사업기회를 찾아내거나 만들어내

---

4   『뉴미디어시대의 비즈니스 모델』(이홍규 · 김성철, 2012.) p.162~219 참조.

고 가치를 창출하는 창조적인 변화가 요구된다. 어떤 업종은 사양산업이 되고, 또 다른 업종은 새롭게 출현하여 성장산업이 되는 것은 새로운 개념이나 패러다임을 가진 사업모델이 지속적으로 생겨나고 있음을 의미한다.

협동조합도 이러한 숙명(!)에서 예외일 수가 없다. 협동조합 역시 사업기회를 찾고 이를 사업모델(비즈니스 모델)로 만들어 실제적인 성과를 창출해야만 한다. 비즈니스 모델이 무엇인지 알려주는 사례는 많지만, 저자는 비즈니스 모델을 이해하기 위한 가장 대표적인 사례로 신용카드의 출현을 들고 싶다. 신용카드는 상거래 그 중에서도 특히, 종전의 외상거래 개념을 확 바꾸는 계기가 되었고, 그것이 오늘날 금융기관의 주요수익원, 이를 테면 수익창출수단이 되었기 때문이다.

신용카드가 처음 출현한 1950년대로 되돌아가 보자.

당시만 해도 당장 현금이 없어도 물건이나 서비스 구매가 가능하다는 개념은 이전과 확실히 다른 신선한 상거래 개념으로 등장했음이 분명하다. 물론 신용카드 전에도 '외상'의 개념은 있었다. 외상은 인류 역사가 시작된 이래로 오래 이어져 온 상거래 수단이다.

'외상'은 소위 '빌려주는 자'와 '빌리는 자' 즉, 신용제공자와 신용구입자(외상매입자) 양자 간의 일대일(一對一) 관계로 성립하는 것이 보통이다. 신용카드가 일반화되기 전에는 판매자가 구입자에게 직접 신용(외상)을 제공하는 프로세스이기 때문에 외상구매자가 대금을 지불할 때까지 기다려야 했다. 이는 판매대금을 못 받을 '신용위험'(credit risk)을 판매자가 직접 부담해야 함을 의미한다. 대체로 구매자는 판매자에게 외상을 달라고 하기가 쉽지 않았다.

그러나 신용카드의 출현으로 상황이 급변한다. 신용카드 결제시스템에 의한 신용제공 즉, 외상판매 또는 외상구매(신용구매)에는 제3의 주체가 개입한다. 바로 신용카드회사이다. 판매자와 구매자 사이에 개입하여 양쪽으로부터 일정한 수수료를 받아 수익을 창출하는 회사이다.

이렇게 신용카드에 의한 제품이나 서비스의 매매에서는 판매자나 구매자나 서로 '이익'을 본다. 우선 판매자는 판매대금을 못 받을 염려가 거의 없으므로 신용카드에 의한 판매를 꺼릴 이유가 없다. 신용카드회사가 일정한 수수료를 받고 구매자 대신 판매대금을 거의 즉시(3~4일 이내) 결제해주기 때문이다. 한편 구매자는 외상구매를 할 때 판매자의 눈치를 보거나 사정해야 할 필요 없이 '떳떳하게' 제품이나 서비스를 구입할 수 있다. 연체 없이 결제만 하면 된다.

이와 같이 새로운 결제시스템은 외상 개념의 예전 결제와 차원이 완전히 달랐다. 사업모델이란 이런 것이다. 신용카드처럼 판매자와 구매자 간의 일대일(一對一) 관계에 개입하여 양자에게 신용을 제공해주고, 수수료 수익을 받는 사업모델 말이다.

요약하면, 신용카드결제 시스템 곧 신용카드 사업모델은 판매자, 구매자 및 신용카드 회사 모두를 '윈-윈(win-win)하는 관계'로 만들어준 획기적 사업모델이다.

이렇게 새로운 사업 분야나 틈새(Niche) 분야를 찾아 수익을 창출하는 사업모델의 사례가 어디 신용카드뿐이겠는가! 인류의 지식확산에 새 지평을 연 구텐베르크의 인쇄술 발명, 제록스사의 복사기 임대사업, 데스크탑(고정) 컴퓨터에서 '움직이는 컴퓨터'를 선도한 애플의 아이폰, 근래 다양한 형태의 e-비즈니스 모델에 이르기까지 제조업과 서비스업 분야를 통틀어 비즈니스 모델 사례는 무수히 많다.

따라서 비즈니스 모델이란 '사회경제적으로 필요하거나 유용한 제품이나 서비스를 창안 또는 제공하고, 이를 대가로 수익을 창출하는 시스템 또는 프로세스'라고 재정의할 수 있다.

비즈니스 모델에 관한 이론으로 아주 유명한 이론체계들이 있다. 그 중에서도 경영학자 폴 티머스(Paul Timmers)와 알렉산더 오스터왈더의 '비즈니스 모델 캔버스'(The Business Model Canvas) 이론이 대표적이다.

티머스 이후에도 마이클 라파(Rappa)[5], 레이포트와 자보르스키(Rayport & Jaworski), 알렉산더 오스터왈더(Alex Osterwalder) 등 많은 학자와 연구자들이 비즈니스 모델에 관한 이론 및 실증사례에 관한 연구논문을 내놓았다. 오스터왈더는 『비즈니스 모델의 탄생—상상과 혁신 가능성이 폭발하는 신개념 비즈니스 발상법』을 출간해 '비즈니스 모델'을 사업전략의 핵심개념으로 올려놓았다.

티머스(Timmers)의 비즈니스 모델 이론

비즈니스 모델이 조직의 사업수행에서 부각되기 시작한 것은 1997년, 폴 티머스(Paul Timmers)가 온라인 상거래를 새로운 개념과 수단에 의한 사업이라는 관점에서 '비즈니스 모델'이라고 명명(命名)하면서부터이다.

티머스 교수는 전자상거래 방식이 일반적인 제조업과 달리 물리적

---

5   미국 노스캐롤라이나 주립대(North Carolina State University)의 마이클 라파(Michael Rappa)는 비즈니스 모델을 '기업이 생존하기 위한 수익창출을 위해 사업을 수행하는 방식으로서, 기업이 가치사슬(Value Chain) 내의 위상(경쟁력)을 파악하고, 매출발생과정을 명시한 것'이라고 정의하였다.

제품 생산과 별도의 물리적 보관공간 즉, 물류(物流)가 필요 없는 새로운 유형의 생산과 유통방식이라는 데 주목했다.

티머스는 자신의 비즈니스 모델을 정의하기 위하여 전자상점(E-Shop)을 중심으로 하는 전자상거래를 대상으로 연구한다. 그는 서비스를 생산하는 과정(flow)상의 가치사슬(Value Chain)을 분해하고, 이러한 가치사슬의 재결합을 통하여 비즈니스 모델에 대한 정의를 시도하였다. 가치사슬상의 구성요소를 확인하고, 이 가치사슬 참여자의 상호활동 패턴을 분석하고, 이들의 시사점을 통합하는 방식이다.

티머스는 비즈니스 모델이 크게 3가지 단계적 요소를 거쳐 구축된다고 보았다. 전자상거래와 관련하여 단계별로 11가지 비즈니스 모델을 제시하였다. 첫째, 생산 또는 제공하려는 제품 또는 서비스에 관련된 고객 등 다양한 이해관계자들인 비즈니스 주체들 간의 역할을 정의한다. 둘째, 제품 또는 서비스 및 관련된 자금의 흐름을 파악하고, 이러한 각 비즈니스 주체 또는 참여자들이 어떤 수익(효익, benefit)을 얻게 되는가를 정의한다. 셋째, 비즈니스 주체인 사업수행조직이 정의된 효익의 실현 곧 어떻게 수익창출을 할 것인가를 정의한다.

티머스는 이러한 3단계의 비즈니스 모델의 구축 과정을 통해, 모든 사업모델은 다음과 같이 11가지로 분류가 가능하다고 하였다. 점포형(E-Shop), 구매형(E-Procurement), 경매형(E-Auction), 집합형(E-Mall), 가상공간형(Virtual Community), 제3자 중개형(Third Party Marketplace), 가치제공형(Value Chain Service Provider), 가치통합형(Value Chain Integrator), 협동모형(Collaboration Platform), 정보중개형(Information Brokerage), 신뢰제공형(Trust Services Provider)이 그것이다.

티머스의 비즈니스 모델은 주로 전자상거래를 중심으로 구분한 것이지만, 협동조합에서도 사업모델 구축 시에 참고할 만하다. 특히 '협동모형'은 기업 간 공동작업을 위한 도구와 인프라 제공, 공동설계 등 특정 기능의 집중과 시너지효과 창출을 의미하는 것으로 협동조합의 모든 사업모델을 관통하는 모형이라고 할 수 있다.

결론적으로 티머스는 정보기술이 다양한 비즈니스 모델이 출현하는 근본요인이라고 파악했으며, 기술 능력은 사업의 판단기준 역할을 할 뿐, 기술 자체가 비즈니스 모델 형성의 결정적인 요소가 될 수는 없다고 하였다.

비즈니스 모델 캔버스(BMC) 이론

알렉산더 오스터왈더는 『비즈니스 모델의 탄생』[6]에서, '대부분의 조직은 혁신이 필요하고, 이전의 구태의연한 비즈니스 모델을 한 차원 높게 발전시켜야 나가야 한다'라고 역설한다.

그 근본 이유로 오스터왈더는 새로운 산업과 비즈니스가 계속 생겨나며, 이는 바로 새로운 비즈니스 모델의 탄생을 의미한다고 하였다. 또한, 목적달성을 도모하는 조직은 새로운 비즈니스 모델을 창조 또는 개발하지 않으면 생존이 어려운 상황으로 몰릴 수도 있다고 주장한다.

이렇게 비즈니스 모델과 그 지속적인 창조성을 강조하는 오스터왈더는 비즈니스 모델이란 '어떤 조직이 가치의 포착·창조·전파의 방법 또는 프로세스를 체계적으로 구성한 것'이라고 한다. 가치창조는 결국 사업에서 고객 또는 거래상대방이 '필요로 하는 그 무엇'을 개발한다는

---

6   알렉산더 오스터왈더 외 1인, 『비즈니스 모델의 탄생(Business Model Generation)』, 유효상 역, 타임비즈, 2011. p.9-10

말이다.

그러면 오스터왈더가 설계한 사업모델인 '비즈니스 모델 캔버스' (Business Model Canvas, BMC)를 간단히 살펴보자.

오스터왈더는 비즈니스 수행에 관한 9가지 요소를 마치 그림 도구인 팔레트나 캔버스처럼 배열해놓고 이론을 전개한다. 이 9가지 요소는 주요거래 상대방(Key Partners)인 고객, 주요활동(Key Activities)과 주요자원(Key Resources), 가치(제품/서비스)제시(Value Propositions), 고객관계(Customer Relationships)와 가치의 유통채널(Channels), 고객세분화(Customer Segments), 비용구조(Cost Structure)와 수익창출(Revenue Streams)을 말한다.

이러한 9가지 경영요소 중 '비용구조' 즉, 비용을 통제하면서 '수익창출'을 위하여 사업의 주요거래 상대방, 주요활동과 주요자원, 가치제시, 고객관계와 유통채널, 고객세분화의 관계를 활용하여 '수익창출'이 되는 비즈니스 모델을 개발해야 한다는 것이 BMC이론의 핵심이다.

주요거래상대방(고객)에게 자신의 조직이 보유한 자원과 활동능력(인적자원 등)을 활용하여 가치(상품 및 서비스)를 제시하면서 이를 효과적으로 전달할 방법을 결정한다. 그 다음에는 세분화된 고객에 적합한 유통채널(직접판매, 대리점 등)을 선택하여 자신의 조직이 창출한 유용한 가치 즉, 가치 있는 상품과 서비스를 공급한다.

협동조합기본법과 협동조합의 사업

앞에서 '비즈니스 모델' 곧 사업모델의 개념과 사례, 전문가들의 이론을 살펴보았다. 협동조합이든 기업이든 사업을 수행하는 조직이라면 조직목적을 효과적으로 달성하기 위한 사업모델이 필수적이다.

다만, 사업모델에 관한 일반적인 이론체계를 그대로 협동조합에 적용하기는 어렵다. '비즈니스 모델' 즉, 사업모델 개념이나 정의 자체가 근래에 많이 활용되는 개념이며 전자상거래 분야를 중심으로 탄생된 측면이 있기 때문이다.

그러나 사업모델과 관련하여 신용카드 사례나 전문가의 이론에서 얻을 수 있는 시사점이나 교훈은 많다. 특히 협동조합기본법 시행 이후로 많이 설립되는 협동조합은 대부분 그 규모가 영세하므로 좋은 사업모델이 더욱 절실하게 필요하다.

그러면 '협동조합 7원칙'이나 협동조합기본법에서 사업모델을 어떻게 언급하고 법조문에 반영하는지 알아보도록 한다.

「협동조합 7원칙」과 사업모델

1995년, 세계협동조합연맹(ICA)이 창립 100주년에 발표한 '협동조합 7원칙'은 자조·자기책임·민주·공정·연대 등 협동조합의 가치를 실현하기 위한 일종의 실천지침으로서 의의가 가장 크다.

우리나라의 협동조합기본법은 제1조(목적)에서 협동조합기본법은 '자주적·자립적·자치적인 협동조합 활동을 촉진'하는 것을 목적으로 한다고 밝혔다. 같은 법 제2조(정의) 제1호에서는 협동조합을 '재화 또는 용역의 구매·생산·판매·제공 등을 협동으로 영위함으로써 조합원의 권익을 향상하고 지역 사회에 공헌하고자 하는 사업조직'이라고 정의한다.

이와 같이 협동조합기본법은 국제협동조합연맹이 제정한 '협동조합 7원칙'을 협동조합 사업모델을 정의하는 데 사용한다.

「협동조합 7원칙」의 항목별 내용

여기에서는 국제협동조합연맹(ICA)의 협동조합 7원칙 하나하나를 협동조합의 사업모델적 관점에서 살펴본다. ICA가 제시한 협동조합의 7가지 원칙이 각각 협동조합의 사업모델적 관점에서 어떤 시사점을 주는지, 협동조합에 무엇을 '요구'하는지를 알아본다.

'협동조합 7원칙'은 그냥 단번에 만들어진 것이 아니다. 국제협동조합연맹(ICA)이 여러 주요 협동조합의 운영원칙 사례를 반영하여 초안을 만든 후, 수차례 개정을 거쳐 1995년에 최종 공표한 협동조합 7원칙은 200년에 가까운 협동조합의 역사가 고스란히 녹아있다. 19세기

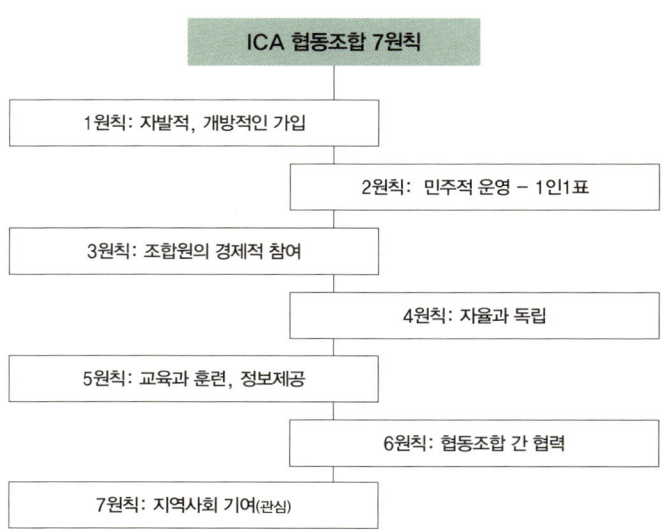

초부터 시작된 협동조합의 역사에서, 많은 협동조합을 관통하는 가치와 원칙이 '모두'가 살기 위해 조합원들이 지켜야 할 협동조합 운영원칙으로 집약된 것이다.

제1원칙. 자발적, 개방적인 조합원 제도(Voluntary and Open Membership)

- 협동조합이 무엇인지는 국제협동조합연맹(ICA)의 협동조합 정의[7]에 잘 나타나고, 조합원이 무엇인지는 우리나라 협동조합기본법(제20조)의 '조합원의 자격'[8]에 잘 정의되었다.
- 자발적, 개방적 조합원 제도는 협동조합에 자유로이 가입 및 탈퇴가 가능하다는 것으로 협동조합이 자주·자조·자립적 조직임을 의미한다.(협동조합기본법, 제21조)[9]
- 제1원칙에서 강조되는 자발성은 제3원칙인 '조합원의 경제적 참여'(경제적 의무)와 함께 모든 조합원에게 기본적인 사항이다.
- 따라서 협동조합의 사업모델은 조합원 자격의 개방성과 조합원의 자발성을 반영하여 구축되어야 한다.

제2원칙. 민주적 의사결정 원칙(Democratic Member Control)

- 협동조합의 조합원은 자신이 가진 출자좌수나 출자액에도 불구하고 동일하게 1인 1표제의 의사결정권을 행사한다.

---

7   "협동조합은 공동으로 소유되고 민주적으로 운영되는 사업체를 통하여 공동의 경제적, 사회적 필요와 욕구를 충족시키고자 하는 사람들이 자발적으로 결성한 자율적인 조직이다."

8   조합원은 '협동조합의 설립 목적에 동의하고 조합원으로서의 의무를 다하고자 하는 자'로 한다.

9   협동조합은 정당한 사유 없이 조합원의 자격을 갖추고 있는 자에 대하여 가입을 거절하거나 가입에 있어 다른 조합원보다 불리한 조건을 붙일 수 없다.

- 보유주식수에 따라 의결권이 좌우되는 주식회사와 달리 조합원 1인 1표의 평등한 의결권을 행사하도록 한다.

- 다만, 1인 1표제에 의한 민주적 의사결정은 그 이념적 장점에도 불구하고 합의나 설득의 어려움 등으로 의사결정이 지연되는 부작용 곧 의사결정비용이 높다는 점도 있으므로 사업모델 구축 시 이를 고려하여야 한다. 그래야만 목표달성 가능성이 높아진다.

제3원칙. 조합원의 경제적 참여(Member Economic Participation)

- 협동조합의 조합원은 반드시 자본적 참여가 있어야 한다는 원칙으로서, 조합의 운영과 사업자금(자본)은 조합원 책임이다.

- 협동조합도 조직이며, 특히 사업수행을 하는 조직이다. 따라서 조합원은 권리와 복리증진에 대한 요구나 관심과 더불어 경제적 참여 의무를 반드시 다해야 한다. 소속 조합과 조합원은 이른바 'Give and Take'관계로 조합원의 경제적 참여는 필수적이다. 투입(input)이 없으면 성과(output)도 없다.

- 네덜란드의 라보뱅크를 보라! 라보뱅크는 협동조합 스스로 배당보다는 내부에 유보함으로써 약 40조 원에 가까운 자체적립금을 만들었다. 이러한 역량으로 2007~2008년, 세계 금융위기도 잘 극복했다.

제4원칙. 자율과 자립 (Autonomy and Independence)

- 우리나라 협동조합기본법(제10조 제1항)[10]은 국가 및 공공단체 등이 협동조합의 자율성을 침해할 수 없도록 한다.

---

10   협동조합기본법 제10조(국가 및 공공단체의 협력 등) 제1항 국가 및 공공단체는 협동조합등 및 사회적협동조합등의 자율성을 침해하여서는 아니 된다.

- 협동조합의 주인은 조합원 자신이다. 협동조합의 자율과 자립은 외부에서 보장해주지 않는다. 대내외적으로 협동조합 또는 조합원 스스로 자발적 참여와 역량강화를 통하여 자율과 자립을 지킬 수 있어야 한다.
- 협동조합은 사업모델 구축 시에 정부지원, 기부 등 외부 도움이 중심이 되지 않도록 유의해야 한다.

제5원칙. 교육, 훈련 및 정보제공(Education, Training and Information)
- 협동조합의 궁극적인 목적은 결국 조합원의 권익·복리를 증진하는 것이지만, 이를 위한 교육·훈련, 정보가 중요하다.
- 협동조합의 사업수행을 위한 역량강화를 위해서건, 상호 단결과 협동을 위해서건 조합원 및 임직원의 교육훈련은 체계적으로 이루어져야 한다. '알아야 면장(面長)을 한다'라는 옛말이 있다. 협동조합의 사업은 조합원 간 원활한 의사소통이 필수이며, 사업모델에는 그 협동조합 제품이나 서비스를 효과적으로 전달하기 위한 조합원 역량 강화 및 정신교육훈련이 반드시 반영되어야 한다.
- 협동조합은 조합원의 역량을 강화하고(교육·훈련), 조합의 사업·활동을 대내외적으로 알리고(홍보), 협동조합의 여러 이해관계자에게 조합의 운영상황을 알려야(정보제공) 한다.

제6원칙. 협동조합 간의 협동(Cooperation Among Cooperatives)
- 개별 협동조합 역량만으로는 그 조합의 목적사업이나 활동을 효율적으로 수행할 수 없는 경우가 많다.[11]
- 따라서 협동조합의 사업을 위해서는 각종 협의체나 연합회 구성, 공

동사업 수행 등 협동조합 간 연대와 협력이 필요하고 지역 및 국가 간 협동조합끼리도 협력해야 한다.
- 우리나라의 원주협동사회경제네트워크, 스페인의 몬드라곤, 이탈리아의 ㅋ라박 프로젝트 등은 협동조합 간 협력의 대표 사례이다.

제7원칙. 지역 사회에 대한 기여(관심)(Concern for Community)
- 협동조합 활동을 하면서 지역사회에 관심을 두고 지역에 밀착(密着)하여 사업을 수행함으로써 그 지역사회에 기여하라는 원칙이다.[12]
- 사업수행 또는 협동조합 활동에서 지역과 밀착되고, 지역에 기여하는 것은 협동조합의 생존메커니즘이기도 하다. 협동조합과 지역의 관계는 '물과 물고기의 관계'와도 같다. 물고기가 물을 떠나서 살 수 없듯이 협동조합의 사업 기반은 결국 지역과 거기에 사는 사람들이다.
- 몬드라곤협동조합과 스페인 바스크지방, 안티고니쉬 지역에서 진행되었던 협동조합에 의한 지역개발운동 등이 그 좋은 사례이다.

---

11   스페인의 몬드라곤 그룹(MCC)은 협동조합 간 협동의 대표 사례이다. 협동조합기본법도 협동조합연합회와 사회적협동조합연합회를 규정하여 협동조합 간 협력의 기반을 마련해 놓았다.
12   우리나라 협동조합기본법은 협동조합이 지역사회에 공헌하는 조직임을 명시한다. 사회적협동조합에 대해서는 지역일자리 창출, 지역이 필요로 하는 사회적서비스 제공 등을 규정한다.

	의미	유의사항
제1원칙 자발적, 개방적 조합원 제도	협동조합은 자발적으로 가입, 탈퇴하며 모든 사람들에게 개방적이다.	- 협동조합의 서비스를 이용할 의사가 있고, 조합원으로서 책임과 의무를 다할 의지가 요구된다. - 협동조합원이 되면 '무조건 이익이 된다'라고 하기보다 조합원의 권리와 의무(책임)을 정확히 알려주어 자발적인 조합원이 되도록 유도하도록 한다.
제2원칙 민주적 의사 결정	조합원마다 동등한 투표권(1인 1표)을 가지며, 민주적인 방식으로 조직·운영된다.	- 조합원의, 조합원에 의한, 조합원을 위한 협동조합! - 조합원의 권리와 책임은 동전의 양면이다! - 협동조합의 조합원은 주인(소유자)이자 조합원으로서 권리와 의무의 주체이다. 조합의 의사결정 및 활동에 적극적 참여가 매우 필요하다.
제3원칙 조합원의 경 제적 참여	협동조합은 목적달성을 위한 사업수행을 래야 하고, 조합원의 물적(자금), 인적 자원 참여가 요구된다.	- 조합원의 경제적 참여가 부족한 협동조합은 사업수행이 어려우며 결국 지속할 수 없게 된다! - 조합원은 의사결정에 민주적 참여뿐만 아니라 출자금 납부, 잉여금의 조합 내부유보 등 협동조합의 자본확충에 적극적이어야 한다.
제4원칙 자율과 독립 확보	대내적으로는 민주적 운영관리가 보장되어야 하고, 대외적으로는 자율과 독립성이 확보되어야 한다.	- 협동조합, 협동조합 유관기관 모두의 유의사항이다. 조합의 대외적 자율과 독립성을 위해 노력해야 한다. - 협동조합이 자율성과 독립성을 침해받지 않으려면, 내부적으로 민주적 운영능력을 확보해야 하고, 밖으로는 정부 등 외부 지원이나 의존성향을 낮춰야 한다.
제5원칙 교육, 훈련 및 정보제공	- 조합사업 및 활동대대한 교육·훈련에 노력한다. - 조합 홍보 및 정보제공을 충실히 한다.	- 조합 내부적으로 조합원 교육·훈련이 충실히 이루어지지 않으면 조합의 경쟁력이 커지기 어렵고, 조합의 대외적 홍보·정보제공이 부실하면 조합원과 이해관계자의 협조를 이끌어내기 어렵다! - 조합원의 협력·참여를 이끌어내고, 역량축적을 위해 협동조합 사업 및 내용을 지속적으로 교육·훈련하는 것이 중요하다. 외부이해관계자에 정보제공, 홍보하는 것도 소홀히 하지 말아야 한다.

제6원칙 협동조합 간 의 협동	협동조합의 경쟁력강 화를 위해 외부와의 연 대, 특히 협동조합 간 연대 (협력)이 필수적이다.	- 협동조합 간의 협동은 우선 개별 협동조합의 참 여정신과 자체적인 역량강화 노력이 우선되어야 한다. - 개별 협동조합 단독으로는 사업, 활동을 원활히 할 수 없는 경우가 많다. 협동조합의 조합원, 경영 자 모두 협동조합 간에 공동으로 협력 사업을 수 행하여 협동조합의 힘을 강화하는 것이 필수임을 인식하여야 한다.
제7원칙 지역사회에 대한 지속적 관심	협동조합의 사업 기반 은 결국 지역사회이다. 그러므로 지역사회에 지속적으로 관심을 가 지고, 지역에 밀착하여, 사업을 수행하고, 지역 사회에 기여하라는 것!	- 지역사회는 협동조합의 핵심적 활동공간임을 유의한다. - 수행하는 사업이나 활동에 대한 지역적합성 확 보가 요구된다. - 협동조합은 지역사회에서 경제·사회·문화적 인 유대 또는 연대관계를 갖기 때문에, 지역사회 와 지속가능한 관계 유지가 필수이다.

사업모델적 관점의 협동조합기본법

우리나라 협동조합 시대의 획기적 사건

2012년 12월 1일, 협동조합기본법 시행되기 전까지 우리나라에는 협동조합을 일반적으로 규율하거나 제도적으로 뒷받침하는 법률이 없었다.

소비자생활협동조합이나 신용협동조합이 특정지역이나 종교단체 등에 의해 자생적으로 설립되어 운영된 사실은 있으나 일반적인 추세였다고는 보기 어려우며, 산업정책상 필요에 따라 특별법을 제정하고, 이에 따라 협동조합을 만들어서 운영해 왔다.

협동조합기본법 이전의 개별법상 협동조합은 경제주체의 사업활동 수단 즉, 사업모델로서 자생적(自生的) 특성을 갖기보다는 국가의 정책 수단 또는 정책수행의 보완조직으로서 그 역할을 수행해왔다.

그런데 우리나라에서 획기적인 사건(!)이 일어난다. 한마디로 협동조합으로 사업을 할 수 있게 된 전환점이며, 협동조합의 진입장벽이 허물어진 계기이기도 한 사건! 바로 협동조합기본법의 제정 및 시행을 일컫는다.

이는 2012년 12월 1일 이후부터 협동조합에 의한 활발한 사회경제적 접근이 가능해졌음을 의미한다. 협동조합기본법 이전에는 협동조합이 주로 정책수단이었으나 그 이후에는 사회경제적 모델 곧 사업모델로서 위상(位相)을 가지게 되었다. 협동조합 활동을 폭넓게 할 수 있게되었고, 협동조합이 경제활동이나 사회적 활동 수단으로, 넓은 의미의 사업모델로 자리매김하기 시작했다.

협동조합에 관한 패러다임의 변화

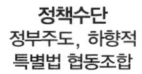

| 정책수단
정부주도, 하향적
특별법 협동조합 | → | 협동조합기본법 시행
(2012년 12월 1일) | → | 사회경제적 모델
민간자율, 상향적
일반협동조합
사회적협동조합 |

협동조합에 의한 다양한 비즈니스 모델(사업모델) 가능

• 최소조합원 5명만 있으면 협동조합 설립이 가능해졌으므로 지금까지 농·수·축협, 산림조합 등 1차산업 분야와 신용사업 분야 위주였던 협동조합이 사회경제적인 다양한 분야로 확대된다.

• 협동조합으로 창업하고 대리운전자, 노인 등 취약계층이 협동조합을 만들어 경쟁력을 키우며 사회적협동조합을 만들어 요양·양로 등 사회적 서비스를 제공할 수 있다.

협동조합기본법의 사업모델적 측면

협동조합기본법은 제2조에서 일반협동조합과 사회적협동조합을 각각 정의하며, 제45조(사업)와 제93조(사업)에서 일반협동조합과 사회적협동조합의 '사업'을 각각 규정한다.

> 제45조(사업), 제46조(사업의 이용) : 일반협동조합
> 제93조(사업), 제95조(사업의 이용) : 사회적협동조합

역사적으로 일반협동조합과 사회적협동조합은 출현시기나 배경, 중점사업 분야가 크게 다르다. 우선, 사회적협동조합은 일반협동조합보다 시대적으로 1백년 이상이나 뒤늦게 이탈리아에서 처음으로 출현하였다. 두 협동조합은 영리지향이냐 비영리지향이냐는 점 외에도 수행하는 중점사업 내용이 크게 다르다.

앞에서 살펴본 대로 협동조합기본법은 영리 사업모델인 일반협동조합과 비영리 사업모델인 사회적협동조합을 구분하여 정하였다. 같은 법 테두리 안에서 일반협동조합과 사회적협동조합을 비교하여 규정한다.[13]

협동조합기본법은 제2조 제1호에서, 일반협동조합을 '재화 또는 용역의 구매·생산·판매·제공 등을 협동으로 영위함으로써 조합원의 권익을 향상하고 지역 사회에 공헌하고자 하는 사업조직'으로 정의한다. 이어 제2조 제3호에서 사회적협동조합을 '제1호의 협동조합 중에서, 지역주민의 권익·복리증진 관련 사업 수행 또는 취약계층 대상 사회

---

[13]   이는 사회적협동조합을 별도 법률로 만들어 시행하는 이탈리아와는 다른 입법형식이다.

서비스 또는 일자리 제공 등을 수행하는 협동조합'이라고 하였다. 협동조합기본법이 협동조합을 큰 테두리에서 사업조직 또는 사업수행모델로서 정의한 것이다.

따라서 협동조합기본법은 일반협동조합은 일반적 재화나 용역을, 사회적협동조합은 사회적 취약계층이나 분야를 대상으로 사업기회를 탐색하고, 이를 수익창출이나 사업목적 달성이 가능한 사업모델을 구축하도록 의도한다.

협동조합기본법 제2조 제1호

• '협동조합'이란 다음과 같은 사업조직이다.

– 재화 또는 용역의 구매·생산·판매·제공 등을 협동으로 영위함으로써 조합원의 권익을 향상하고 지역사회에 공헌하고자 한다.

협동조합기본법 제2조 제3호

• '사회적협동조합'이란 비영리 목적의 협동조합이다.

– 제1호의 협동조합 중에서 지역주민의 권익·복리증진 관련 사업수행 또는 취약계층 대상 사회서비스 또는 일자리제공 등이다.

한편, 협동조합의 사업은 그 협동조합이 만들어내는 제품과 서비스 즉, 사업의 이용과 밀접하게 관련된다. 우리나라 협동조합기본법 제45조와 제46조에서 일반협동조합의 수행사업과 사업의 이용을 각각 별도로 규정하는 데에서도 미루어 짐작할 수 있다.

협동조합기본법의 사업관련 규정을 따르면 협동조합이 제공하는 제품이나 서비스에 대한 이용에 관련된 사항이 그 협동조합의 사업추진 방식 또는 프로세스 등 큰 틀의 사업모델에 반드시 포함해야 한다.

외국의 일부 협동조합 실패 사례에서 보듯이 자본조달을 위하여 출자배당(비율)을 늘리고, 이용자배당(또는 이용고배당)을 낮추면 조합원의 사업참여가 저조해지거나 심지어 그 조합을 이탈해버리기도 한다. 이용고배당은 조합원으로 하여금 사업참여를 촉진하는 유인 또는 안전장치(?) 역할을 하기 때문이다.

따라서 협동조합은 사업모델 구축 시에 조합원이 사업이용을 기피하는 도덕적 해이가 발생하지 않도록 조합원의 사업이용을 사업모델에 포함시켜야 한다. 비록 많은 비판을 받고 있지만 미국 신세대협동조합이다. 조합원의 사업이용 정도(利用高)에 따라 조합원에게 부여하는 혜택에 차이를 두는 방법을 참고할 만하다.

다만 개정 전 협동조합기본법 제46조 제1항은 협동조합의 '사업의 이용'에 관하여, '협동조합은 조합원이 아닌 자에게 협동조합의 사업을 이용하게 하여서는 아니 된다.'라고 한다. 조합원이 아닌 자 곧 비조합원은 예외적으로만 그 협동조합 사업을 이용할 수 있다. 협동조합은 소유자와 이용자가 원칙적으로 일치하며, 조합원의 이익 즉, 권익증진이 협동조합의 기본 목적이라는 논리이다.

그러나 현실적으로 협동조합 대부분, 특히 협동조합기본법상으로 설립되는 우리나라 상당수 사업자협동조합은 조합원만으로 충분한 사업규모 또는 매출액 등을 확보하기 어렵다. 이는 협동조합의 '원칙'과 운영(사업)상의 '현실'이 부딪히는 딜레마가 존재함을 의미한다.

우리나라에서도 이런 문제점을 인식하고 비조합원의 협동조합의 사업이용에 대해 '원칙적 금지'에서 '원칙적 허용'으로 방향전환을 하게 된다. 협동조합기본법 제46조(사업의 이용)을 전문(全文) 개정(2014. 12. 30.) 하여, 2015년 7월 1일부터는 조합원의 이용에 지장이 없는 범위에서 정관으로 정하는 바에 따라 비조합원도 그 협동조합의 사업을 이용할 수 있게 되었다.

협동조합에서 가능한 사업모델 유형

협동조합은 무엇을 즉, '재화와 용역의 구매·생산·판매·제공 등'을, 어떻게 하여 즉, '협동으로 영위'해서, 충분한 사업량(매출액 등) 확보를 통하여, 목적달성 즉, '조합원의 권익 향상 및 지역사회 공헌'을 할 것인지의 관점에서 사업기회를 포착하고, 이를 사업모델화해야 한다.

우리나라의 「협동조합기본법」, 「협동조합업무지침」[14] 등 법령이나 사회경제적 상황을 고려할 때[15], 사업모델과 관련하여 신생 협동조합들이 선택할 수 있는 협동조합의 유형은 소비자, 생산자, 다중이해관계자, 노동자, 사회적 부문(취약계층 포함) 등 크게 5가지 카테고리로 분류할 수 있다.

우선 협동조합기본법은 제2조(정의)에서 일반협동조합과 그 연합회, 사회적협동조합과 그 연합회 등 4가지 종류의 협동조합 형태를 규정한다. 한편 '협동조합업무지침'에서는 협동조합 유형별 사업이용에 관련된 협동조합의 유형을 소비자협동조합, 사업자협동조합, 직원협동조합[16], 다중이해관계자협동조합, 사회적협동조합으로 구분한다. 아울러 협

---

14   기획재정부 고시 제2012-15호 및 개정지침(2014. 9.) 참조.

15   정부(중소기업청)의 보도자료(2014. 12. 31.)를 따르면, 협동조합기본법상으로 설립된 협동조합 중에서 2013년도 정부의 소상공인협동조합 활성화사업의 지원을 받은 협동조합 433개를 조사한 결과, 이들 협동조합이 선택한 사업모델은 공동판매가 압도적으로 많고, 공동구매와 연합회사업 참여 순으로 그 뒤를 잇는다고 나타났다.

16   협동조합기본법에서는 협동조합업무지침상의 직원협동조합 개념이 사용되지 않았으나, 노동자협동조합과 유사하다고 볼 수 있다.

동조합업무지침은 사업자협동조합과 직원협동조합을 '생산자협동조합'으로 재분류한다. 한편 정부의 협동조합 공식 홈페이지는 사업자협동조합, 소비자협동조합, 직원협동조합, 다중이해관계자협동조합으로 분류하여 통계자료를 발표한다.

앞에서 살펴본 5가지 협동조합 유형은 협동조합 참여자(조합원)를 기준으로 한 수평 구분이다. 그러나 협동조합이 수행할 사업모델을 구축할 때에는 수직 차원의 고려가 필요하다. 협동조합이 수행하는 사업을 가치사슬(Value Chain) 단계별로 크게 3단계로 수직 구분을 해볼 수 있다.

첫째, 생산·판매·이용 등 가치사슬[17] 구성요소를 대상으로 하는 부문별 사업모델이다. 이는 1차적 사업모델이며, 이 사업모델을 수행하는 조합원으로 이루어진 협동조합은 '1차협동조합'(또는 기본협동조합, primary cooperative)[18]이다.

둘째, 1차적 사업모델을 수행하는 협동조합들의 연합형 사업을 수행하는 모델로서 2차적 사업모델이라고 한다. 2차적 사업모델을 수행하는 협동조합은 '2차 협동조합'(secondary cooperative)이며, 이탈리아 레가코프와 같은 협동조합 연합체 형태로 유럽 지역에 그 모델이 다수

---

[17] '가치사슬' 개념은 경영학자 마이클 포터(Michael E. Porter)의 경영학이론에서 따온 것으로, 제조업 등에서 원재료를 투입하여 생산, 판매 등 부가가치를 높여가는 단계적 과정을 의미한다.

[18] 필리핀의 협동조합개발청(CDA; Cooperative Development Authority)이 발표한 '필리핀 협동조합령'(Cooperative Code of the Philippines; Republic Act No.6938) 및 그 개정법(Philippine Cooperative Code of 2008; Republic Act No.9520)에는 1차협동조합, 2차협동조합 및 3차협동조합의 정의가 나와 있다. 원문은 'primary cooperative'는 the members of which are natural persons; 'secondary cooperative'는 the members of which are primary cooperatives; 'tertiary cooperative'는 the members of which are secondary cooperatives라고 되어 있다.(CDA 홈페이지 www.cda.gov.ph 참조.)

존재한다.

셋째, 다수의 협동조합과 자회사기업의 연합체나 지역사회개발지향형 협동화사업을 수행하는 일종의 복합체 모델로서 3차적 사업모델이다. 몬드라곤 그룹이 '3차 협동조합'(tertiary cooperative)에 해당한다.

이와 같이 협동조합 사업모델 구축과 관련하여 수평으로 5가지 유형, 수직으로 3가지 단계별 협동조합 모델이 가능하다. 수평 구분되는 협동조합 유형과 수직 차원으로 나누어지는 1·2·3차 협동조합 종류를 교차융합하면 다양한 사업모델이 가능해진다.

따라서 예비협동조합이나 신규사업을 탐색하는 협동조합들은 스스로 사업예정 분야나 보유역량, 소재지역의 환경변수 등을 감안하여 사업기회를 찾고 이를 구체화하여 자신의 조합에 적절한 사업모델을 구축하도록 한다.

우리나라 신생 협동조합은 현재 사업자협동조합이 주류를 이루고, 그 사업자협동조합을 구성하는 조합원들이 대부분 영세소상공인이므로 당분간 제1차적 사업모델(협동조합, primary cooperative)이 주로 선택될 가능성이 높다.

다음으로 사업모델을 실제로 구축할 때 고려해야 할 사항을 간단히 살펴보고, 우리나라에서 실제로 가능성이 높은 협동조합 사업 분야를 알아보기로 한다.

우선 협동조합기본법이 협동조합의 사업모델에 관하여 일종의 가이드라인을 설정한다는 점을 유의하여야 한다. 협동조합이 설립목적을 달성하기 위하여 자율적으로 사업모델 구축 및 수행(자율사업)을 할 수 있지만, 제45조 제1항에서 조합원과 직원에 대한 상담, 교육·훈련 및 정보 제공 사업, 협동조합 간 협력을 위한 사업, 협동조합의 홍보 및 지역사회를 위한 사업 등 세 가지 사업을 의무적으로 수행하도록 한다. 일종의 '의무사업'이다.

따라서 협동조합은 사업모델을 구축할 때 의무사업 세 가지를 반드시 사업수행 모델의 프로세스 또는 항목으로 포함시켜야 한다. 종합적으로 우리나라에서 협동조합 법령과 사회경제적 환경여건 등을 감안할 때 협동조합에서 눈여겨볼 만한 사업모델 분야는 다음과 같다.

- 협동조합 사업모델 가능 분야
- 영세자영업자(소상공인) 조직화
- 창업시장(청년계층, 실버계층 등) 진입
- 노동자권 소외집단(비정규직; 학습지교사, 대리운전기사 등) 보호
- 사회서비스 분야(공동육아, 공동주택, 보건의료 등)
- 사회적 취약계층(저소득계층, 장애인 등) 대상 서비스
- 도·농(都·農) 연결(로컬푸드 사업 등)
- 문화예술 분야(공예 분야 등)

소상공인 또는 영세자영업자들의 경쟁력을 높이기 위해 협동조합은 좋은 모델이 될 수 있다.

우리나라의 자영업자들이나 소상공인들은 규모의 영세성과 낮은 수익성, 더군다나 프랜차이즈나 기업형슈퍼마켓(SSM) 등 거대자본의 '힘'에 밀려 시장경쟁에서 무력하게 무너지는 경우가 많다. 자영업자 창업 후 3년 이내에 폐업할 확률이 거의 절반에 달할 정도로 우리나라 자영업 소상공인들의 '형편'은 참으로 어렵다.

이러한 상황에서 약 500만 명에 달하는 소상공인 자영업자들이 '나

홀로' 사업을 하기에는 자금을 비롯한 경영자원이 턱없이 부족하다. 다수의 힘으로 자금을 모으고(공동출자), 사업자들이 같이 구입하여(공동구매) 단가(單價)를 낮추고, 공동으로 광고효과가 높은 브랜드를 개발, 활용 및 판매(공동브랜드·공동마케팅·공동판매)를 실시한다면, 경쟁력을 높여갈 수 있음은 물론, 고객이나 거래상대방의 신뢰를 확보하여 가격협상력을 높일 수 있다. 사업자협동조합은 영세자영업자들에게 매우 유용한 새로운 사업모델이 될 수 있다. 사업자 단독으로 보유하기 어려운 경쟁력 확보수단이 될 수 있다는 얘기다.

이는 기본법으로 설립되는 협동조합의 절반 이상이 사업자협동조합이라는 점에서도 잘 나타난다.

다만 이러한 사업자협동조합은 조합원 간의 '화학적 결합' 상태가 아니라 일부 사업 또는 공동행동을 목적으로 하는 '부분협동'인 경우가 많아서 협동조합의 장점이 충분히 발휘되기 어렵다는 한계가 있다.

사실 우리나라의 창업은 주로 개인의 단독창업이 대부분이다. 그래서 창업에 따른 리스크 부담이 너무 크다. 협동조합은 청년창업, 시니어창업자 모두에게 리스크를 낮출 수 있는 창업모델이 된다.

정부의 여러 가지 창업지원이 이루어지고, 창업지원기관이나 단체도 상당수 활동하고 있는데도, 소상공인 창업 3년 이내 폐업률이 거의 50퍼센트에 달할 만큼 창업 후에 성공적인 정착이 어렵다.

따라서 자금이나 인력 등 경영자원이 부족한데 굳이 독립창업이나 개인창업에 집착하지 말고, 협동조합기본법상의 협동조합 형태로 새롭게 창업을 시도하는 것도 고려해봄직하다.

처음부터 협동조합 형태로 창업을 개시하면 자금·기술·인력·시설 등 취약점을 상당부분 보완하여 사업수행에서 시너지효과를 얻을 수 있다. 협동조합방식에 의한 창업을 하기에는 제도적 환경여건이 좀 미비하다는 문제는 있지만, 정부(중소기업청)에서 청년협동조합[19] 설립운영 지원계획을 수립하는 식으로 기존의 창업지원 방식을 벗어나려는 움직임이 보여 기대된다.

특수고용 형태에 속하는 직종 종사자에게 협동조합은 고용창출 또는 고용안정의 훌륭한 사업모델이다.

이제는 우리의 일상생활에서 다반사로 볼 수 있고, 우리에게 편리한 서비스를 제공하는 택배나 퀵서비스, 대리운전 분야 종사자들의 근무여건은 그렇게 좋지 않으며, 심지어는 매우 위험하기까지 하다.

그러면서도 안정적인 수입이 보장되지 않고, 막상 일을 그만두면 당장 생계가 위협받는 경우가 보통이다. 청소나 경비용역, 학습지방문교사 등도 예외가 아니다.

이와 같이 노동법이나 근로기준법의 법적 보호를 받지 못하는 근로유형(특수고용 형태)에 근무하는 근로자를 비전형근로자[20]라고도 한다. 이러한 비전형근로자나 비정규직 근로자들이 직원노동조합을 만들면 스스로 경영자가 될 수도 있고, 안정적인 직원의 위치도 확보하며, 과도하게 공제당하던 수수료[21]를 절약할 수 있어 1석3조의 효과를 거둘

---

19 중소기업청(소상공인시장진흥공단)의 「2015년 소상공인지원시책-협동조합 부문」 참조.

20 대리운전기사, 택배기사, 퀵서비스기사와 같은 일일(호출)근로자, 파견근로자, 용역근로자, 보험모집원과 같은 특수 고용 종사자, 가정 내 근로자 등 일반적으로 근로방식이나 근로시간, 고용의 지속성 등 여러 면에서 표준적인 정규 근로자가 아닌 근로자를 말한다.

21 예컨대 퀵서비스기사의 경우, 퀵서비스 업체가 받는 '호출수수료'가 고객으로부터 받은 서비스 수수료의 20퍼센트 내외로 높은 수준이다. 직원협동조합을 설립 운영하면 이 수수료를 내지 않아도 되므로 수입증가에 기여한다.

수 있다. 그러나 생산자협동조합이나 소비자협동조합 등과 달리 처음에 노동자협동조합으로 출발한 몬드라곤협동조합 외에 역사적으로 성공한 노동자협동조합 사례를 찾아보기 어렵다.

여기서 잠시 노동자협동조합으로 사업기회를 포착하고 이를 사업모델로 만드는 데 유의해야 할 점을 살펴본다. 노동자협동조합을 설립 운영할 때 참고해야 할 사항은 다음과 같다.

첫째, 19세기 중반, 프랑스를 시작으로 하여 여러 노동자협동조합이 나타났으나 오래 지속되지 못한 것은 생존에 필요한 경쟁력을 확보하지 못했기 때문이다. 노동자협동조합이 '노동자의 경제적 지위향상'이라는 본연의 목적달성에 성공적이지 못했다는 의미이다.

둘째, 역사적으로 노동자협동조합을 미시적 관점에서 보면, 노동운동 성격이 강해 사업모델이 미흡하고 구체적이지 못하여, 곧 '무슨 사업을 어떻게 해야 할지 몰라서' 사업추진력을 얻는 데 실패했다.

셋째, 협동조합의 본질적 특성인 협동조합적 가치와 관련된 문제로, 조합원인 노동자들의 협동조합사업에 대한 헌신과 충성도가 다른 유형의 협동조합에 비해 낮았을 개연성을 배제할 수 없다. 노동자협동조합원이 사업성과를 조합의 지속가능성을 위해 내부유보하기보다 이익배당 위주의 배분을 선호하는 경향 때문이다. 이는 노동자협동조합만의 문제가 아니라 모든 협동조합의 일반적 한계점이며, 자본조달능력 부족과 함께 협동조합의 지속가능성에 아주 부정적인 영향을 미친다. 일종의 '협동조합 자살(自殺)' 또는 '협동조합 자해(自害)'라고 할 수 있다.

협동조합은 우리나라의 낮은 자가(自家)점유율을 비롯한 주택문제를 해결할 수 있는 대안적 모델이다.

부동산 경기침체 가운데에서 주택가격이나 전세가가 높아서 상당수 국민이 전셋집 한 칸 마음 놓고 구하기 어려운 것이 우리나라 주택사정이다. 주택보급률은 이미 100퍼센트를 넘어선 지 오래지만 2015년 현재, 자가점유율[22]은 50퍼센트를 겨우 넘는다. 우리 국민 2명 중 1명은 주택소유가 아닌 임차 등 기타 주거수단으로 산다는 의미이다. 주택과 관련하여 정말 특별한 방안이 나오든가, 아니면 주택소유나 그 방법에 대한 인식이 크게 바뀌지 않으면 안 된다.

이런 점에서 앞에 나온 이탈리아 주택협동조합 사례(무리, 콥안살로니 등)는 특별하며, 주택 및 관련서비스를 사업모델화하는 데 참고할 수 있다. 우리나라는 협동조합기본법 시행 이후 2014년 말 기준으로 '이웃기웃청년주거협동조합', '오시리가름주택협동조합' 등 부동산관련 사업 협동조합이 거의 70개 가까이 설립되었다.[23]

직접 주택협동조합을 설립할 수도 있지만 우리나라는 현실적으로 조합원 확보를 포함해 주택협동조합을 추진하는 데 어려움이 많으리라 예상된다.

따라서 이탈리아의 주택협동조합처럼 직접적인 주택건설 및 임대형식의 협동조합 사업 추진은 어렵더라도 간접적 방법으로 주택을 비롯한 부동산관련 서비스 분야에서 협동조합을 추진할 수 있다.

사실 우리나라에서 아파트 관리, 특히 아파트의 수선유지 부분에서 많은 문제가 존재했다. 가격담합이나 수선유지 서비스의 품질에 대한 신뢰성 문제 등은 아파트 거주민들에게 큰 부담이 되어 왔다.

---

[22] 주택보급률은 전국에 건설된 주택수를 주택수요자인 가구수(세대수)로 나눈 비율이고, 자가점유율은 각 가구(세대)가 자신 소유의 주택에 사는 비율이다.

[23] 기획재정부 협동조합 홈페이지(www.coop.co.kr) 참조.

이미 우리나라 국민의 아파트 거주율은 거의 절반에 이르고 있으니 아파트 수선유지나 관련 서비스 분야에서 협동조합으로 창업하여 기존 아파트 관리회사와 경쟁하는 것도 충분히 검토해볼 만하다.

이러한 협동조합에 아파트 주민들이 개인으로 혹은 주택수선유지서비스업 등 창업한 후 참여할 수 있고, 기존 아파트 자치조직인 부녀회가 협동조합을 설립한 후 수선유지 서비스 등을 제공하면 된다. 육아 수요를 충족할 수 있는 공동육아협동조합도 아파트 주민들에게 좋은 선택지가 될 수 있다.

종합하면, 지금까지 주택관리업체 외주에 의존하던 아파트 수선유지를 아파트 주민들이 스스로 만든 협동조합이 수행하여 주민 자치도가 높아지고, 수선유지 서비스 품질에 대한 신뢰도까지 높이는 결과를 기대할 수 있다.

협동조합으로 공동장비를 확보해 경쟁력을 높여 저렴하고 품질 좋은 수선유지 서비스를 제공함은 물론, 주민들이 부담하는 관리비도 줄일 수 있고, 아파트 수선유지를 목적으로 하는 협동조합의 규모가 커지면 직원을 채용하여 고용창출이라는 사회적 기여도 가능해진다.

협동조합은 실버(노년)계층과 같은 사회적 보호 또는 돌봄서비스 분야에서 비교우위 모델이다.

우리나라가 급속도로 고령화사회로 들어서고 있음에 주목하라! 또한 핀란드 로푸키리 노인공동체[24]를 주목하라! 사회적 취약계층을 대상으로 하는 사회적서비스의 사업모델화가 가능하다는 얘기다.

현재 우리나라의 50대 이후 세대는 노후준비가 제대로 안 되어 있는

---

24 제3장 [협동조합이 가는 길]의 사회적협동조합 참조.

경우가 많으며, 그들의 자녀 또한 그러한 부모를 부양할 능력이 취약한 편이다. 이들에 대한 국가적인 보호나 사회보장도 그리 충분하다고 할 수 없다.

외국의 사례를 보면 사회적협동조합도 충분히 사업수행 수단 또는 사업모델의 대상이 될 수 있다. 국가나 지방자치단체에서 법령이나 규정상의 문제로 미처 제공하지 못하거나, 일반기업에서 사업상 경쟁력이 없어 진입하지 못한 사회서비스 분야, 이른바 '틈새시장'에서 사회적협동조합이 사업기회를 포착하여 이를 사업모델화할 수 있다.[25]

또한 이탈리아 '카라박 프로젝트'라는 공동육아협동조합 컨소시엄에 참여하는 사회적협동조합 '카디아이'의 사례와 같이 상당한 고용창출효과도 기대할 수 있다.

사회적협동조합은 사회적서비스 제공이라는 사업수행을 위해 다중이해관계자가 협동조합 구성원으로 참여하는 경우가 많은데, 여기에 사회적서비스 제공주체와 수혜대상자 양측 모두 포함된다. 그리고 이러한 사회적서비스 제공에 관계되는 제3자 그룹인 요양보호사나 사회복지사 등 전문가그룹도 참여할 수 있어 당연히 고용이 증가하게 된다.

우리나라는 이미 65세 이상 노인인구 비율이 전체 인구의 7퍼센트 이상을 차지하는 고령화사회로 진입하였고, 그 비율이 20퍼센트 이상인 초고령사회도 아주 먼 미래가 아니다.

따라서 돌봄서비스 분야 특히 노인계층을 대상으로 하는 협동조합

---

[25]　다만, 이탈리아의 상당수 사회적협동조합 사례(카라박 프로젝트 내 카디아이 등)에서 보듯이, 사회적협동조합은 사회적서비스 제공이라는 사업특성상 정부기관이나 지방자치단체와의 긴밀한 협조체제 구축이 중요하다.

의 사업모델도 진지하게 고려할 필요가 있다. 협동조합이 모든 분야나 업종에 다 효율적이거나 경쟁력이 있지는 않으며, 장점만 있는 것은 아니지만, 노인층 관련해서는 충분히 비교우위가 있다.

이처럼 협동조합이 더 유리한 분야가 있게 마련이다. 이것이 바로 영·유아대상 분야나 실버계층, 장애인 등 사회적 취약계층 돌봄서비스 분야에서 협동조합 설립과 운영을 시도할 가치와 필요성이 충분하다고 강조하는 이유이다. 물론 이 경우에는 사회적협동조합이 더 적절하다. 핀란드 로푸키리 노인공동체는 사회적협동조합은 아니지만 우리나라 노인생활이나 요양문제 해결에 많은 시사점을 줄 수 있다.

문화예술, 로컬푸드, 기타 분야에서도 협동조합이 가능하다. 공연을 포함한 문화예술 분야나 청정농산물을 대상으로 하는 로컬푸드(local food) 사업(제터먹이사업) 등 협동조합이 가능한 데다 오히려 비교우위를 나타낼 수 있는 분야가 꽤 있다.

우선 문화예술 분야에는 '신나는 문화학교 자바르떼'(이하 자바르떼)가 있다. '자바르떼'(Jobarte)는 일(事)을 뜻하는 영어 'job'과 예술을 의미하는 이탈리아어 'arte'를 합성한 이름이다. 예술인 일자리 제공, 어려운 형편의 사람들에게 문화예술 서비스를 제공하는 사회적협동조합의 의의가 잘 드러난다.

자바르떼는 사실 협동조합기본법이 시행되기 훨씬 이전(2004년)부터 서울·안산·인천지역의 소외계층 또는 취약계층에게 문화 혜택을 주기 위한 활동을 해왔다. 이를 위해 공연가를 비롯한 예술인들이 모여 '신나는 문화학교'를 설립하였고, 협동조합기본법이 실행된 직후인 2013년에 사회적협동조합으로 전환하여 오늘에 이르렀다.

자바르떼 외에도 2015년 2월 말 기준으로 '만리동예술인협동조합'

(서울 중구 만리동)을 포함하여, 예술·스포츠 및 여가 관련 서비스 분야 협동조합이 5백 개 이상 설립되었다. 물론 현재는 이 신생 협동조합 모두가 얼마나 장기적으로 생존 또는 지속가능할지 알 수 없지만, 문화예술 분야에서 협동조합을 기반으로 한 사업모델이 충분히 가능하다.

협동조합과 사업,
이렇게 시작하고 추진하라
(협동조합 및 사업평가모델 구축차원의 접근)

오늘날 협동조합을 직접 설립운영하든, 협동조합 정책부서에서 정책을 수립하거나 중간지원조직에서 조합 지원에 관여하든, 협동조합에 관계하는 모든 이들에게 협동조합을 어떻게 시작하고 수행해야 하는지 즉, 협동조합이 어떻게 조직목적이나 비전을 설정하고, 이를 실현하기 위한 사업모델을 어떻게 설정해야 하는지 '이정표'를 제시하고자 한다.

지금까지 협동조합이 우리 사회경제 생활과 삶의 한 축을 구성하고, 우리나라에도 많은 협동조합이 설립 중인 현실을 살펴보았다. 또한 협동조합의 역사가 깊거나 사회경제 비중이 높은 세계 여러 나라의 주요 협동조합 사례를 돌아보고, 이들 조합이 성장하거나 경쟁력을 높여나가는 전략, 비결, 경험들을 공유하였다.

사업조직으로서 협동조합에 절실히 필요한 것은 결국 성공적인 사업을 수행하여 조합원을 만족시키고, 지역사회와 공존하며 지속가능하기 위한 사업모델을 구축하는 길임을 깨달을 수 있었다.

그리하여 협동조합의 사업모델 측면에서 국제협동조합연맹(ICA)의 협동조합 7원칙부터 협동조합기본법, 사업모델(비즈니스 모델)의 일반적 이론들까지 살펴보았다.

다만 A. 오스터왈더의 「비즈니스 모델 캔버스」 이론이나 P. 티머스의 「3단계 비즈니스 모델」 이론이나 기법은 많은 시사점이 있지만 우리나라 협동조합, 특히 협동조합기본법 시행 이후에 많이 설립되는 소규모 협동조합에 실제로 적용하기는 어렵다.

협동조합의 사업모델에는 협동조합이 중시하는 가치와 원칙, 상부상조 정신과 지역사회 기여가 반영되어야 한다. 협동조합만의 정체성이 반영된 사업모델을 추구하여야 된다는 말이다.

그러므로 여기에서 비즈니스 모델로서 협동조합이 설립초기 단계의 시행착오를 줄이기 위한 평가시스템 또는 모델을 시도해보려고 한다.

협동조합의 운영 또는 사업수행을 할 때 항상 뒷받침되어야 하는 이념 요소를 정의하고, 협동조합을 설립하면서 사업계획을 수립할 때나 기존 협동조합이 새로운 사업모델을 만들고 이를 수행해야 할 때, 미리 그 사업들을 평가함으로써 사업수행상 시행착오를 줄이고 그 사업과 협동조합의 지속가능성을 높이는 데 도움이 되기 위한 것이다.

또한 사업기회를 포착하고 이를 사업모델로 만드는 데 유의해야 하는 특성요인들을 알아보고자 한다. 협동조합도 일반기업과 마찬가지로 명백히 경영조직체이며, 사업을 효율적으로 수행해야 하는 사업조직이기 때문이다.

이 책에서는 이러한 협동조합의 사업수행 특성요인을 중요하면서도 기본적인 4가지 사항이라는 의미에서 '협동조합의 사업ABCD'라고 부르기로 한다. 이러한 특성요인 4가지는 협동조합의 사업수행을 뒷받침하는 핵심이므로, 어느 하나라도 약화되거나 빠지면 협동조합의 장점의 발휘가 어렵기 때문에 사업수행 시에 항상 동반되어야 한다.

이것이 협동조합의 사업 '특성요인'이다

"어느 하나라도 부족하면 협동조합이라고 할 수 없고, 협동조합 사업을 제대로 수행할 수도 없다!"

협동조합 사업의 자발성(自發性, Autonomy)

협동조합은 당연히 '자발적인 열정'을 그 출발점으로 한다. '자발성'(自發性)은 협동조합의 모든 것이다. 자발성은 협동조합의 다른 특질이나 장점이 시작되는 지점이기도 하다. 차라리 모든 것을 포괄한다는 의미로 '알파(α)와 오메가(ω)'라고 해야 적절하다. 자발성은 협동조합을 이념적으로 구성하는 4대 축의 하나인 '협동성'의 바탕이 되기 때문이다. 협동조합의 정체성(identity)이 바로 '협동'이지만, 그 협동성이 자발성을 기반으로 한다.

자발성은 처음 조합을 설립할 때만 중요한 게 아니라, 조합 운영이나 사업추진에서 필수적이다. 협업(協業)이 조합의 사업수행 수단인데, 억지로 하는 협업이 성과를 제대로 낼 수 있을 리 없다.

협동조합의 자발성은 역사상 많은 협동조합에서 찾아볼 수 있다. 자발적으로 모인 조합원(노동자, 농민 등)은 조합의 운영규칙을 만들고, 조합원으로서 자생성(自生性)을 키워 나갔다.

이 책에 소개된 협동조합들을 떠올려 보라! 몬드라곤 그룹, 선키스트 등 세계적으로 전통과 역사를 지닌, 성공한 협동조합으로 평가되는 협동조합이나 협동조합 그룹은 대부분 자발성을 그 출발점으로 한다. 이들 조합은 조합원들이 자발적으로 나서 만들어진 조직이었다.

협동조합 사업에서 자발성은 사업모델을 구성하는 '혈액' 역할을 한다. 자발성 혹은 자생성은 협동조합의 운영이나 사업수행 시에 발생하는 온갖 부정적인 '바이러스'를 물리치는 '백혈구'와 같다. 그러므로 자발성은 모든 협동조합에서 성공의 시작점이다.

협동조합에서 조합원은 조합의 소유자로 복리증진의 수혜 주체이지만, 의무도 부담해야 하는 이중적 지위를 가진다. 조합원의 권리(복지와 권익)를 누릴 뿐만 아니라 책임도 지게 된다.

조합원의 의무는 한마디로 '주인의식'을 가진 참여의무이다. 경제적 참여의무(출자금 등)와 조합활동 참여의무이다. 이러한 의무는 조합원으로서 자발적 참여가 없거나 자발적 참여의지가 약하면 기대하기 어려운 부분이다. 혼자나 소수로 안 되는 일(사업)을 모여서 같이 하면 가능하다는 것도 자발성이 없으면 소용이 없다.

협동조합 사업의 균형성(均衡性, Balancing)

국내외의 많은 협동조합은 존속과 성장을 위해, 사업을 수행하기 위해 협동조합의 가치와 원칙에 충실하면서도 정체성(가치와 원칙)과 사업성의 적절한 조화와 균형을 취하며 조합 활동 즉, 사업을 수행했다.

특히 유럽의 많은 '협동조합형 기업'은 사업의 경쟁력을 위하여 자회사설립, 인수합병 등 기업 전략을 채택하면서도 협동조합의 조직정체성인 의사결정 체계 또는 지배체계(governance)는 잘 유지하였다. 협동조합과 사업수행에 필요한 이러한 특성을 '균형성'이라고 표현할 수 있다.

협동조합은 그 특성 자체가 이중적이다. 어떤 면에서 매우 이질적인 두 요소 또는 특질이 상호 공존한다. 협동조합은 인적 결합체의 특성이 매우 강하지만 사업체 조직이기도 하므로, 비즈니스 모델 차원에서 협동조합의 사업수행과 정체성(협동조합적 특성)은 밀접한 동반자가 되어야 한다. 사업모델을 만들 때나 사업수행 시에 협동조합의 균형성이 반드시 그 기반이 되어야 한다는 말이다.

다만 사업모델 구축과 사업수행에서 지나치게 이념적으로 되어서는 곤란하다. 그래서는 협동조합이 조직으로서 지속가능성을 확보하기가 어렵다. 협동조합 조직의 운영목적은 기업과 달리 영리추구 우선주의는 아니지만 사업조직으로서 성과를 창출해야 한다.

협동조합을 운영하려면 비용지출이나 사업투자가 반드시 요구되며, ICA의 '협동조합 7원칙'에도 나온 '조합원의 경제적 참여'가 틀림없이 있어야 한다. 조합원의 자본적 참여나 자금참여는 필수이다. 이러한 까닭으로 협동조합에서 사업추진의 효율과 가치, 조합원의 권익증진과 조합원의 의무인 경제적 참여 간에 조화로운 균형이 매우 중요하다.

스페인의 몬드라곤이나 네덜란드의 라보뱅크는 협동조합의 수익(잉여금)을 조합원 개인에 배당하기보다는 조합의 미래를 위해 내부에 적립하고, 또한 배당하더라도 먼 훗날 조합을 떠날 때(퇴직 등)에나 인출하는 데 합의를 이끌어냈다. 이 또한 '성공하는 협동조합'의 '균형성'이 잘 발휘된 경우가 아니겠는가.

협동조합 사업의 협동성(協同性, Cooperativity)

역사상 어느 협동조합을 막론하고 성공적 사업수행이 저절로 이루어지지 않는다는 사실을 조합원들은 많은 시행착오 끝에 알게 되었다.

그들은 필요한 것(소비 등)을 얻기 위해 조합원 개인이나 조합원 일부가 참여한다고 해서 성과를 내거나 성공할 수 없으며, 조합원 모두의 헌신적 협동이 필요함을 절감하였다. 단결이 없으면 생존할 수 없음을 알았다.

그래서 협동하기 위하여, 도덕적 해이를 막기 위하여 운영원칙이나 규칙을 만들었다. 대표적인 것이 '이용고배당'이다. '많이 참여(이용)하는 조합원에게는 많이 배당한다'라는 매우 단순한(!) 원칙이다.

이와 같이 협동조합 사업에 절실히 필요한 것이 '협동성'이다. 협동성이란 협동조합원 모두의 '참여 정도'를 의미한다. 협동조합의 성공적 사업수행은 특히 헌신적인 참여에서 나온다. 협동이 없거나 협동이 충분히 이루어지지 않는다면 협동조합에서 그 무슨 활동, 그 무슨 사업을 수행할 수 있단 말인가!

우리나라 협동조합기본법은 2조 1호에서 협동조합을 '재화 또는 용역의 구매 · 생산 · 판매 · 제공 등을 협동으로 영위'하는 사업조직이라고 분명하게 정의한다. 협동조합의 사업모델에서 '협동성'은 중요한 정도가 아니라 '협동조합 그 자체'이다.

'협동성'은 협동조합의 일관된 사업추진을 가능하게 해 주는 엔진 역할을 한다. 모래만으로는 집을 지을 수 없으나 시멘트가 반죽된 모래로는 수십 층의 건물도 올릴 수 있다. 이처럼 협동조합의 협동성은 자발적으로 출발한 협동조합이 성과를 내게 하는 동력(動力)이다.

소유자와 경영자, 이용자가 원칙적으로 일치하는 협동조합의 장점도 협동성이 제대로 발휘되지 않으면 아무 의미가 없다. 협동조합의 민주적 특성인 1인 1표제를 기반으로 하는 조직운영도 갈등이 발생하면 의사결정 기간이 길어지거나 의사결정 자체가 불가능해지는 등 협동조합의 의사결정 비용을 오히려 크게 증가시킨다. 협동조합의 이러한 단점도 협동성만 잘 발휘되면 극복할 수 있다.

협동조합 사업의 민주성(民主性, Democracy)

협동조합은 조합원 1인의 독단이나 독재를 허용하지 않는다. 국제협동조합연맹(ICA)의 협동조합 7원칙 중 제2원칙인 '조합원의 민주적 참여'는 바로 협동조합의 '민주성'을 의미한다.

민주성은 조합원의 '협동성'을 이끌어내고, 또한 절차적 정당성과 설득력의 핵심이다. 협동조합은 민주적 운영을 통한 협동성 창출로 사업수행 및 성과를 창출해야 한다. 민주성은 사업수행 과정에서 조합원의 참여를 이끌어냄은 물론, 그 참여도를 크게 높이고, 사업수행 과정의 효율을 떨어뜨리는 도덕적 해이를 방지하거나 낮추는 결정적 '방패'가 된다.

미국 16대 대통령 에이브러햄 링컨은 남북전쟁 당시 게티즈버그에서 행해진 전몰장병 추도식에서 민주주의 역사에 길이 남을 만한 말을 남겼다. "국민의, 국민에 의한, 국민을 위한 정부는 이 세상에서 사라지지 않을 것이다."

협동조합이 지속가능한 사업모델로서 존속하길 바라면서 다음과 같이 패러디(?)한다. "조합원의, 조합원에 의한, 조합원을 위한 협동조합만이 성공할 것이다."

여기서 '조합원의'가 의미하는 바는 조합원이 협동조합의 주인이 되는(조합원 주권) 협동조합이며, '조합원에 의한'은 조합원이 주체적으로 협동조합의 운영에 관한 사항을 결정하는(조합원 자치) 협동조합을 의미한다. '조합원을 위한'은 협동조합 활동이나 사업의 궁극적인 목적이 조합의 권익과 복리증진임(조합원 복지)을 나타낸다.

협동조합에서 '민주성'의 진정한 구현은 조합원 주권과 조합원 자치, 조합원 복지실현이 삼위일체적 관계가 될 때 가능해진다. 이 세 가지 중 어느 하나라도 결핍되거나 약화되면 협동조합의 사업수행 즉, 사업모델의 실현이 현실적으로 어렵다.

협동조합에서 이렇게 중요한 민주성이 약화되거나 훼손되면 그 협동조합은 사실상 협동조합이라고 볼 수 없다. 이른바 '1인조합'으로 흐르거나 원활한 사업추진이 어려워진다. 앞으로 협동조합기본법상의 협동조합이 지속적으로 설립 운영될 텐데 사실상 개인기업에 가까운 '1인 조합'의 출현을 경계해야 한다.

협동조합의 지속가능성(持續可能性, Eternity)

조직은 목적을 달성하기 위한 구체적인 시스템이다. 협동조합도 조직이므로 그 영구적인 존속 또는 지속가능성을 목표로 하는 것이 당연하다.

왜 협동조합으로서 지속적으로 생존하고, 성공적이어야 하는가? 조합 구성원인 조합원의 권익과 복리를 증진하고, 지역사회에 기여해야하기 때문이다. 협동조합기본법도 협동조합이 법인격을 가진 영속적인 조직으로서 계속 사회경제적 역할을 해 나갈 것을 기대한다.

협동조합이 무슨 사업을 할 것인지 사업모델을 분명히 하고, 앞에서 살펴본 협동조합 운영 및 사업의 기본 플랫폼을 구성하는 네 가지 특성요인인 조합원의 '자발성'과 '협동성', 협동조합 사업 및 운영의 '균형성'과 '민주성'을 바탕으로 하여, 협동조합이 처한 환경과 그 변화에 효과적으로 대응해나갈 때 그 조합의 지속가능성(Eternity)은 더욱 높아진다.

'성공하는 협동조합'이 되기 위한 협동조합 사업모델의 이념적 구성요소인 자발성, 균형성, 협동성, 민주성이 동시에 잘 반영되어 사업추진이 이루어질 때 협동조합의 지속가능성이 확보된다는 말이다.

협동조합 사업모델의 4가지 특성요인

따라서 협동조합을 처음으로 설립 운영할 때, 사업계획을 수립하거나 신규사업에 투자 혹은 사업계획을 변경할 때, 협동조합의 경영을 평가할 때에 협동조합 사업모델의 이념 기반을 구성하는 이 특성요인을 잘 갖추고 있는가를 판단해야 한다.

협동조합의 사업특성 요인과 지속가능성

- 협동조합은 조합원의 '자발성', 정체성(협동조합의 가치와 원칙 준수)과 사업성 사이의 '균형성', 조합운영 과정의 '협동성'과 '민주성'은 협동조합의 기본 중의 기본(협동조합의 필수 특성요인)이다.
- 네 가지 특성요인이 모든 협동조합과 사업추진의 기본바탕이 되어야만 협동조합 조직의 궁극적인 목표로서의 지속가능성이 확보된다.
- 협동조합의 지속가능성을 떠받치는 이 특성요인들을 바탕으로 사업모델을 만들고, 사업을 추진해야 한다.

결론적으로 협동조합의 성공가능성이나 지속가능성을 평가 혹은 예측할 때, 다음의 체크포인트에 유의해야 한다. 이는 협동조합에서 사업수행이나 운영을 자체적으로 평가할 때도 동일하게 적용되어야 한다.

협동조합과 사업의 지속가능성 체크포인트

- 진정으로 자발적, 자생적 조직인가.(자발성)
- 협동조합적 가치와 정신에 투철하며, 조합 사업에서 조합원 권익(복리)을 증진하면서 지역사회에도 기여할 수 있는가.(균형성)
- 조직 거버넌스(협력수행 체계)가 조합원의 충분하고 헌신적인 협동을 이끌어낼 만한가.(협동성)
- 조합원 간 갈등을 유발하지 않을 정도로 조합의 사업수행과 제도, 운영이 충분히 민주적인가.(민주성)

협동조합과 사업의 '성공방정식'을 풀어라

협동조합기본법(제1조)에서는 협동조합의 목적을 '사업수행(재화 또는 용역의 구매·생산·판매·제공 등)을 협동으로 영위함으로써 조합원의 권익을 향상하고 지역 사회에 공헌하고자 하는' 사업조직이라고 하였다. 여기에서 핵심이 되는 단어는 사업수행과 관련된 '협동', '조합원', '지역사회'이다.

진정으로 협동조합의 가치와 원칙에 충실한 조합이고자 한다면, 그리하여 협동조합의 사업조직으로 지속가능성 있는 조직이 되고자 한다면 조합원과 지역사회라는 '두 마리 토끼'를 모두 잡아야 하고, 그러기 위해서 협동조합이 내부 구성원인 조합원과 외부 이해관계자인 지역사회 및 그 구성원과 아주 실체적(實体的)인 협동을 해야만 한다. 그러므로 수행하려는 사업이나 제품 또는 서비스 판매가 지역이 받아들일 수 있는 것이어야 한다.

앞에서 협동조합의 핵심 특성요소 또는 협동조합 사업수행의 플랫폼(기반)이자 동반자로서 특성 요인을 살펴보았다. 또한 자발성, 균형성, 협동성 및 민주성 이 네 가지 특성요인 중 어느 하나라도 약화되거나 변질되면 협동조합의 정체성이 흔들리거나 사업수행이 제대로 결실을 못 내고, 결국 협동조합의 목적달성에 실패할 수도 있음을 보았다. 협동조합의 사업모델에서 네 가지 특성요인은 없어서는 안 될 일종의 '상수'(常數)이다.

협동조합을 설립할 예정이거나 현재 설립운영 중인 경우, 다음에서 제시하는 접근법을 통해 협동조합의 사업계획이나 추진예정 사업의 성공가능성을 자체 점검하는 데 도움을 받을 수 있다.

사실 이 책에서 제4장 [협동조합, 이래야 성공한다]를 서술하기 위해 2장, 3장에서 국내외의 분야별, 유형별 협동조합 사례를 돌아보았다고 해도 과언이 아니다. 이 조합들은 각자 주어진 여건에서 타당성 있는 사업기회를 찾고, 이를 구체화하는 방안을 탐색하였으며, 지속적으로 사업경쟁력을 확보해갔다.

한편 지역이나 소속된 사회와 협력을 위한 노력을 지속하면서, 조합이 지역에 좀 더 밀착하여 의사소통할 수 있도록 지역사회와 연대강화를 위한 조치들을 취하였다.

저자는 이러한 사례들을 분석연구하면서 이들 협동조합의 공통분모를 찾고자 하였다. 그 결과 협동조합의 사업은 두 가지 방향 즉, '투트랙'(two-track)적으로 사업수행이 필요함을 알게 되었다. 협동조합 사업 수행은 서로 긴밀히 연결되어 있으면서도 다른 차원의 접근, 대응이 필요한 이질적 전략요인이 병존(竝存)하기 때문이다. 트랙(track)에는 궤도(軌道)의 의미가 들어 있다. 궤도는 놓치지 않고 따라가야 한다. 마찬가지로 협동조합의 운영 특히 사업에는 반드시 따라야 할 '궤도'가 있다. 바로 사업트랙(Business Track)과 연대트랙(Association Track)이 그것이다. 다음은 이를 도표화한 것이다.

도표 상단의 '사업트랙'(Business track)을 구성하는 협동조합의 '사업타당성'과 '사업구체성'은 서로 밀접하게 연결된다. 사업적으로 타당성이 없거나 낮을 때는 사업구체화의 의미가 없다. 또한 사업타당성이 있다고 해서 반드시 사업적으로 구체화될 수 있는 것은 아니다. 어떤 사업항목이 협동조합이나 조합원에게 필요하거나 복리증진에 기여할 수 있다면 일단 사업타당성이 있거나, 최소한 사업적으로 의미 있다고 할 수는 있다. 그러나 기술환경 등 사업환경의 여건 때문에 구체화가 어려

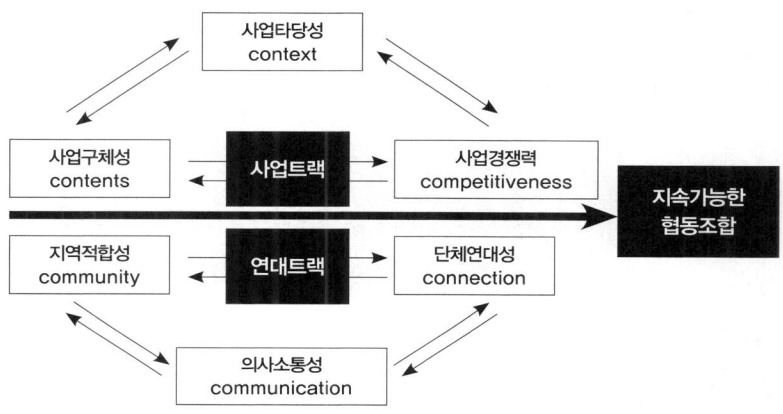

협동조합 사업 2트랙-6C전략 모델

울 수도 있다. 사업구체성과 사업경쟁력, 사업타당성과 사업경쟁력 간의 관계도 마찬가지이다.

한편 도표 하단의 '연대트랙'(Association track)을 구성하는 3요소도 서로 밀접하게 관련되어 있다.

이와 같이 협동조합의 사업은 수학에서 두 개의 미지수를 가진, '2원 1차 연립방정식'에 비유할 수 있다.

A식 = 지역적합성 + 단체연대성 + 의사소통성 = 연대트랙
B식 = 사업타당성 + 사업구체성 + 사업경쟁력 = 사업트랙

협동조합의 사업수행은 그 사업의 '사업트랙'(사업타당성, 사업구체성, 사업경쟁력) 요소뿐만 아니라 사업수행 과정의 기반(플랫폼) 요소인 '연대트랙'(지역적합성, 연대가능성, 의사소통성)이라는 두 개의 핵심변수 또는 미지수가 존재한다. 다만 이것은 이미 그 답이 주어져 있는 재미있는 방정

식이다. 식을 풀 의지만 있다면 말이다.

다시 도표로 돌아가 보자.

성공하는 협동조합이 되기 위해서는 '협동조합 방정식'을 잘 풀어야 한다. 협동조합은 사업추진에서 사업트랙과 연대트랙의 두 방향 모두의 효율성 달성이 필수이다.

결국 협동조합이 성공하는 '방정식'의 정답은 유일하다. 사업트랙(사업성 중심)과 연대트랙(협동성 중심)의 상호 효율성을 달성하여 협동조합의 지속가능성을 높이는 것밖에 다른 해결방안은 없다.

이것은 사업체이자 사람중심 조직체(결사체)라는 협동조합의 이중성으로 자전거의 앞뒤 바퀴나 수레의 좌우 바퀴와 같이 어느 한쪽만 굴러서는 원하는 방향으로 갈 수 없는 이치와 같다.

협동조합과 사업은 2트랙 접근이 필요하다

사업트랙(B트랙 : Business Track)

일반 영리협동조합이든 비영리 사회적협동조합이든 그 조합의 주요사업은 반드시 '사업성'이 높아야 한다.

협동조합의 주요사업이 '사업성'이 있으려면 사업의 전략적 방향성(타당성)이 적합하여야 하고, 실행가능성(구체성)이 우수해야 하며, '경쟁력'이 뛰어나야 한다. 이렇게 사업이 타당성, 구체성, 경쟁력 이 세 가지가 삼위일체적으로 갖추어질 때 그 조합은 성공하는 협동조합의 길에 들어설 수 있다.

협동조합은 단순히 동호인(同好人) 조직이나 친목회가 아니라 뚜렷한 목적 곧 협동조합 가치와 정신으로 협동조합적 목표를 달성하여 조합원과 지역사회에 공헌하는 조직이기 때문이다.

- **사업타당성(context)**
- 조합의 목적과 사업이 개인차원에서는 해결하기 어려운가.
- 협동조합으로 사업추진의 필요성이 높은가.
- 제품과 서비스가 조합원의 필요를 반영하는가.
- **사업구체성(contents)**
- 사업계획이 구체적이고 실행가능한가.
- 협동조합을 이끌 리더와 리더십은 신뢰할 수 있는가.
- 리더십에 부응하는 조합원 그룹은 충분한가.
- 사업계획이 경영자원으로 충분히 뒷받침되는가.
- **사업경쟁력(competitiveness)**
- 경제적 지속가능성을 높이기 위한 사업이 있는가.
- 공동사업(구매/생산/판매 등)을 통한 비교우위가 있는가.
- 원가경영을 하면서도 사업경쟁력(경쟁력)이 있는가.

연대트랙(A트랙 : Association Track)

모든 협동조합은 지역사회와 그 소속 구성원들을 기반으로 한다. ICA
의 '협동조합 7원칙' 중 제6원칙인 '지역사회와의 연대'는 이를 반영
한다.

협동조합에서 '연대'는 협동조합의 탄생과 생존 과정에서 사람의 혈
액과 같은 역할을 한다. 따라서 협동조합 사업은 사업트랙의 구성요소
뿐만 아니라 연대트랙의 구성요소에 의해서도 전체 성과가 좌우된다.
또한 연대트랙은 그 조합과 지역사회의 원활한 의사소통성(커뮤니케이

션)도 포함한다. 이것이 협동조합 7원칙에서 지역사회와 네트워크 형성 및 홍보를 강조하는 이유이다.

'연대트랙'은 협동조합이 사업수행을 하는 데 건물의 양축(兩軸) 중 하나와 같은 역할을 한다. 이러한 연대트랙은 '지역적합성'(지역성), '연대가능성'(연대성), '의사소통성'(설득력)을 그 구성요소로 한다.

- **지역적합성**(community ; local-oriented)
- 협동조합은 적절한 지역지향성을 가졌는가.
- 지역 내 자원 활용으로 조합 활동(사업)이 가능한가.
- 활동(사업)성과가 지역사회로 피드백될 수 있는가

- **연대가능성**(connection)
- 협동조합은 지역사회 네트워크가 형성되어 있는가.
- 소재 지역 내에 사회경제적 단체가 다양하고 적당한가.

- **의사소통성**(communication)
- 협동조합은 내부적으로, 조합원 간 의사소통을 위해 제도적 장치를 잘 활용하는가.(교육, 훈련, 정보제공)
- 의부적으로 지역사회와 의사소통을 위한 노력의 수준은 어느 정도인 가.(정보제공, 기여활동)

협동조합과 사업의 「2트랙-6C전략」 모델 내용

사업타당성(context)[26]

26   context는 문맥, 정황(情況) 등을 의미한다. 문맥이 일치해야 의미가 통하고 전후좌우의 정황(상황)이 파악되어야 사정이 이해되므로, 여기서는 context를 타당성과 동의어로 사용하였다. 한

- 조합의 목적과 사업이 개인차원에서는 해결하기 어려운가.
- 협동조합으로 사업추진의 필요성이 높은가.
- 제품과 서비스가 조합원의 필요를 반영하는가.

협동조합의 초기인 협동조합의 설립 이전이나 설립단계에서 직면하는 최초의 장애물은 '과연 협동조합으로 성공할 수 있을 것인가?'라는 회의적인 시각이다.

협동조합으로 좋은 성과를 낼 사업수행이 이루어질 것인가에 대한 의문이, 조합 외부에서만이 아니라 조합 설립을 추진하는 내부에서도 곧잘 제기될 수 있다. 그만큼 협동조합과 그 추진사업에 신뢰성을 얻기가 어렵다.

협동조합 이론의 대가인 A. 레이들로 박사는 이를 '신뢰성의 위기'(a credibility crisis)[27]라고 표현하였다.

사실 우리나라에서 협동조합기본법상으로 설립되는 많은 협동조합에도 이러한 신뢰성의 위기가 초래될 가능성이 크다. 어떤 협동조합이든 그 구성원의 필요와 욕구를 충족시킬 수 있도록 사업에 대한 높은 신뢰성 곧 사업타당성을 제시하지 못하면 협동조합으로서 존재할 이유가 없다.

협동조합의 사업은 조합 참여자의 필요와 욕구를 집약(集約)해야 하며, 그것이 조합원의 필요와 욕구 즉, 편익(복리)을 제공할 수 있다는 기

편 「2트랙-6C전략」 모델에서 '6C'는 알파벳 C로 시작되는 영어단어 6개로 상징되는 협동조합 성공의 전략요소를 의미하는 것으로 저자가 그 의미를 정하였다.

[27]　캐나다 노바스코샤 주 안티고니쉬 지역의 협동조합 운동경험을 바탕으로 A. 레이들로 박사가 1980년 러시아 모스크바에서 개최된 국제협동조합연맹(ICA)의 제27차 연차총회에 제출한 「서기 2000년의 협동조합」(Cooperatives in the year 2000) 보고서에 쓴 용어이다.

대를 충족시켜야 한다. 그렇지 못한 협동조합은 레이들로 박사가 제기한 바와 같이, 조합 안팎으로 지속가능성에 대한 신뢰성의 위기가 초래된다.

따라서 협동조합과 그 조합 사업의 성공가능성에 대한 조합원과 외부 이해관계자의 신뢰를 높이려면 무엇보다 '우리 협동조합에 무엇을 기대할 수 있는가?'라는 질문에 대답할 수 있어야 한다. 모든 협동조합은 '어떤 제품이나 서비스를 제공해서 조합원의 권익과 복리를 증진시키고자 설립 운영하려는가?'라는 존재 이유에 대한 물음에 합목적, 필요충족적 해결방안을 제시할 수 있어야 한다.

그러기 위해서 협동조합을 만들 때는 굳이 협동조합이어야 할 절실한 필요성이나 협동조합을 설립, 운영해야만 하는 상황이나 배경을 그 조합의 비전이나 목적으로 설정하고 이를 사업으로 구현할 수 있어야 한다. 사업타당성(사업의 전략적 방향성)이 있어야 한다.

협동조합의 사업타당성

> 조합원들끼리 우리 조합의 사업성을 충분히 검토했는가?　　　yes?

- 협동조합의 사업이 타당성을 보유하려면
- 협동조합은 사업이 필수적이고, 사업(영리, 비영리)을 성공적으로 수행하려면 조합의 장점(S), 단점(W), 기회(O), 위기(T)를 잘 파악한다.
- "知彼知己, 百戰百勝"(남을 알고 나를 알면, 승리한다.)

사업구체성(contents)

- 사업계획이 구체적이고 실행가능한가.

- 협동조합을 이끌 리더와 리더십은 신뢰할 수 있는가.
- 리더십에 부응하는 조합원 그룹은 충분한가.
- 사업계획이 경영자원으로 충분히 뒷받침되는가.

협동조합 사업이 전략적 방향성 즉, 사업타당성을 보유했다고 해서 그 사업이 모두 성공적으로 수행되고, 또 기대한 성과를 낸다고 확신할 수는 없다. 사업타당성은 그 조합 구성원인 조합원의 권익과 복리를 증진시키기 위해 조합의 구체적 미래 곧 그 협동조합이 달성하려는 비전이 사업계획으로 구체화되어야 한다.

앞에서 제시한 도표「협동조합 사업 2트랙-6C전략 모델」에 나타난 것처럼, 협동조합이 조직으로서 비전과 목적을 구현할 사업의 타당성은 그 사업의 구체성 및 경쟁력과 서로 연결되며, 이들은 삼위일체적 관계이다.

그러나 협동조합 사업이 전략적 방향성을 보유하였다 해도 그것이 그 사업의 구체성 보유를 의미하지는 않는다. 사업타당성은 반드시 사업계획의 구체성으로 뒷받침되어야 하며, 사업계획이 충분히 구체적이고 실행가능한지 자체 검증이 이루어져야 한다.

협동조합기본법이 발효, 시행된 직후 3년간 설립된 7천 개 이상의 협동조합 중 상당수는 사업을 시작조차 못하거나, 사업모델이 미흡하여 사업수행이 조합의 유지에 불충분한 것으로 나타났다. 그 주요한 이유가 자금부족과 사업모델의 부재이다.[28]

협동조합의 특성 자체가 인적(人的) 중심조직이고, 자금이나 기타 경

---

28   기획재정부, 2013년도 자료.

영자원의 부족을 협동조합의 장점인 '다수가 모여 협동'함으로 극복해야 한다고 볼 때, 협동조합기본법상의 초기 협동조합에서 사업이 부진한 주원인은 결국 사업모델이 구체적이지 못하거나 미흡하기 때문이다.

협동조합이 조합원의 권익과 복지증진, 지역사회 기여를 위한 비전과 목표를 잘 세웠다고 해도 그 비전과 목표를 실현할 수단으로서 사업의 내용에 구체적인 실행가능성이 확보되지 못하면 조합의 비전이나 목표는 달성될 수 없다.

따라서 협동조합이 사업을 계획하고, 그 실행계획을 수립할 때 5가지 측면에서 세밀하고 분석하고 검토하여야 한다. 협동조합의 사업은 구체적이고(Specific), 측정가능하며(Measurable), 역할분담이 잘되고(Assignable), 현실적으로 달성가능하며(Realistic), 일정한 기간 내에 수행되어야(Time-bounded) 그 실행가능성이 확보된다. 협동조합의 사업계획은 '스마트'(S·M·A·R·T)해야 한다.

이러한 사업의 구체화작업 또는 구체성 강화노력은 당연히 그 협동조합의 리더그룹인 경영진이 담당해야 한다. 소속 조합원이 여기에 적극 동참하도록 하는 리더십 발휘는 물론이다.

아울러 설립 예정이거나 설립초기 단계인 협동조합, 신규사업을 계획하는 협동조합 등 모든 협동조합은 단계별 사업실행계획(action plan)까지 포함해 사업계획의 구체적 실행가능성을 반드시 검증해보아야 한다.

사업경쟁력(competitiveness)

- 경제적 지속가능성을 높이기 위한 사업이 있는가.

- 공동사업(구매/생산/판매 등)을 통한 비교우위가 있는가.
- 원가경영을 하면서도 사업경쟁력(경쟁력)이 있는가.

사업경쟁력은 협동조합의 지속가능성, 그 중에서도 경제적 지속가능성을 위해 매우 중요하다. 사실 협동조합의 사업모델에서 가장 중요한 항목이라고 할 수 있다.

협동조합이 일차적으로 조합원의 권익과 복리를 증진하기 위한 조직적 목적을 지닌 것은 부인할 수 없다. 그러나 앞에서 언급한 바와 같이, 협동조합은 이러한 목적달성을 위한 사업수행을 해야 하고, 그 사업수행은 외부고객의 존재를 필요로 한다.

그러므로 협동조합의 사업 즉, 제공하는 제품이나 서비스는 고객의 요구를 충족시킬 수 있어야 하며, 시장경쟁력을 지녀야 한다. 협동조합은 제품이든 서비스든 고객지향적으로 제공해야 한다.

협동조합이든 일반기업이든 사업은 기본적으로 경쟁력이 있어야 한다. 외국의 협동조합 특히, 유럽의 협동조합형 기업들이 사업경쟁력 또는 시장경쟁력을 높이기 위해 다양한 전략적 시도를 하고 있음을 앞에서 이미 살펴보았다.

다만 사업의 경쟁력에 관한 한 사회적협동조합은 일반협동조합과 조금 다른 측면이 있으며, 같은 기준을 적용할 수 없다. 우리나라의 협동조합기본법도 이 점에 유의하여 영리법인으로서 일반협동조합과 비영리법인으로서 사회적협동조합을 별도로 규정하였다.

그렇다고 사회적협동조합이 사업수행 시 경쟁력을 무시해도 좋은 것은 결코 아니다. 단지 사업수행에서 일반협동조합보다 공익성이 좀 더 요구될 뿐이다. 사회적협동조합은 사회적서비스를 주력사업[29]으로 하지만, 사업에서 효율과 능률, 원가와 수익개념 없이 수행해서는 안 된다.

협동조합기본법은 제2조 제1호에서, 협동조합이란 재화 또는 용역의 구매·생산·판매·제공 등을 협동으로 수행하는 사업조직임을 분명히 선언한다. 여기에 '수익을 창출하여'라는 문언(文言)은 없지만, '생산·판매·제공'이 포함되어 있으므로 이는 수익발생의 필요성을 전제(前提)로 한다. 협동조합이 경쟁력을 기반으로 하는 수익 창출 없이 어떻게 '조합원의 권익을 향상'시키고 또한 '지역 사회에 공헌'할 수 있겠는가?

협동조합의 지속가능성은 그 협동조합이 조합원의 권익과 복리증진을 통하여 조합원의 경제, 사회, 문화적 욕구를 충족시키고, 대외적으로는 지역사회에 기여하는 활동을 통해서만 보장된다. 요컨대 협동조합은 처음 설립할 때 사업계획을 수립하든, 조합 설립 후 신규사업을 추진하든 간에 사업 경쟁력 검토가 반드시 이루어져야 한다.

지역적합성(community; local-oriented)

- 협동조합은 적절한 지역지향성이 있는가.
- 지역 내 자원 활용으로 조합 활동(사업)이 가능한가.
- 활동(사업)성과가 지역사회로 피드백될 수 있는가.

---

29 협동조합기본법은 사회적협동조합이 전체 사업량의 최소 40퍼센트는 공익성이 높은 사업을 수행하도록 의무화한다.

모든 협동조합은 지역지향성(local-oriented)이 어느 정도 있는지를 협동조합 스스로 평가해보아야 한다. 협동조합은 본질적으로 그 원칙이나 가치 측면에서 지역성이나 공동체성을 강하게 지닌다. 협동조합에서 지역적합성은 바로 다음에서 논의할 '연대가능성'과는 차이가 있으며 반드시 구분되어야 한다.

협동조합 활동가이자 가톨릭 신부인 그레그 맥레오드(Greg Macleod)는 자신의 저서[30]에서, 협동조합이 낙후지역이나 침체된 지역의 훌륭한 개발수단임을 주장한다.

이 책에서 소개한 스페인의 몬드라곤협동조합 그룹이나 캐나다 노바스코샤 주 안티고니쉬 지방의 협동조합운동(안티고니쉬 운동)은 협동조합의 지역적합성 또는 지역지향성을 잘 나타내준다.

이들 외국 협동조합만이 아니라 우리나라의 협동조합기본법상으로 설립되었거나 향후 설립될 협동조합은 반드시 이 지역적합성을 제대로 충족해야 한다. 조합 구성원의 지역적 근접성(proximity)과 친밀성, 지역의 산업 특성 등 환경 여건이 협동조합의 사업이나 조합구성원과 잘 부합하는지 따져보아야 한다는 말이다.

가능하다면 협동조합과 사업의 지역적합도가 높을수록 협동조합의 성공가능성도 비례해서 높아질 수 있다는 데에 주목해야 한다.

우리가 익히 들어온 외국 협동조합의 성공사례나 주목할 만한 협동조합 대부분이 지역 친밀도나 근접성이 매우 높다. 단적인 사례가 바로 스페인 바스크지방의 몬드라곤 그룹(몬드라곤협동조합복합체)이다.

이외에도 협동조합의 밀집지역인 이탈리아 볼로냐, 선키스트

---

[30] 『From Mondragon to America: Experiments in Community Economic Development』

(Sunkist) 협동조합이 있는 미국 캘리포니아, 그리고 협동조합에 의한 지역개발운동의 발상지 안티고니쉬(Antigonish), 일찍이 협동조합기본 법 발효 이전에 이미 〈협동사회경제네트워크〉를 형성하고 활발히 협동 조합 사업과 운동을 펼쳐온 원주(강원도), 서울의 성미산 마을 등은 협동 조합의 지역적합성이 얼마나 중요한 요소인지를 매우 잘 나타내준다.

이는 어떤 협동조합이 소재지역에서 어떤 형태로든 커뮤니티를 형 성할 수 있을 때 그것이 협동조합 활동이나 사업수행의 중요한 기반이 됨을 시사한다.

협동조합 사업에서 2트랙-6C전략 모델상의 협동조합 지역적합성이 높다는 것은 그 지역이 협동조합의 주요 활동무대이고, 고객이 창출될 수 있는 높은 가능성을 내포한다. 그 조합은 사업기회 포착과 경쟁력 있는 사업모델 구축가능성이 그만큼 높아진다.

연대가능성(connection)

- 협동조합은 지역사회 네트워크가 형성되어 있는가.
- 소재 지역 내에 사회경제적 단체가 다양하고 적당한가.

협동조합은 '모여서' 사업을 하는 조직이고, 이것은 협동조합의 '연 대성'을 의미한다. 협동조합의 '연대성' 또는 '단체성'은 협동조합 내부 에는 물론, 외부에도 그대로 적용된다.

협동조합이 기반으로 하는 지역과 연대성은 그 조합이 소재하는 지 역 환경, 협동조합의 주력사업(제품, 서비스)과 지역의 적합성 등에 영향 을 받는다.

협동조합에서 '연대가능성'이란 그 협동조합 소재 지역을 중심으로 신뢰관계와 네트워크 형성 가능성의 정도를 의미한다. 이 책에서는 협동조합이 활동이나 사업수행을 하는 데 사회적경제 차원의 생태계(ecosystem)[31] 수준이 어느 정도인가를 평가해보는 개념으로 사용하였다. 이러한 생태계의 환경적 상황이 유기적일수록 협동조합은 생태계 내의 구성원들과 연대가능성이 높아지고, 협동조합의 사업성공과 지속가능성은 높아진다.

협동조합은 지역 내 연대가 가능하지만, 업종이나 품목에 따라 전국적인 협동조합 연대가 가능할 수도 있다. 지역사회 기여와 지역사회단체 간 연대에서도 협동조합은 위력을 발휘할 수 있다.

예를 들어보자! 협동조합의 지역 간 연대는 '로컬푸드'운동으로 나타나는 경우가 많다. 대구 동구 율하동(안심동)의 안심협동조합처럼 도시와 농촌 지역의 연결 곧 도·농 간(都農間) 협력 또는 연대, (도시의) 소비자와 (농촌의) 생산자의 연대 또는 협력이 될 수 있다. 이러한 소비자와 생산자 간의 연결은 상호연결의 필요성이 그만큼 컸기 때문이다. 연대가능성이 높았기 때문이라고 표현할 수도 있다. 협동조합 분야에서 이러한 연대가능성은 비단(非但) 소비자와 생산자 간의 연결 또는 연대에만 해당되는 것은 아니다.

지역과의 연결 또는 '연대가능성'이 어느 정도인가 하는 것은 향후 그 협동조합의 지속가능성을 결정하는 매우 중요한 항목이기 때문이다.

강원도 원주시 '원주협동사회경제네트워크'의 예를 들어보겠다. 인구의 약 10퍼센트 정도가 협동조합이나 사회적기업 등 사회적경제 단

---

[31] '생태계'는 원래 생물학에서, 어떤 단위 지역 내에 있는 모든 생물체와 주변 환경, 그리고 이들 생물체 및 환경 등의 모든 상호관계를 포함하는 총체적인 개념이다.

체의 조합원이나 회원으로 가입되어 있으며, 20여 개의 협동조합이나 사회적기업 등이 소속되어 상호부조나 연대활동을 펼치고 있다. 이렇게 단체 간 연대가 잘 이루어지는 환경에서는 당연히 협동조합의 설립이나 사업수행 및 운영이 비교적 수월하리라 미루어 짐작할 수 있다.

〈원주협동사회경제네트워크〉처럼, 모든 협동조합은 사회경제적 단체 간, 협동조합 간에 서로 연대가능성이 어느 정도인가를 반드시 파악해보아야 한다. 협동조합 활동이나 사업수행에 관계되는 단체, 기관에서부터 그 지역이나 일정 범위 내에 있는 협동조합이나 사회적기업 등 사회적경제 주체들의 규모나 활동상황을 말한다.

햇사레협동조합의 탄생배경과 이 조합의 '행복이음'사업을 다시 한번 떠올려보자. 햇사레가 복숭아품목조합으로 성공할 수 있었던 것은 이미 조합 소재지역에서 기존 복숭아 생산농가의 지역농협과 (협동조합에) 협조적인 지방자치단체 등 지역 협동네트워크(협동넷)를 촘촘히 만들 수 있었기 때문이다. 그리하여 햇사레는 단계적인 협동조합 연대효과를 모두 누릴 수 있었다.

협동조합기본법상으로 설립되는 협동조합들은 특히 연대가능성 확보에 많은 노력을 하지 않으면 안 된다. 협동조합기본법상의 최저조합원 규모(최소 5명 이상)로는 실질적으로 조합활동이나 사업수행을 제대로 하기 어렵다. 그러므로 협동조합의 DNA인 '협동' 또는 연대가능성을 협동조합 스스로가 높여나가지 않으면 곤란하다.

지역사회 기여가 협동조합의 당연한 사회적 책임인 것은 맞다. 그렇다고 협동조합 자체가 사회봉사 조직은 아님에 유의해야 한다. 사회적협동조합(협동조합기본법상의)도 마찬가지이다. 협동조합이 지역사회에 기여해야 한다고 해도 조합의 능력 범위를 넘을 수는 없다. 지역사회 기여는 우선 협동조합의 사업수행이나 활동을 통한 것이어야 한다.

협동조합이 조합원만으로 유지되거나 사업수행을 할 수 있는 경우는 극히 예외적이다. 수십 만 명의 조합원을 보유한 '한살림'이나 '아이쿱' 같은 소비자생활협동조합도 비조합원인 지역주민들에게 상당부분 조합사업의 이용을 개방한다. 이것도 일종의 연대에 해당하는데, 이들 생협이 스스로 연대가능성 즉, 지역사회와 연대가능성을 높이는 활동이다.

스위스의 '미그로'와 '코프' 소비자협동조합은 스위스 국민의 절반이 조합원이다. 이 두 협동조합은 아예 지역 그 자체이다. 미그로협동조합의 캐치프레이즈는 '지역으로부터! 지역을 위하여!'이다. 조합 사업이나 서비스의 일부를 비조합원인 지역주민에게 개방하는 정도가 아니라, 아예 대부분의 지역주민이 협동조합원일 정도로 조합이 지역주민과 거의 일체화되어 있다. 이는 미그로협동조합과 지역사회의 연대가능성을 매우 높이게 된다.

따라서 협동조합 설립 전후에 조합의 사업목적이나 비전을 잘 수립하는 것도 중요하지만, 소재지역에서 조합의 활동여건을 잘 분석하고, 지역사회나 유관기관의 연대강화에 장애물은 없는지 검토하고 대응해

협동조합의 연대가능성

지역사회와 협력, 연대 가능한 협동조합 네트워크가 충분한가?   yes?

- 협동조합이 성공하려면….
- 서로 힘을 합치고, 뭉치고, 연대해야 한다.
- 다른 지역, 분야 협동조합 간의 네트워크는 활동영역 확대, 판로 개척으로 이어진다.

나가야 한다.

의사소통성(communication)

- 협동조합은 내부적으로, 조합원 간 의사소통을 위해 제도적 장치를 잘
활용하는가.(교육, 훈련, 정보제공)
- 외부적으로 지역사회와 의사소통을 위한 노력 수준이 어느 정도인
가.(정보제공, 기여활동)

협동조합은 1인 1표제에 의한 민주적 의사결정을 조직운영의 기본
으로 한다. 그러나 의사결정 과정상의 민주적 특성이 그대로 협동조합
대내외적 의사소통의 원활함으로 이어지지는 않는다. 그렇기 때문에
협동조합 내외부적 의사소통의 효율성 여부는 조직으로서 협동조합의
성과, 나아가서는 지속가능성에 큰 영향을 준다.

따라서 협동조합은 사업수행이나 대외활동에서 의사소통 장애가 발
생하지 않도록 노력해야 하고, 만일 의사소통 장애가 발생한다면 시급
히 조치하거나 해결방안을 강구해야 한다.

협동조합에서 의사소통 장애란 1차적으로는 조합원 간의 내부 갈등
이 가장 큰 원인으로 작용한다. 이러한 갈등은 조합 설립 전부터 시작
해 설립 후의 협동조합 활동 또는 사업수행 시에도 발생한다. 따라서
새로 협동조합을 조직하거나 협동조합의 리더(경영진)로서 협동조합을
이끌어나가는 입장에 있다면 항상 조합 내부에 갈등발생의 가능성을
염두에 두고 관리해나가야 한다.

한편, 협동조합의 의사소통과 관련된 2차적 문제는 조합의 대외관계

적 의사소통과 관련된다. 조합은 대외활동이나 사업수행 시에도 지역사회나 다른 외부 이해관계자와의 의사소통을 점검하고 갈등관계에 빠지지 않도록 유의해야 한다. 만일 어떤 협동조합이 지역사회와 갈등관계가 형성되면 조합운영이나 사업수행에 큰 걸림돌로 작용할 수 있다.

이러한 대외적 의사소통 장애는 때로는 그 협동조합 자체의 탓 때문에 발생할 수도 있다. 이른바 '조합이기주의'때문이다. 협동조합은 지역사회나 외부 이해관계자와도 공존공생해야 한다. 미그로협동조합은 '지역에서 지역으로!'라는 미션으로 스위스 전국에 퍼져있는 미그로 점포망을 통하여 지역사회와 융화하기 위해 노력한다.

우리 정부에서 소상공인지원사업의 일환으로 시행하는 소상공인협동조합 활성화지원사업은 앞서 말한 조합이기주의 문제를 야기할 수 있다. 협동조합에 대한 직접 지원사업이기 때문이다.

예를 들어, 제빵업자들이 모여 협동조합을 만들고 정부지원을 받아 장비를 갖춰 경쟁력을 확보하는 데 성공해서 비조합원인 다른 빵집가게에 비해 지나친 가격할인으로 매출을 증대하는 배타적인 영업태도를 취한다고 가정하면 이는 바로 조합이기주의에 해당한다.

협동조합의 내부적, 외부적 활동이나 사업수행에서 교육, 훈련 및 정보제공을 게을리하지 말아야 한다. 국제협동조합연맹(ICA)이 '협동조합 7원칙' 중 제5원칙으로 '교육훈련과 정보제공'을 강조하는 이유이다.

조합원 교육이나 훈련 및 정보제공은 조합원에게 조합의 사업과 활동을 이해시키고 다양한 원인으로 발생하는 갈등을 줄이면서 참여를 유도하는 데 중요한 요소이다.

특히 협동조합이 소재하는 지역주민이나 유관기관들에 그 조합의 사업, 활동을 교육하거나 정보를 제공하는 것이 의사소통에 중요한 역할을 한다. 이를 통해 지역주민이나 유관기관으로부터 협동조합의 활동이나 사업수행 시 협조나 연대를 이끌어낼 수 있기 때문이다.

협동조합의 내부구성원인 조합원, 외부이해관계자인 지역사회와 '화합', '부합'(附合), '적합'하지 않고서는 아예 협동조합으로 사업이나 활동을 할 생각을 말아야 한다.

협동조합의 강한 지역성(지역지향성)은 협동조합의 모든 이해관계자들 간의 원활한 의사소통을 절실히 필요로 한다. 조합 내부적으로 의사소통이 잘되고 있는가, 지역사회와의 관계가 원활한가는 협동조합의 존속과 사업수행에 매우 긴밀하게 관련된 문제이다.

다만 협동조합이 지역에 기반을 둔 지역지향성이 강하다고 해서, 무조건 지역과의 연대나 협력이 이루어지지는 않는다. 그러므로 높은 지역적합성(지역지향성)과 연대가능성을 바탕으로 지역사회, 다양한 이해관계자들과 어떻게 원활한 의사소통을 하고 설득을 이루어낼 것인가가 관건이다.

이와 같이 지역적합성, 연대가능성 및 의사소통성이라는 3박자가 훌륭한 하모니를 이룰 때 그 협동조합은 사업수행이 성과를 거둘 수 있다. 협동조합의 성공과 지속가능성은 결국 그 조합의 의사소통 역량에 달렸다.

협동조합 및 사업에 대한 평가방법(2트랙-6C 모델 적용)

제3장에서 세계 여러 나라의 각 분야나 업종에서 다양한 사업모델을 만들고, 이를 실현하기 위해 협동조합을 직접 만들거나, 사업수행상 필요할 때 주식회사 형태의 자회사를 설립하거나 반대로 주식회사 형태

의 사업조직 산하에 협동조합을 설립하여 운영하는 사례를 살펴보았다. 이들이 협동조합의 길을 가면서 그 운영이나 사업수행에서 많은 난관을 극복하는 과정을 겪었으리라 충분히 미루어 짐작할 수 있었다.

외국의 협동조합이 걸어갔던 길을 따라가면서 얻게 될 교훈 또는 시사점을 충분히 활용하며 기본법 시행 후 설립되는 협동조합들이 새로운 사업모델을 구축하거나 또는 기존 사업모델을 수정 보완하여 좀 더 효율적으로 사업을 수행함으로써 조합의 지속가능성을 높일지를 논의하고 그것을 위한 접근 방법을 발견하는 일은 매우 중요하다.

그러므로 협동조합이 사업모델을 구축하거나 평가할 때에는 협동조합 사업수행의 플랫폼을 구성하는 4가지 특성요인(자발성·균형성·협동성·민주성)과 협동조합 사업의 '투트랙'(연대트랙, 사업트랙)적 특성에 유의해야 한다. 그리고 그 사업모델이 그 조합의 규모의 경제 실현에 기여할 수 있는지, 조합원 공통의 문제(자금부족, 기술부족 등 경영상의 어려움) 해결에 도움이 될 수 있는지, 사업자협동조합의 사업자, 직원(노동자)협동조합의 조합원 등 소속 조합원 간 시너지효과 창출이 가능한지 반드시 사전검토가 필요하다.

이제 처음 협동조합을 설립할 때 반드시 점검해야 할 측면을 중심으로, 조합 설립 시 필요하거나 유의할 사항을 확인할 수 있는 평가모델을 만나보자.

이러한 평가모델을 사용하여, 조합 설립의 타당성뿐만 아니라 조합의 주요 목적사업을 검증하여 보면 협동조합의 설립운영 과정, 사업수행에서 많이 발생하는 시행착오와 실패를 줄일 수 있지 않을까 한다.

이 책에서 협동조합 또는 사업평가를 위해 제시하는 2트랙-6C전략

모델을 사용하여, 우리 조합은 지속가능성이 어느 정도로 높은지, 부족한 부분은 무엇인지 자체 점검할 수 있다.

이후부터 논의의 편의를 위해 각각 서로 다른 환경과 역량을 지닌 3가지의 협동조합을 가정한다.(다음 표1 참조)

[협동조합1]은 사업트랙(B트랙)의 사업타당성, 사업구체성, 사업경쟁력 이 3가지와 연대트랙(A트랙)의 지역적합성, 연대가능성 2가지는 우수한 편이나 연대트랙의 '의사소통성'은 조금 문제가 있는 조합이다.

[협동조합2]는 사업타당성과 사업구체성, 연대가능성과 의사소통성은 별 문제가 없으나 사업경쟁력과 지역적합성은 다소 문제가 있다.

[협동조합3]은 연대트랙의 지역적합성, 연대가능성, 의사소통성 이 3가지 요소는 우수한 편이나, 사업트랙의 사업구체성 및 사업경쟁력은 수준 이하인 조합이다.

이러한 경우, [협동조합1]은 협동조합 내외부 의사소통문제만 보완하면 협동조합 설립을 통한 성공가능성이 높은 반면, [협동조합3]은 '사업트랙'상 사업계획의 구체적 실행가능성과 예상되는 경쟁력이 낮으므로 협동조합 설립이나 신규사업 추진, 신규 투자사업은 보류하는 것이 바람직하다.

[협동조합2]는 협동조합 설립 및 사업수행을 위해 해당 조합의 사업경쟁력을 높이려는 노력이 필요하고, 지역적합성을 보완해야 한다.

「협동조합 및 사업수행가능성 평가(표1)」로는 해당 협동조합이나 사업수행의 성공가능성 정도를 대략적으로만 점검할 수 있어 한계가 있다. 2개 트랙을 구성하는 6개 요소 즉, 협동조합의 지속가능성 구성항목을 개별적으로 평가해본 것이기 때문이다.

협동조합을 설립 또는 신규사업을 실시하려고 할 때 1차적으로 이

(표1) 협동조합 및 사업수행가능성 평가

구 분	구성 요소	협동조합1	협동조합2	협동조합3
사업트랙 (B트랙)	사업타당성	∨	∨	∨
	사업구체성	∨	∨	
	사업경쟁력	∨		
연대트랙 (A트랙)	지역적합성	∨		∨
	연대가능성	∨	∨	∨
	의사소통성		∨	∨

'표1'을 사용하여 6개 항목별로 협동조합 스스로 간단하게 진단을 하고, 다음 단계로 사업타당성, 지역적합성 등 6개 항목 간에 나타나는 경우의 수에 따라 진단할 필요가 있다. 바로 2트랙-6C전략 모델의 적용이 필요한 이유다.

예를 들어, 사업타당성과 지역적합성을 조합(組合)하여 진단했을 때는 두 가지를 단독으로 평가했을 때와 다른 결과가 나올 수 있기 때문이다.

이제 다음에서 제시하는 「협동조합 및 수행사업 평가Matrix(표2)」를 통하여 협동조합이나 수행 예정사업을 평가해 본다. 우선, 협동조합 및 수행사업에 대한 평가Matrix는 다음과 같이 구성해볼 수 있는데, '표2'와 같이 평가Matrix상 그리드별로 총 9가지 경우의 수(그리드11~33)가 나타난다.

이 평가Matrix를 어떤 가상(假想) 협동조합에 적용했을 경우, '표2-1'의 평가표와 같이 그 협동조합의 상황과 역량에 따라 상(○, 우수), 중(□, 보통), 하(△, 낮음)가 각각 다르게 나타난다. 이렇게 평가해보는 과정에서 자신의 협동조합이나 수행 예정사업을 더 정확하게 진단하고 대응할 수 있다.

'표2'와 '표2-1'을 활용하여 가상의 협동조합을 평가한 결과를 정리된 것이 다음 「협동조합의 설립운영 및 사업수행 타당성 분석(표3)」이다.

이 매트릭스는 연대트랙(A트랙)을 중심으로 사업트랙(B트랙)의 요소들을 분석 또는 판단하였다. 협동조합은 연대트랙을 기반으로 사업트랙의 성공적 결실을 도모하기 때문이다. 만약 그렇지 않다면 협동조합과 그 사업은 '모래성'에 불과하다.

예를 들어, 'O' 표시된 '11그리드' 즉, ①의 경우는 우선 가상 협동조합의 지역적합성을 분석한 다음에 사업타당성을 판단하도록 한다. 두 가지가 모두 우수한 경우에 'O' 표시한다. '□' 표시된 '21그리드' 즉, ②의 경우는 사업타당성과 연대가능성 두 가지 모두 또는 어느 한 가지에 조금 문제가 보이지만 대체로 사업수행에 문제가 없다.

이런 식으로 ③에서 ⑨까지 분석정리해서 그 협동조합 또는 사업의 성공가능성을 평가하면 협동조합의 설립타당성 검토, 사업모델의 유효성 또는 신규사업이나 투자를 결정하는 데 도움이 될 것이다.

이 책에서 시도하는 2트랙-6C 전략모델을 가상 협동조합 또는 그 사업에 적용한 평가분석 결과는 다음 '표3'과 같다.

저자가 고안한 「협동조합 및 사업수행가능성 평가(표1)」, 「협동조합 및 수행사업 평가Matrix(표2)」를 사용해 가상 협동조합을 평가하여 보았다.

설립예정 협동조합이나 기존 협동조합으로서 조합운영 상황을 점검하거나 전략수정, 신규사업이나 투자를 할 필요가 있을 때 이러한 분석

(표2) 협동조합 및 수행사업 평가Matrix

구 분		협동조합사업 B트랙		
		사업타당성 (Context)	사업구체성 (Contents)	사업경쟁력 (Competitive-ness)
협동조합 사업 A트랙	지역적합성 (Community)	11	12	13
	연대가능성 (Connection)	21	22	23
	의사소통성 (Communication)	31	32	33

(표2-1) 협동조합 및 수행사업 평가Matrix 적용(가상사례)

구 분		협동조합사업 B트랙		
		사업타당성	사업구체성	사업경쟁력
협동조합 사업 A트랙	지역적합성	○ ①	△ ④	△ ⑦
	연대가능성	□ ②	○ ⑤	△ ⑧
	의사소통성	○ ③	○ ⑥	□ ⑨

과 평가 방법을 활용해 도움 받기를 기대한다.

　연대트랙(A트랙)과 사업트랙(B트랙)의 6가지 항목으로 구성된 평가표 2가지를 사용하여 협동조합을 자체 진단하는 것은 큰 의미가 있다.

　설립을 추진 중인 예비 협동조합은 협동조합의 전략방향 수정을 통해 시행착오를 줄일 수 있다. 막연한 기대만으로 시작하기보다는 협동조합의 장단점을 감안하여, 협동조합 자체와 예정사업에 대하여 2트랙 6개 항목을 철저히 평가 분석해보라.

　이미 설립되어 운영 중인 협동조합도 「2트랙-6C 전략모델」을 기반

(표3) 협동조합의 설립운영 및 사업수행 타당성 분석(가상사례)

	그리드 구분	협동조합의 상황분석	배점
①	11그리드	사업타당성과 지역적합성의 조합은 우수함.	5
②	21그리드	사업타당성과 연대가능성 두 가지 모두 또는 어느 한 가지에 조금 문제가 보이지만 대체로 사업수행에 문제가 없는 경우에 해당함.	4
③	31그리드	사업타당성과 의사소통성이 모두 우수하여 사업의 실현가능성 높음.	5
④	12그리드	수행사업계획은 구체적이나 사업경쟁력이 낮아 조합의 역량 강화가 필요함.	2
⑤	22그리드	사업구체성과 연대가능성이 대체로 무난함. 협동조합 소재지역의 협동조합적 여건이 우수하여 사업수행에 유리함.	5
⑥	32그리드	의사소통성과 사업구체성의 조화가 우수함.	5
⑦	13그리드	사업의 지역적합성은 우수함. 다만 사업의 경쟁력 확보가 어려울 수도 있음.	2
⑧	23그리드	활동 기반인 연대가능성은 양호한 편이지만, 사업경쟁력인 낮은 것이 장애요인임.	2
⑨	33그리드	사업경쟁력은 낮지만, 지역과의 의사소통의 가능성이 우수하여 무난한 편임.	4
종합평가 (45점 만점)		이 협동조합은, 신규사업의 수행 및 성공가능성은 대체로 양호한 편임. 다만, 연대트랙의 강점을 제대로 활용하기 위해서는 사업자체의 경쟁력에 대한 보완노력이 요구된다고 할 수 있음.	35
평가결론		78% (조합의 지속가능성: 중상(中上)수준) (35÷45×100(%))	

(배점: ○;5, □;4, △;2, ×;1)

으로 하는 평가표를 활용하여 조합 설립이나 사업수행, 신규사업 검토,
조합 운영을 점검해보면 시행착오나 실패 가능성을 줄일 수 있다.

평가모델 적용 사례연구 – 강화마을협동조합

그러면, 이제 「협동조합 및 수행사업 평가Matrix(표2)」를 활용하여 '강화마을협동조합'과 이 협동조합의 수행예정사업에 대해 사업타당성부터 의사소통성까지 6개 항목을 진단 평가하기로 한다.[32]

첫째, 협동조합의 경제적 측면에서 장기적인 지속가능성의 시발점이 되는 '사업타당성' 부문이다.

이 협동조합은 쌀이나 고구마 등 농산물의 품질이 뛰어나고 특산물도 많은 섬지역 강화도에 자리 잡고 있다. 이 지역의 생산농가들은 생산된 농산품의 판매처를 제대로 찾지 못하여, 생산물을 가공하는 고부가가치화가 필수적이다.

이러한 상황에서 강화마을협동조합은 강화도 농가조합원의 생산품의 판로확보와 생산품의 고부가가치화를 통한 소득증대라는 절실한 필요를 충족시키기 위해 설립되었다는 점에서 사업타당성이 충분하다. 사업의 전략적 방향성이 제대로 서 있다는 말이다.

둘째, 이 협동조합의 '사업구체성' 부문이다.

강화마을협동조합의 주력사업은 강화도 지역의 농산물을 활용한 식자재공급 및 장류 생산가공 사업이다. 이를 위해 인천시를 중심으로 지역의 각급 학교나 사회단체의 단체급식 식자재공급을 할 수 있는 유통망 확보 및 고추장 생산라인(공장) 구축 등 사업진행을 위한 계획이 체계적으로 실행되는 중이다.

셋째, 이 협동조합의 수행예정인 '사업의 경쟁력' 부문이다.

---

[32] 제2장의 [우리나라 협동조합의 어제와 오늘]에서 강화마을협동조합을 상세히 소개하고 있으므로 참조하기 바란다.

강화마을협동조합의 사업의 초점은 생산 및 출하제품의 고부가치화에 있다. 근래 농업 부문의 대세는 '농업의 6차산업화'에 있다. 이것은 농업이 1차 산업이라는 이전의 고정관념에서 탈피하여 가공(2차산업)하고, 서비스(농촌체험, 지역관광 등 3차산업)까지 덧붙여 고가부가치화를 실현하는 과정이다.

그런데, 이 협동조합의 장류 생산사업은 고추 등 강화도의 1차 농산물을 고부가치화가 가능한 장류로 생산하고, 여기에다 강화도의 풍부한 문화유적 및 관광자원과 연계, 장류생산 체험행사 개최를 통해 판로 및 수익성 확보 가능성은 충분하다.

넷째, 강화마을협동조합 및 수행사업의 '지역적합성' 여부이다.

무릇 협동조합을 시작하기 전에 반드시 '우리' 협동조합 구성원의 지역적 근접성(proximity)이나 친밀성, 지역의 산업 특성과 여건이 조합원과 조합 사업과 잘 부합하는지 따져보아야 한다.

강화마을협동조합은 강화도의 농산물과 특산물의 수요확대를 실현하라는 강화도 농민들의 여망(興望)을 안고 태어난 조합이라고 해도 과장이 아니다. 강화도 농산물에 대한 수요확대는 생산품 그대로 출하하는 것뿐만 아니라, 장류로 가공하여 출하하는 것까지 포함된다. 한편 이 협동조합은 조합원 대부분이 강화도 농가들이므로, 강화도 농산물의 출하확대를 비롯한 강화도 농민들의 필요충족이라는 지역의 니즈(needs)와 정확하게 부합한다.

다섯째, 이 협동조합의 종합적인 '연대가능성'이다.

협동조합에서, '연대'는 사업의 중요한 플랫폼 역할을 한다. '원주협동사회경제네트워크'의 경우를 보라! 조합원끼리의 연대는 물론이고, 협동조합 간 연대, 나아가 지역사회와 연대 즉, 지방자지단체, 유관기관 등과 긴밀한 연대는 조합의 사업수행과 활동에 필수적이다.

강화마을협동조합이 소재하는 강화도에는 강화농업기술센터 등 농산물 유관기관과 다수의 영농조합법인이나 농업회사법인 등 협동조합 유관 기관 곧 각종 사회경제적 단체들이 다수 있다.

강화마을협동조합과 이들 기관의 연대가능성은 높은 편이다. 이 조합은 지역농산물의 로컬푸드화를 지향하는데 이러한 사업방향으로 지방자치 단체나 농업 유관기관(농업기술센터 등)과 이해가 일치하기 때문이다.

마지막, 이 협동조합의 대내외적인 '의사소통성'이다.

협동조합 사업이나 활동이 아무리 사업타당성이 높고, 구체적이며 수익 성이 높을 뿐만 아니라, 지역적합성과 연대가능성이 높다고 해도 그 조 합의 다양한 이해관계자들 간에 원활한 의사소통이 어렵거나 실패하면 조합사업의 수행은 물론, 조합 자체의 지속가능성까지 위협받게 된다.

강화마을협동조합은 강화도 지역농민들을 조합원으로 하고 있어 구성 원 간 동질성이 높으며 대학이나 아이쿱 등 소비자생협과 연계하여 조 합원 교육훈련을 강화하는 등 의사소통성을 제고하기 위해 많이 노력 한다.

(표2-2) 협동조합 및 수행사업 평가 Matrix (강화마을협동조합의 경우)

구 분		협동조합사업 B트랙		
		사업타당성	사업구체성	사업경쟁력
협동조합 사업 A트랙	지역적합성	○ ①	□ ④	○ ⑦
	연대가능성	□ ②	○ ⑤	□ ⑧
	의사소통성	○ ③	○ ⑥	○ ⑨

↓

(표3-1) 협동조합의 설립운영 타당성 분석 (강화마을협동조합의 경우)

	그리드 구분	협동조합의 상황분석	배점
①	11그리드	사업타당성과 지역적합성이 모두 우수함.	5
②	21그리드	사업타당성과 연대가능성이 두 가지 모두 대체적으로 사업수행에 문제가 없음.	4
③	31그리드	사업타당성과 의사소통성이 모두 우수함.	5
④	12그리드	수행사업은 구체적, 체계적이며 1차 농산물 가공으로 수익성도 높을 전망임.	4
⑤	22그리드	사업구체성과 연대가능성이 대체로 무난함. 협동조합 소재지역의 협동조합적 여건이 우수하여 사업수행에 유리함.	5
⑥	32그리드	의사소통성과 사업구체성의 조화가 우수함.	5
⑦	13그리드	사업의 지역적합성은 강화도 농산물의 수요 및 소비확대를 정확히 반영하여 우수함.	5
⑧	23그리드	사업경쟁력이 비교적 높을 것으로 전망되어 지역과 연대가능성은 무난한 편임.	4
⑨	33그리드	사업경쟁력이 높을 전망이므로 강화도 지역 농가와 유관기관과 이해일치, 조합 내부적인 의사소통성은 높음.	5
종합평가 (만점 45점)		강화마을협동조합은, 협동조합 설립 또는 신규사업의 수행 및 성공가능성은 대체로 무난한 편임. 다만, 사업추진의 구체성과 관련하여 자금조달이 다소 어려울 것으로 판단되어 이에 대한 대처가 필요함.	42
평가결론		93%(조합의 지속가능성: 우량) $(42 \div 45 \times 100(\%))$	

(배점: ○;5, □;4, △;2, ×;1)

협동조합,
'두 마리 토끼'를 잡아라

협동조합 사업모델의 성공 3요소

- 가치와 원칙 준수

- 리더십, 기업가정신 발휘

- 경영윤리 실천

협동조합의 '가치와 원칙'은 영원하다

협동조합 역사 초창기부터 지금까지 모든 협동조합을 움직이며 관통하여 흐르는 것이 있다. 바로 협동조합의 가치와 원칙이다.

가치와 원칙이 협동조합의 실제 활동에서 쉽사리 구현되기 어렵다고 해도 그것은 조합을 받치는 주춧돌이고, 조합의 장애물을 극복하는 바탕이며, 조합이 성공하는 도약의 발판이 된다.

유럽의 협동조합형 그룹(기업)은 다국적 기업에 못지않은 규모와 경

쟁력이 있는 경우가 많지만, 그룹의 최고 의사결정은 협동조합의 지배체계 즉, 의사결정 구조를 지닌다. 협동조합의 가치와 원칙에 따라 민주적으로 의사결정하고, 적극적으로 참여하는 조합원, 그리고 조합원의 복지를 우선적으로 고려한다.

미국식 신세대협동조합이나 유럽의 협동조합형 기업들은 사업의 경쟁력을 높이기 위해 불가피하게 일반기업적 경영수단(주식형 지분증권 발행 등)을 사용하기도 하지만 협동조합의 가치와 원칙은 경영의 밑바닥에 깔고 있다.

그러므로 우리나라 신생 협동조합들도 협동조합의 규모나 현재의 여러 가지 어려움에 너무 구애받지 말아야 한다. 그 대신 협동조합의 조합원들은 얼마나 협동조합할 마음의 준비가 되어 있는지 스스로 되물어보아야 한다. 얼마나 참여와 헌신을 할 각오가 되어 있는지 말이다. 참여와 헌신이 바로 협동조합의 가치와 원칙의 정수(精髓)이다.

협동조합 조직에서 협동조합의 가치와 원칙의 우위는 '자본보다 사람'이라는 협동조합의 정신으로 반영되어 역사적으로 주요 협동조합의 운영원칙으로 구체화되는 과정을 거쳤다.

1995년 국제협동조합연맹에서 「협동조합 7원칙」으로 제정되는 결실을 맺었고, 전세계 협동조합에 성공하는 협동조합으로 가는 길의 등대 역할을 하고 있다.

국제협동조합연맹(ICA)의 협동조합 정의와 가치

• 협동조합의 정의

"협동조합은 공동으로 소유되고 민주적으로 운영되는 사업체를 통하여 공동의 경제적, 사회적 필요와 욕구를 충족시키고자 하는 사람들이 자발적으로 결성한 자율적인 조직이다."

• 협동조합의 가치

"협동조합은 자조·자기책임·민주·공정·연대 등의 가치를 기본으로 하며, 조합원은 협동조합 선구자들의 전통에 따라 정직·공개·사회적 책임·타인에 대한 배려 등의 가치를 신조로 한다."

이와 같이 협동조합 7원칙과 협동조합들의 운영원칙에서 공통적인 가치는 자주·자립·협동에 의한 조합원의 권익과 복리증진이다. 중요한 것은 자주·자립·협동이다. 앞으로 어떤 협동조합이 설립, 운영되든 이 조합의 가치와 원칙은 협동조합의 '기본 중의 기본'이다.

대표적 사례로, 등산용품협동조합(MEC, 캐나다)은 협동조합적 가치와 정체성을 유지하고 이를 바탕으로 협동조합으로서 지속가능성을 높이기 위해 'MEC헌장'(MEC Charter)을 만들고 사업수행의 길잡이로 삼았다. MEC는 '협동조합'이 협동조합다울 때, 다시 말해서 협동조합적 가치와 원칙에 충실할 때 조합의 지속가능성(성공가능성)은 크게 높아질 수 있음을 보여주는 좋

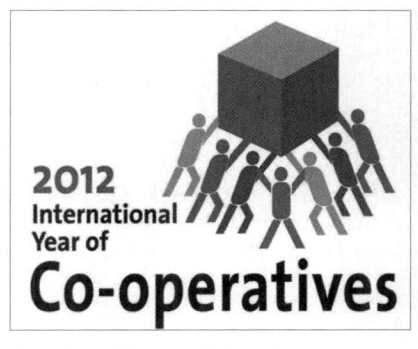

2012년 '세계협동조합의 해' 로고

은 사례이다. '협동조합적 가치와 원칙'의 위력을 잘 보여주므로 신생 협동조합(협동조합기본법상의)들에 참고가 될 수 있다.

기러기의 비행에서 배우는 협동의 의미

늦가을이나 초겨울의 하늘을 나는 기러기들의 비행모습을 보기는 어렵지 않다. 협동조합과 기러기! 언뜻 쉽게 어울릴 수 있는 짝짓기(?)는 아닌 것 같다. 그러나 하늘을 나는 새떼들에게도 협동과 배려가 숨어 있다는 사실은 놀랍기만 하다.

협동조합적 가치와 교훈을 체득할 수 있도록 기러기의 비행에 대해 간단히 살펴보도록 한다.

새떼가 하늘을 날 때 일정한 대형(隊形)이나 규칙성을 보이는 이유를 파악하기 위하여 실제 실험이 이루어지고 있으며, 기러기의 V자(字)형 (V formation flight 또는 flying in V positions) 편대비행은 개인이나 조직의 협동과 헌신에 관한 교육 같은 데서 자주 인용되는 얘기이다. V자 모양의 편대비행은 기러기가 장거리 비행을 할 때 매우 중요한 기술로 알려져 있다.

기러기들은 이동(비행)할 때 보통 V자 대형(隊形) 즉, 편대비행을 한다. 이러한 비행은 공중을 날 때 에너지 소모를 최소화하기 위한 행동이라고 한다. 기러기들의 비행에는 그들만의 깊은 지혜가 숨어 있다.

특히 오리과에 속한 기러기의 변종인 '캐나디언 구스'(Canadian Goose)는 수 천 킬로미터의 장거리를 비행하는 경우가 많다. 이 새는 겨울에는 북아메리카 대륙의 북쪽에서 좀 더 따뜻한 남쪽으로 날아갔다가 여름에는 다시 돌아오는 철새의 일종이다. 이렇게 이동할 때 V자 모양으로 떼를 지어 날며, 날 때 서로 소리를 내며 신호를 보내기도 한다.

이 기러기들이 나는 도중에 V자 비행을 하면서 뒤따르는 새가 앞서 나는 새의 날개짓으로 발생하는 상승기류를 활용하면 날개짓하는 힘이 훨씬 덜 들 뿐만 아니라, 먼 거리를 오랫동안 비행할 수 있고 서로 의지도 된다.

기러기의 비행원리를 알아보기 위하여 '붉은볼따오기'에 위성위치 추적장치(GPS)를 부착하여 실험[33]한 사람이 있다. 바로 영국 왕립수의대 스티븐 포르투갈(Steven J. Portugal) 박사이다. 이 실험에서 밝혀진 사실은 붉은볼따오기가 V자 비행을 할 때는 V자 대형(隊形) 선상에서 앞뒤로 나는 새들의 날개짓이 상하로 다르며, 또한 새들 간에 '구호'도 교환한다는 것이다.

포르투갈 박사는 이 실험에서 붉은볼따오기들이 서로 힘을 덜 들이고 날기 위해 앞서 나는 새가 만드는 상승기류의 양력(揚力)을 활용하려고 V자 대형으로 난다는 결론을 내렸다. 또한 비행 중에 최적의 위치를 찾고자 '구호'를 교환하면서 서로 위치를 바꾼다고 한다.

캐나디언 기러기든, 겨울철에 흔히 보는 철새들이든, 붉은볼따오기든 새들의 V자 대형 비행이라는 자연현상에서 협동조합의 구성원은 중요한 교훈을 배울 수 있다.

새들의 비행조차 협동조합의 가치 또는 협동조합의 장점을 나타내주며, 나아가 협동조합의 성공요인을 시사해준다. 먼 거리를 날기 위해서 '동료'들의 행동(날개짓)이 만드는 기류의 양력을 이용하는 지혜도 발휘하고, 서로가 힘들 때는 위치와 역할을 바꾸면서 집단전체(그룹을

---

33 자연과학 전문저널 네이처(NATURE)지 제55호(2014.1.15.). p.399~402 참조.

영국 왕립수의대 [스티븐 포르투갈] 박사팀 실험

- 붉은볼따오기 14마리의 날개에다 측정장치 부착
  · V자 비행과 1자(종대, 횡렬)비행을 번갈아 한다.
  · V자 비행시는 뒤따르는 새가 앞서가는 새의 '박자'에 맞춰 날갯짓을 하며, 서로 '구호'도 교환함.

앞선 새가 만드는 하강기류를 피해 상승기류를 탈 수 있는데, 선두를 뒤따르는 새가 상승기류의 위치에서 날갯짓을 하면 추가 양력을 받아 더 쉽게 날 수 있음.

이루어 나는 새들 집단)의 목적달성을 위해 헌신, 희생 및 협동하는 모습 말이다.

협동조합의 경영은 '현실'이다

- 협동조합의 기업가정신, 리더십
- 협동조합의 윤리경영

협동조합도 조직으로서 설립운영 목표를 달성해야 한다. 따라서 지속가능성을 확보하기 위한 경쟁력이 요구된다. 성공하는 협동조합은 경쟁력이 있어야 한다. 협동조합 역시 창의적이고 역동적인 리더십과 기업가 정신이 필수이다. 그리고 조합원 간 갈등해소나 도덕적 해이를 방지하기 위한 조합원 간 상호신뢰 형성과 투명경영 또는 윤리경영에도 힘써야 한다.

협동조합과 기업가정신

조합원의 권익과 복리증진을 실현하면서, 이와 함께 조합의 높은 지속 가능성이라는 '두 마리토끼'를 잡기 위해 협동조합 경영에서도 전문성을 바탕으로 하는 높은 경쟁력이 요구된다.

또한 협동조합의 조합원들은 조합원으로서 권익적인 지위 즉, 권리와 복리증진의 주체로서 지위를 가지는 반면, 그 조합의 '주인'(소유자)으로서 책임, 이를테면 경쟁력을 높여 조합의 지속가능성을 확보해야 하는 의무도 다해야 한다.

어떤 분야나 품목의 일반협동조합이 있을 경우에 조합원이나 조합의 제품이나 서비스 이용자가 일반시장에서 조합보다 더 싸게, 더 유리하게 제품이나 서비스 구입이 가능하다면 누가 조합원으로서 지위를 유지하거나 이 조합 제품 및 서비스를 계속 이용한다고 기대할 수 있겠는가?

미국의 경제학자, 조셉 슘페터(Joseph Schumpeter)는 "기업이든 무슨 조직이든 우리에게 필요한 가치창출(Value Creation)은 추진하는 사업의 위험을 '기꺼이 감수하고', 부딪히게 되는 어려운 환경을 '극복하면서', 자신의 조직체를 '성장시키려는' 명백한 의지의 구현에서 나온다"라고 하였다.

이렇게 '기꺼이 감수하고', '극복하면서', '성장시키려는' 것을 '기업가정신'(entrepreneurship)이라고 한다.

협동조합의 경영도 이렇게 '기꺼이 감수하는'(위험을), '극복하는'(어려운 환경을), '성장시키려는'(자신의 협동조합을) 의지를 가진 경영자에 의한 기업가정신의 발현(發顯)이 아주 절실하다. 협동조합이 산업자본주의의 과도한 영리추구의 문제점에 반발하면서 출현했다고 보는 견해가 전혀 틀렸다고 할 수는 없다.

그러나 협동조합이 경쟁하기 위하여, 좀 더 정확히는 불가피하게 경쟁이 요구되는 '시장'에서 '경쟁에서 이기기 위해' 효율을 추구하고, 경쟁력 확보에 성공하는 경우를 많이 접했다. 키위의 제스프리, 돼지고기의 대니쉬크라운, 감귤의 선키스트 등이 이에 해당한다. 물론 협동조합에서도 경쟁과 효율을 추구하다 부작용이 발생한 경우도 많다. 신세대 협동조합 일부가 그런 경우이다.

모든 조직은 효율이 요구되며, 시장에서 경쟁하게 된다. 협동조합기본법상의 일반협동조합은 영리법인이고, 이들 협동조합의 대부분은 해당 사업분야나 품목에서 경쟁하는 것이 불가피하다. 어떤 분야의 사업을 하든 주식회사는 경쟁력이 중요하지만, 협동조합은 경쟁력이 그렇게 중요하지 않다는 식의 논리는 무의미하다.

협동조합기본법 발효 이후 실패까지는 아니라도 협동조합 일부에서 사업추진이나 조합원 간 관계 등에서 상당한 문제가 발생하였다. 협동조합 분야에서 실패 사례가 제법 발생하는 데서 유추할 때 창의적 기업가정신의 발휘로 협동조합적 사업방식에 내재된 단점을 보완하는 노력이 꾸준히 이어져야 조합이 지속될 수 있다.

다만 여기서 유의해야 할 점이 있다.

협동조합과 그 조합의 사업수행에서 절실히 필요한 '기업가정신'은 결국 그 조합의 경영진 또는 지도그룹에 의해 협동조합의 내부와 외부 즉, 대내외적으로 발휘되어야 한다.

협동조합의 사업수행과 그 성공은 철저한 기업가정신을 갖춘 조합 경영진에 의해 조합 내부(조합원)의 헌신적 참여를 이끌어내고, 외부이해관계자의 협조확보와 어려운 환경을 극복해나가는 리더십으로 발휘되어야 한다.

앞에서 주요 사례로 소개한 협동조합들에는 예외 없이 '기업가정신'으로 철저히 단련된 '지도자'들의 리더십이 있었다.

협동조합 리더십과 관련하여, 요즈음 어려운 영업환경에 처한 전통시장을 떠올려보자. 앞에서 언급한 중곡제일골목시장 협동조합의 이사장은 협동조합 리더십으로 이 시장을 활성화시켜 전국에 이름난 시장으로 만들었다.

협동조합과 리더십[34]

들어가기

협동조합은 물론 민주적인 조직이지만, 역사에서 성공적이라고 평가되거나 오래 지속되는 협동조합에는 대부분 혁신적이거나 창의적인 기업가정신을 발휘한 훌륭한 리더가 있었다.

스페인의 몬드라곤협동조합에는 호세 마리아 신부, 캐나다 안티고니쉬의 지역사회개발운동에는 협동조합의 이론가 레이들로 박사를 비롯하여 지미 톰킨스 신부, 우리나라의 원주협동사회경제네트워크에는 장일순 선생, 지학순 주교 등 협동조합 선구자들이 바로 그런 리더이다.

이 협동조합 선구자 또는 리더는 그 자신을 포함한 동조자(同調者)가 절실히 필요한 것이나 해결해야 할 문제를 파악할 수 있는 혁신적인 사

---

[34] 미국인 조셉 자보르스키는 리더십을 '인간의 가능성을 이끌어내는 일이며, 사람의 마음을 움직이고, 용기를 일깨워 행동으로 유도하며, 이들이 최대한의 능력을 발휘하도록 하는 능력'이라고 하였다.

고능력을 가지고, 새로운 비전을 제시하였다. 특히 조합원의 도덕적 해이를 방지하기 위한 노력을 게을리 하지 않았다.

또한 협동조합에서 리더의 중요성을 상징적으로 보여주는 이야기가 하나 있다. 실제 사례는 아니지만, 실제 협동조합을 소재로 한 영화 속의 이야기이다. 바로 '위캔두댓'(We CAN DO THAT)이라는 협동조합 영화이다.(영화에 대해서는 리더십 사례연구에서 자세히 소개한다.)

협동조합의 리더는 반드시 조합원에게 부족해지기 쉬운 참여의식과 주인의식을 높이고, 그들과 밀접한 의사소통을 유지해가며 조합의 비전을 실현하고 목적을 달성할 수 있도록 조합의 모든 역량을 결집시켜야 한다.

협동조합의 리더십

특별법상의 협동조합이든 협동조합기본법상의 협동조합이든 협동조합의 리더십 즉, 조합의 경영을 맡아서 이끄는 리더십의 중요성이나 특성 또는 구성요소는 다를 수 없다. 아니, 달라서는 안 된다는 것이 더 타당한 표현이다.

특별법상의 농업협동조합 산하 지역농협 중에서도 그 조합이 소재하는 지역이나 처한 상황에 따라 이를 극복하거나 대응하기 위한 전략을 수립하고 실천해서 성공한 경우가 꽤 있다.

성공하는 협동조합이 되도록 조합원의 참여를 이끌어내고 역량을 모으는 협동조합 리더의 역할은 시대를 불문하고 모든 협동조합의 성공요인으로서 매우 중요하다.

현재 이미 협동조합기본법상의 협동조합이 8천 개 가까이 다양한 분야에서 설립되었으며, 앞으로도 계속 많은 협동조합이 설립되리라 전망한다.

다만 이렇게 설립된 협동조합 중 상당수가 실제로 사업을 실시하지 못하고 '개점휴업' 상태일 가능성이 높다고 볼 때, 협동조합 사업의 부진은 이들 협동조합의 사업모델이 미흡하거나 모호하여 사업성이 부족한 것이 주원인으로 나타난다.

사업모델의 미흡 외에 조합원의 단결력 부족 즉, 협동조합의 고유한 특성인 협동과 헌신을 이끌어내는 리더십의 발휘가 잘 안 되는 점도 주원인이다. 또한 우리나라는 유럽이나 미국 등에 비해 협동조합의 역사가 길지 않고, 대다수 협동조합들이 초기단계라서 장기 지속가능성 측면에서 아직 성공을 장담할 수만은 없다.

그렇다고 해서 협동조합기본법상으로 설립된 협동조합의 성공사례가 없는 것은 아니다. 서구맛빵협동조합처럼 성공적으로 협동조합 사업을 수행하는 협동조합이 적지 않다.

많은 협동조합과 조합원들이 협동조합적 가치와 정신으로 '나홀로 사업'을 할 때보다 더 잘하기 위해 많이 노력하고, 어느 정도 성과를 내고 있다.

한편, 우리나라의 농업협동조합은 농민의 농업생산력을 높이고, 그 당시 농가 대부분이 시달리던 고금리 부채를 크게 해소하는 등의 역할을 수행하며 세계협동조합 농업 부문 제3위 규모[35]의 농업협동조합으로 성장했다.

---

[35]   2011년에 발표된 '글로벌 300 리스트'(2008년 기준; 세계협동조합연맹 (ICA))에 우리나라에서는 농업·임업 분야에서 농업협동조합이 농업 분야 3위의 협동조합으로 나타났다. 총 매출액 약 320억 원으로, 전국에 단위조합이 1,100여 개가 있으며, 분야별로 지역농협·품목농협, 지역축협·품목축협, 인삼농협 등이 있다.

전국에 퍼져 있는 상당수 지역조합이나 품목조합은 협동조합으로서 자발성을 발휘하여 농민의 경제적 권익을 향상시키는 데 큰 역할을 했다. 농업협동조합은 특별법 형식의 법령에 의해 독점에 가까운 하향식, 정책적 협동조합 운영이라는 비판을 받기도 하지만, 협동조합의 리더십 관점에서 보면 현재 협동조합기본법상의 '신생'협동조합이 배울 만한 사례를 제2장에서 언급한 바 있다.

바로 경기도 지역을 주요 활동 기반으로 하는 '도드람양돈'이나 '햇사레', '서울우유'이다. 이외에도 국내에 1천 개가 넘는 지역농협이나 품목농협이 있는데 그 중에서 남평농협(전남 나주), 외서농협(경북 상주), 서원농협(강원 횡성), 불정농협(충남 괴산) 등이 각각 특색 있는 전략과 리더십으로 경영위기를 극복하거나 경영을 혁신하여, 생산성을 크게 증가시키는 효과를 거두었다. 이 조합들의 중심에는 협동조합적 리더십을 발휘한 리더가 있었다.

그러면 '협동조합적 리더'란 어떤 사람인가?

협동조합 및 조합원들과 함께 의사소통을 조정해가며, 찬성과 반대 의견을 아우르고, 이를 종합하여 조합원 전체가 공통적으로 지향하는 의사결정을 이루어내야 하는 협동조합의 리더(경영진)는 정말 특별한 존재이다.

조합에서 분열과 갈등이 발생하고 조합구성원 사이에 도덕적 해이가 나타날 때, 리더의 역할은 특히 중요하다. 사실 협동조합은 의사결정 비용이 상대적으로 큰 조직유형이자 사업수행 방식이다. 사업이나 조직의 목적달성을 위한 의사결정에 소요시간이 비교적 길고, 결정이 지지부진한 경우가 많다.

사실 1인 1표제에 의한 민주적 의사결정은 이상적이지만 항상 더 좋은 성과를 내지는 않는다. 주식회사는 과반수의 주식보유자가 회사의 모든 것을 결정할 수 있고, 또한 그것을 바탕으로 한 신속한 의사결정을 하여 적시적절한 투자기회를 잡거나 사업수행을 하기도 한다.

협동조합의 조직문화와 갈등관리

협동조합의 조직문화

협동조합이 설립초기 단계를 지나 경영이 어느 정도 안정화단계에 들어서면, 협동조합에서도 '조직문화'(Corporate Culture)[36]가 형성되기 시작한다.

협동조합의 조직문화에는 그 조합의 장기 비전이나 조합원의 의사소통성과 협동조합의 운영, 사업활동에 대한 몰입도(沒入度) 등이 영향을 미친다. 조직문화가 어떻게 형성되느냐에 따라 협동조합 의사결정의 효율성이 크게 좌우된다.

협동조합은 공존공생, 상부상조를 본질로 하는 조직문화가 일반적이지만, 불가피하게 갈등이 발생한다. 여기에 다음에서 언급할 조합 내부의 도덕적 해이 문제까지 개입될 경우, 그 조합은 지속가능성까지 위협을 받는다.

그러므로 협동조합은 특히 그 고유의 정체성으로부터 발현되는 조직문화의 중요성이 크며, 참여가 매우 중시된다. 조합의 소유자로서 조

---

[36] 조직문화는 '조직구성원들이 대내외적 문제의 해결과정에서 공유하는 기본 가정, 신념, 가치, 행동규범 등의 결합체'이다. 조직문화는 조직구성원들이 보편적으로 공유하고 있으므로 조직구성원 간에 일체감을 형성해 주며, 조직 속에서 조직구성원들이 어떻게 행동해야 하는가를 규정하는 지침으로 작용한다.

합원의 참여와 임금노동자로서 직원의 참여는 그 수준이 크게 다를 수 밖에 없다.

한편, 조합 경영진이 유의해야 할 점은 협동조합의 조직문화는 그 구성원인 조합원의 행동지침으로 구체화되어야 한다는 것이다. 협동조합은 그 조합이 지향하는 조직목표를 달성하기 위한 조합원 활동지침, 운영원칙이나 윤리헌장을 제정하여 구체화할 수 있다.

협동조합의 행동지침은 협동조합 고유의 가치인 자주·자조·자립이라는 협동조합의 정체성과 달성해야 할 조직목표를 반영해야 한다.

협동조합 갈등관리의 중요성

사실 협동조합의 지속가능성을 가장 저해하는 것은 바로 조합원, 더 나아가서는 조합 모든 구성원 간의 갈등관계이다.

협동조합은 조합원 다수로 구성되는 조직이므로 의사소통 과정에서 갈등이 발생하는 것은 어쩌면 자연스러운 현상이다. 이러한 갈등은 사업투자 결정이나 잉여금 배분 등 사업수행이나 조직운영 전반에서 발생할 수 있고, 조합 내부적으로 조합원 간에 발생하는 무임승차나 도덕적 해이 때문에 형성될 수도 있다.

그러므로 협동조합 리더는 조합 내부의 갈등상황을 신속히 파악하고 대처하는 등 갈등관리에 매우 주의해야 한다. 참여와 협동으로 '먹고 살아야 하는' 협동조합에서 참여 없는 갈등은 치명적인 영향을 미친다. 협동조합 내부의 갈등상황으로 조합원들 간 설득이 힘들어지고, 주요 의사결정 또는 합의가 지연되는 등 이른바 '의사결정 비용'이 높아져 조직으로서 협동조합의 효율이 저하된다.

한편, 협동조합에서 조합원 간 갈등만 문제되는 것은 아니다. 우리나라와 같이 협동조합기본법이 시행되고, 협동조합이 초기단계이거나 소규모일 때는 대부분 조합원이 직원역할을 겸하는 경우가 많으므로 조합원과 직원 간 갈등관계가 형성될 여지는 비교적 적다.

그러나 신규 협동조합 중에서 크게 성장하고 규모가 확대되는 조합이 나오고, 업무 수행의 전문성을 확보하기 위해서 협동조합 구성원 중에 비조합원 임직원이 많아지면 조합원과 임직원 간 갈등관계가 발생할 가능성은 높아진다.

이 경우에 조합원과 직원 간에 주객전도(主客顚倒) 현상이 발생하여, 협동조합에서 조합원이 '주인'이라는 명분은 약화되고, 조합원의 참여도가 떨어지는 등 조합 사업수행의 효율이 떨어질 가능성을 배제할 수 없다.

협동조합 내부의 도덕적 해이 방지

협동조합은 모든 구성원 곧 조합원의 자주·자조·자립에 의한 협동을 조합의 모든 활동에서 기본이념으로 한다. 그러나 이것은 어디까지나 이론적 측면일 뿐이다.

현실적으로 협동조합에는 운영과 사업수행과 관련하여 도덕적 해이가 발생할 가능성은 항상 존재한다. 조합원도 인간이고, 인간은 이기적 존재인 이상 조합원의 일탈행동이나 도덕적 해이는 언제든지 생길 수 있다.

협동조합에서 조합원의 도덕적 해이가 발생하면 조합 조직관리 뿐만 아니라 조직으로서 조합 성과달성에 심각한 장애요인이 된다. 조합 운영이나 사업수행에서 자발적 협동과 참여가 매우 중요하지만, 현실적으로는 그렇지 못할 개연성이 높다. 협동조합에서 발생할 가능성이 있는 도덕적 해이의 유형은 주로 조합원들 간의 '참여도의 차이'로 발생한다.

협동조합 활동이나 사업추진 과정에 대한 참여도는 아무래도 조합원별로 차이가 날 수밖에 없다. 이러한 상황의 원인으로 소속 협동조합의 사업수행이나 활동에 대한 견해 차이 및 이해(의사소통) 부족, 투자 및 잉여금 배분과 같은 경영정책에 대한 불만, 조합활동에 대한 열의(열정) 상실 등을 들 수 있다.

한편, 아이러니컬하게도 협동조합의 본질적 특성인 가치와 원칙으로 인해 협동조합 내부에 도덕적 해이 현상이 발생할 수도 있다.

첫째, 1인 1표제라는 민주적 운영원칙 때문이다.

협동조합의 조합원은 자신의 출자지분 규모 또는 비율과는 무관하게 동일한 비중의 투표권을 행사한다. 조합에 대한 기여도는 서로 다르거나 차이가 나는데, 주요사항에 대한 의결권은 동일하기 때문에 일종의 무임승차 또는 부당이익(free-rider) 문제가 발생한다.

1인 1표제로 인해 뜻밖에 발생할 수 있는 도덕적 해이는 조합원의 출자금이나 보유지분이 서로 다를 때에 반드시 생긴다. 조합원이 서로 양해하고 안 하고는 별개의 문제이다.

예를 들어 A조합원은 1억 원을 출자하고, B조합원은 1천만 원을 출자했다고 가정해보자. 이들 조합원이 소속된 협동조합이 신규사업 투자나 배당결정을 위한 의사결정을 할 때 A, B 두 조합원은 똑같이 한 표 또는 똑같은 비율의 투표권을 행사한다. 자, 이 경우에는 어떻게 될까? 적어도 어느 한 쪽은 불만이 생기게 되어 있다. 보유지분에 비해 과도하거나(B조합원) 과소한(A조합원) 권한(투표권)을 가지는 것이 된다.

둘째, 협동조합에서 조합원의 가입시기가 서로 다르다는 데서도 갈등이나 도덕적 해이가 발생한다.

협동조합 설립초기에 발기인으로 참여한 조합원과 최근에 가입한 조합원은 일단 조합 활동이나 사업수행 기여도에서 차이가 날 수밖에 없다. 기존 조합원의 협동조합 지분 비율이 새로 가입한 조합원 때문에 하락할 수도 있다.(다음 예제 참조) 이것은 조합탈퇴 시 지분환급청구권에도 영향을 준다.

또한 그 조합의 사업성과 배당, 특히 이익배당이나 출자배당에서도 신·구 조합원 간 가입시기 차이로 '무임승차' 문제가 발생한다. 협동조합에서 발생하는 무임승차나 부당이익 문제는 조합원 간의 협동과 단결을 저해하는 요인이다.

예제: 조합원 간 부당이익 관련

조합원 A, B, C, D, E가 각각 1백만 원씩 출자하고, 그동안 적립된 잉여금이 3백만 원 있다고 가정해보자. A조합원의 현재 지분은 출자금 1백만 원과 잉여금 60만 원(300 ÷ 5)이다. 그런데 최근 F조합원이 출자금 1백만 원을 동일하게 납부하고 가입을 했다. 이 경우에 A조합원을 포함한 기존의 조합원은 잉여금 지분이 60만 원에서 50만원으로 감소한다. 따라서 신규로 가입한 F조합원 때문에 기존의 각 조합원 총지분이 감소하는 결과가 생긴다.

리더십 사례연구1 - 해피브릿지협동조합

1. 개요

• 해피브릿지협동조합은 경영진의 결정으로 주식회사에서 협동조합으로 조직변경한 사례로, 창업자에 의해 개인기업에서 협동조합으로 전환한 스위스 미그로소비자협동조합과 유사하다. 해피브릿지를 통해 주식회사 창립부터 협동조합으로 전환하기까지 협동조합 경영에 필요한 리더십에 관한 몇 가지 중요한 시사점을 얻을 수 있다.

• 이 조합은 협동조합기본법 시행을 전후하여 협동조합이 사회적 이슈로 떠오르면서 많이 알려졌다. 방송이나 신문, 협동조합전문가들을 통해 자주 소개되거나, 협동조합의 모범 사례로 주목을 받았다.

2. 협동조합적 리더십 관련 시사점

1) 미션과 비전을 활용한 리더십 지향

• 일반적으로 사업환경을 비롯해 외부환경의 변화가 매우 빠르면, 기존의 관리·통제 중심 리더십으로는 한계에 부딪히게 된다.

- 물론, 협동조합 해피브릿지는 주식회사 시절부터 일반기업과는 달리 협동조합적 가치나 경영원리를 기반으로 한 경영을 해왔다. 그러나 협동조합으로 전환하는 과정이나 전환 후 사업수행 과정에서 많은 갈등이 발생하였다.

- '화평동 왕냉면', '국수나무'와 같은 프랜차이즈 사업은 업종이나 분야의 특상상 마케팅이나 영업관리 등 대내외 사업수행에서 직원 의존도가 특히 높은 편이다. 따라서 관리 또는 통제 위주의 직원관리로는 생산성, 업무충

성도를 확보하기 어렵다.

- 이럴 경우, 조직구성원(조합원, 직원)의 창의성과 조직과 업무에 몰입도를 높이는 것이 매우 중요하다.

• 해피브릿지는 협동조합으로 전환하기 전인 기업창업 당시부터, '사람 중심의 기업운영'을 회사의 미션으로 내걸고 사업을 시작한다.

- 협동조합으로 전환한 후에는 '행복, 사람, 협동, 상생'의 4가지 가치에 대한 교육을 지속적으로 실시한다.

- 주력 분야인 프랜차이즈 사업에서, 본사와 가맹점 간에 갑을 관계로 갈등하는 것이 아니라, 수평적인 관계를 잘 유지하여 프랜차이즈 동반성장부문상을 수상(2013년)하기도 한다.

• 회사미션 공유로 직원들의 업무적 자발성과 업무충성도를 높였다.

- 해피브릿지는 직원의 조합원 가입(전환)을 통해 직원이 단순한 피고용인에 머물지 않고 회사에 대한 주인의식이 높아졌고, 회사의 미션 또는 비전을 공유하는 것이 쉬워졌다.

2) 협동조합에 필요한 공동리더십의 성공적 구축

• 해피브릿지는 창립초기부터 사람 중심의 기업이라는 '협동조합적' 가치와 정신을 핵심적 경영이념으로 설정하였으며, 협동조합적 집단 의사결정 체제를 구축하고, '공동리더십'(Co-leadership)을 실행한다.

• 해피브릿지는 성장과정에서 통합 및 합병을 통한 사업확대 전략으로 임직원 규모가 확대되고, 구성원도 다양하여 공동리더십이 불가피했다.

- 조직확대로 파생될 수 있는 문제점을 극복하고, 구성원 간 화합에 의한 시너지효과를 거두기 위해서는 집단지성(collective intelligence)을 활용할 필요가 있었기 때문이다.

- 이와 같이 집단지성을 바탕으로 하는 집단 의사결정을 통하여 내부 구성원 간 상호대립보다 협의로 주요사항을 결정하는 공동리더십이 구축되었다.

• 다만 집단의사결정(공동리더십) '사공이 많아 배가 산으로 가는' 부작용이 생길 수 있는데, 해피브릿지는 그것을 잘 극복한 사례이다.

- 해피브릿지는 사업 분야가 다양한 편이므로, 사업의 주요 시기별 또는 영역별로 전문가 역량을 보유한 추진주체가 필요했는데, 이럴 때 공동리더십이 큰 역할을 하였다.

- 사업적으로 중요한 각 시기 또는 그 사업 분야에 가장 적합한 역량을 보유한 담당이나 팀이 주체가 되어 의사결정을 주도하는 방식이다. 이러한 공동리더십은 해피브릿지처럼 독립사업부 체제를 유지하는 조직에서 상호 간 역할분담(보완)이 용이해진다.

- 예를 들어 신규사업을 수행할 때 마케팅이 더 중요하면 영업 분야의 역량보유자가 의사결정을 주도하고, 사업적으로 제품개발 또는 품질이 중요한 시기나 분야에는 생산 분야의 전문가 그룹이 의사결정의 핵심역할을 하는 식이다. 사업전략 수립을 위해서는 전략전문가들이 의사결정의 중심에 선다.

• 결론적으로 해피브릿지는 협동조합의 경영자 및 임직원 등 구성원 모두의 강점을 잘 활용해야 안정적, 성공적인 조합운영이나 사업운영이 가능함을 인식하고 이를 실행한 조합이다.

- 협동조합 자체가 '공유'를 바탕으로 '나홀로'가 아니라 다수로 구성된 집단이며, 1인 1표의 민주적 의사결정을 해야 하는 조직 또는 집단이기 때문이다.

3) 창의적 기업가 정신으로 사업기회 발굴 및 위기 극복

• 해피브릿지가 다른 협동조합에 주는 세 번째 시사점은, 국제협동조합연맹(ICA)의 협동조합 7원칙 중 제6원칙인 연대에 의한 경쟁력 강화에 매우 충실했다는 점이다.

- 식자재 유통업에서부터 식품제조, 외식 프랜차이즈, 물류유통, 온라인 유통사업까지 규모와 사업방식에서 혁신을 지속해왔다.

- 수도권 중심의 양곡유통 사업과 대전의 식자재 유통사업의 연대와 협력에서부터 시작되었는데, 양쪽 사업주체의 사업적 시너지효과의 확보 필요성이 연대로 이어졌고, 현재 해피브릿지의 기반이 되었다.

• 해피브릿지를 탄생시킨 기반이 된 연대인 기업 간, 지역 간 협동이 성공할 수 있었던 것은 해피브릿지의 모체가 된 대전의 식자재 제조공장과 수도권의 각 영업소(유통망)들이 '사람중심 기업'이라는 미션을 공유하고, 서로 강하게 신뢰했기 때문이다.

- 또한 성장과정에서 주요한 사업전략을 결정하는 데에도 이러한 미션과 비전이 큰 역할을 하였다. 그 사례 중 하나로 해피브릿지의 핵심브랜드이면서, 주력사업의 하나인 '국수나무'는 핵심기술의 내부개발과 기술보유기업 인수를 두고 갈등 끝에 내부합의에 성공하여 밀가루 반죽 기술 보유기업의 인수합병에 성공한다.

- 해피브릿지는 성장과정에서 필요사업과 기술을 확보하기 위하여 기존업체를 인수합병하는 전략을 쓰는 경우가 많았을 것이고, 이 때문에 찬반 양론이 격렬했을 가능성은 충분히 있다.

3. 해피브릿지 사례의 결론

• 협동조합 대부분은 자본이나 인적자원 등 여러 가지 경영자원 측면에

서 취약할 가능성이 높기 때문에 공동리더십의 발휘로 위기를 극복하고 성장 중인 해피브릿지 사례를 참고하는 것이 좋다.

- 우리나라에서 향후 설립되는 다양한 신생 협동조합이나 경영애로에 직면한 협동조합은 사업 분야, 규모나 환경이 해피브릿지와 다르더라도 이 조합이 주는 시사점을 잘 활용해야 한다. 협동조합의 성공은 '자율과 협동과 헌신'을 기반으로 리더를 포함한 구성원 모두의 역할과 책임일 수밖에 없다. 설득과 합의에 의한 공동 리더십이 '성공하는 협동조합'으로 가는 지름길이다.

리더십 사례연구2 – 영화로 보는 협동조합

국내의 많은 협동조합 관련 단체에서 공동체상영을 한 협동조합에 관한 영화를 하나 살펴보기로 한다.

협동조합을 다룬 영화로는 로치데일공정선구자조합을 다룬 〈로치데일의 선구자들〉과 〈위캔두댓〉(WE CAN DO THAT, 원제목: Si puo fare), 그리고 정신건 강상담소를 무대로 어느 작은 마을의 정신과 질환자들과 의사가 만들어 내는 이야기를 그린 다큐멘터리〈멘탈(정신)〉(일본인 소다 카즈히로(想田和弘) 감독 작품)이 대표적이다.

'위캔두댓'은 이탈리아의 '논첼로협동조합'을 모델로 만들어졌는데, 영화에서는 '협동조합180'으로 나온다. 이 영화는 협동조합의 가치와 정신, 협동조합의 운영방식, 조합원 갈등해결 및 자율적인 문제해결 노력 등을 잘 보여준다.

또한, 이 영화는 특히 사회적 취약계층인 정신장애가 있는 사람들이 주인공이다. 이들은 서로 의지하고 도우며 어렵고 힘겨운 상황을 스스로 해결하기 위한 노력과 도전을 보여주고 있어 감동도 안겨준다.

협동조합을 하는 분이라면 한 번 쯤 볼 만한 영화이며, '협동조합이란 무엇인가?'라고 다시금 생각하게 만드는 작품이다.

우리는 해낼 수 있다 위캔두댓![37]

영화 소재

〈위캔두댓〉에는 '안티가 협동조합180'이 나온다. 물론 현실에 존재하는 협동조합은 아니다. 이탈리아 북부에 있는 사회적협동조합 '논첼로'(Noncello, 1981년 설립)에서 아이디어를 얻었다고 한다. 논첼로는 정신병원 환자와 이들을 치료하던 의사로 만들어진 협동조합으로, 영화 소재로 쓰일 만큼 흥미로운 조합이다. 이 조합은 수백 명의 조합원으로 구성돼 있고, 이들 중 일부는 정신 장애인이다. 청소, 원예, 가구수리 등 목공예나 도예를 하며 치료와 사업을 병행하는 것이 조합의 주요사업이다.

영화에 나오는 사람들

주인공 '넬로', 정신과의사 '델 벨키오', '플랑', 그 외에 지조를 비롯한 영화 속 '안티가 협동조합180' 조합원(정신질환자)

영화의 주요 스토리

---

[37] 우리나라에서 이 영화는 주로 공동체상영을 통해 볼 수 있다. 공동체상영이란 특정 영화를 대상으로 각종 사회단체에서 일정수의 인원(보통 20명 정도)을 모아 신청하면 극장이 아닌 장소에서 상영하는 방식이다.

영화 속 무대는 1983년 밀라노. 가상 협동조합 '협동조합180'이다. 이탈리아에서 '정신과 치료는 곧 자유!'라는 모토를 내걸고 정신병원을 폐쇄하는 '바자리아법'이 시행되면서, 정신병원에 수용되었던 환자들에게 자유는 생겼지만 돌아갈 곳이 없어진다. 그래서 이들을 모아둘 병원부설 기관을 만드는데, 바로 '협동조합180'이다. 이름이 좋아 협동조합이지 분위기는 정신병원과 별 차이가 없다.

어느 날 이 조합에 새로운 사람이 들어온다. 협동조합의 행정담당자로 발령받은 '넬로'이다. 영화의 실질적 주인공인 그는 매우 정의로운 사람이다. 넬로의 눈에 이 정신질환자들은 무기력해보였다. 넬로는 이들이 노동을 하고, 그 보람을 느끼게 되면 정신적 치유를 받게 될 것이라 생각하고 노동의 중요성을 가르치기로 한다.

조합 관리자인 넬로는 조합원인 정신질환자들을 모아 회의를 시도한다. 말이 회의이지 정신질환자들로 이루어진 회의가 제대로 진행될 리 없다. 그야말로 중구난방이다. 고민 끝에 넬로는 회의를 포기하고 실제로 일을 같이 해보기로 한다. 목재가공 후 남은 나뭇조각을 이용하여 마루만들기 즉, '나뭇조각 마룻바닥붙이기 작업'이다. 실험적인 작업이었지만 환자들은 뜻밖에도 집중력을 보이며 재미있어 한다. 이들에게 성실함, 순수함과 숨겨져 있던 독창적인 재능이 나타나기 시작한다.

한편 '협동조합180'에는 정신질환 치료에 대해 넬로와 정반대로 생각하는 사람이 있다. 바로 정신질환 치료를 담당하는 의사 '벨키오'다. 그는 '정신질환은 죽어야만 치료되며, 오로지 진정제 약물로 일시적으로 안정시킬 뿐이라고 주장한다. 벨키오는 정신 집중이 필요한 노동이 오히려 정신질환자들을 악화시킨다며 넬로에게 당장 마룻바닥붙이기 작업을 중단하도록 요구한다.

그러나 버려질 나뭇조각을 모아 붙여 아름다운 마룻바닥을 만들어낸다는 사실이 우연히 밖에 알려져 상품성과 예술성을 인정받는다. 이후 조합에는 나뭇조각 마룻바닥 공사 주문이 이어진다. 넬로와 정신질환자, 아니 조합원들은 예술적 감각을 발휘하여 멋지게 마룻바닥 공사를 마무리해내어 의뢰인을 감동시키기까지 한다. 이들의 '협동조합 사업'(!) 규모는 점점 커진다.

이때 조합에 또 다른 정신과의사 '플랑'이 배치된다. 플랑은 벨키오와 달리 넬로가 주도하는 일을 이해하고, 적극 지원한다. 나뭇조각 마룻바닥붙이기 작업이 '조합원 환자'들의 치료에 좋다는 생각이다. 진정제 투약을 줄이고, 이들에게 자유를 더 많이 주라고 권유하기까지 한다. 두 의사의 대립을 지켜보던 넬로는 '조합원' 투표를 통해(역시 협동조합답다!) 벨키오를 쫓아낸다. 그리고 조합원 각자 재능에 맞는 역할을 분담하고, 협력하여 일을 완성하는 조합으로 점점 변화된다. 이들은 평등하게 분배된 수입으로 '그룹홈'(공동주거)을 만들고, 자유로운 생활을 맛본다. 조합 내의 모든 일을 조합원들의 회의와 투표로 민주적으로 결정하면서, 더 큰 프로젝트를 실현하기 위한 비전을 세운다. 그야말로 180도로 바뀐 협동조합이 되었다. 협동조합이라는 이름으로 정신질환자들을 수용한 정신병원 '협동조합180'이 진정한 협동조합으로 바뀌는 과정이다. 넬로와 그의 동료 조합원들은 그들만의 실험을 끝까지 성공적으로 이어갈 수 있을까?

영화나 인생이나 반전이 없을 수는 없는 법!

뜻밖의 반전은 자유를 얻고 자신의 의지로 살기 시작한 조합원들에게서 나타난다. 그룹홈에서 가족의 따뜻함, 친구의 위로, 성(性)생활 등 지금까지 정신병원 안에서는 꿈도 꾸지 못했던 삶을 즐기게 되었지만, 그들은 자유와 즐거움을 온전히 누릴 준비가 되지 않았던가보다. 사랑하는 여인의 마음을 얻지 못한 조합원 '지조'는 좌절한 끝에 자살하고 만다. '협동조합 180'의 리더격인 넬로는 그동안 자신이 해온 활동을 후회한다. '내가 괜한 일을 벌려 지조를 죽인 거나 마찬가지다!' 라고.

결국 넬로는 '협동조합180'을 떠나고, 떠났던 악당(?) 의사 벨키오가 돌아온다. 상황이 원위치되었다. '조합원'은 다시 예전의 '정신질환자'로 되돌아간다. 정해진 규칙을 따라 신경안정제는 다시 과다하게 처방되고, 조합원에게는 강요된 안정 즉, 무기력만 남는다.

여기서 또 한 번의 반전이 일어난다. 넬로의 옛 동료였던 조합원들의 무기력이 이번에는 그리 오래 계속되지 않는다. 스스로 결정하고 행동하기 시작한다. 그들은 자신들의 위대한(!) 리더 넬로를 찾아 나서기로 결정한다. 진정한 지도자를 되찾아 진정한 협동조합원이 되기 위해서, 자신들을 이렇게까지(정상적인 인간으로) 변화시켜 준 리더를 찾아 나선다.

이 작품은 협동조합 영화답게, 무슨 일이 있으면 사사건건 투표하는 모습을 보여준다. 편하지만 따분한 우표붙이는 일을 계속 할 것인지, 힘들어도 재미있고 돈도 벌 수 있는 나뭇조각 마룻바닥 붙이기 작업을 할 것인지를 결정할 때도, 자신들을 정신병자로만 취급하는 의사 벨키오를 쫓아낼 때도 회의하고, 투표한다. 정말로, 협동조합(!) 답게 '민주적'이다.

이 영화에서는 협동조합을 소재로 하여 처리할 문제를 합의, 공유하여 긍정적, 적극적으로 해결해나가는 과정을 보여줌으로써 협동조합이 유용한 사회제도라는 메시지를 던진다.

협동조합의 윤리경영

개요

우리나라는 협동조합기본법의 시행시점에 발표한 업무지침[38]에서, 협동조합기본법 제정배경 또는 주요 입법취지 중의 하나로 '윤리경영 및 상생번영 등 포용적인 새로운 경제사회 발전의 대안모델로 협동조합이 주목된다'라고 분명히 밝힌다.

협동조합기본법이 윤리경영에 의한 '상생번영' 등 공존을 강조하는 데서도 알 수 있듯이 협동조합에서 윤리경영은 주요이슈가 될 수밖에 없다.

그렇다면 협동조합에서 '윤리경영'(moral management)이란 무엇인가? 사실 협동조합이라는 조직유형의 이름이나 특성 자체가 이른바 윤리경영의 의미를 담고 있다. 국제협동조합연맹(ICA)의 협동조합 7원칙이나 협동조합의 가치와 원칙에 대한 정의를 살펴보면, 협동조합은 이미 윤리경영을 기반으로 하는 사업조직이다. 협동조합적 가치와 정신 그 자체로 훌륭한 '윤리경영체'이다.

우리나라에서 윤리경영은 주로 기업의 경영활동을 대상으로 언급되어왔다. 협동조합의 정체성(identity)이나 특징을 말할 때 흔히 비교되는 주식회사와 같은 기업은 윤리경영에 대하여 어떤 태도를 취하는가? 이 질문에 답하기 전에 윤리경영의 사전적 의미부터 알아보자.

'윤리경영'이란 조직체가 '조직의 목표를 달성하기 위한 경영활동을 수행함에 있어서의 지향점을 사회의 일반적 윤리적 가치체계에 두는

---

38 기획재정부 발표(2012. 12. 1.) 「협동조합 업무지침」 참조.

경영방식 또는 그 시스템'을 의미한다. 경영 및 기타 기업활동에서 '사회적 윤리와 부합하도록, 투명하고 공정하며 합리적인 경영마인드를 구현하는 것'이다.

협동조합기본법(제2조)에서도 규정하고 있는 것처럼 협동조합은 사업조직이다. 따라서 협동조합은 윤리경영을 해야 할 당위성이 있으며, 조합의 목적사업 수행 등 조합의 모든 활동에서 윤리경영의 이념과 가치를 따라야 한다.

그러나 협동조합적 가치와 정신 그 자체만으로 협동조합에서 윤리경영이 저절로 이루어지는 것은 아니다. 협동조합도 윤리경영을 제도화시킬 수단을 마련하고, 이를 실천하기 위한 조합구성원 모두의 노력이 뒤따라야 한다. 협동조합 윤리경영의 대표적 사례로 캐나다의 등산용품협동조합(MEC)을 들 수 있다. MEC는 협동조합헌장(MEC Charter)을 만들고, 사업수행이나 조합원교육 등에 활용한다.

이와 관련해서 기존의 윤리경영에 대한 국제적 제도나 사회적 노력을 살펴보고, 이를 바탕으로 협동조합에서 윤리경영을 제도화시킬 방안을 찾아보려고 한다.

윤리경영에 대한 태도 비교

경영이나 사업활동에서 윤리경영에 대한 태도는 일반적으로 다음 세 가지로 구분된다.

첫째, 경영활동에서 '법만 잘 지키면 된다'라는 수준의 경영태도이다. '무(無)윤리경영'(amoral management)이라고 하는데 사업활동에서 법적 책임만 지려는 태도이다.

'무윤리경영'은 경영에서 윤리 부분은 별로 상관하지 않겠다는 경영태도이다. 그렇다고 해서 경영마인드가 완전히 비윤리적(immoral)이라는 것은 아니다. 법만 잘 지키면서 경영을 하면 된다는 관점이다.

둘째, 이익추구나 원하는 목적달성을 위해 '물불을 안 가린다'라는 경영태도를 취한다. '수단과 방법을 가리지 않는' 경영방식이다.

이러한 경영을 '비윤리경영'(immoral management)이라고 한다. 경쟁에서 승리와 이윤 추구를 위해 기본 윤리 가치는 물론, 법과 제도 위반도 가능하다는 것이 암묵적으로 전제된 경영태도이다. 법과 제도를 일종의 '걸림돌'로 본다는 얘기다. 이렇게 돈만 벌면 된다는 식으로 사업을 수행하는 기업 사례는 매스컴에서 종종 접할 수 있다.

셋째는, 사회적 윤리가치에 부합하는 경영태도이다. 바로 '윤리경영'이다. 윤리경영은 법령이나 제도뿐만 아니라 사회윤리까지도 고려하면서 경영하는 것을 의미한다. 윤리경영과 다른 두 가지의 경영태도 사이에 큰 차이점이 있다. 윤리경영은 '법만 잘 지키면 된다'는 의식과 '법도 필요하면 어길 수 있다'는 태도를 모두 뛰어넘는다.

무(無)윤리경영이 사업수행이나 경영을 할 때 법만 어기지 않으면 된다고 보는 데에 비해, 윤리경영은 고려해야 하는 경영책임의 범위가 더 넓고 깊다. 윤리경영은 이익실현이라는 경제적 책임은 물론이고 경영에서 법적 책임을 넘어 사회적·윤리적 책임까지 부담하게 된다.

무(無)윤리경영이 효율과 경쟁을 최우선시하는 가장 일반적인 기존 자본주의적 기업의 경영태도라면, 여기에 윤리적 책임이 부가되는 경영이 이른바 사회적 경제 시대의 윤리경영이다. 한편 '윤리경영'의 정반대의 지점에 서는 경영태도가 바로 '비윤리경영'이다. 비윤리경영은 한마디로 '돈만 벌면 된다!'는 발상이며, '천민자본주의적' 사고방식이다. 현시대에 부적절한 경영태도이자 사고방식이다.

윤리경영과 ISO 26000

윤리경영이 경영활동에서 중요하게 된 것은, 비록 이익극대화가 기업의 궁극적인 목적이라 하더라도 사회적 신뢰를 잃으면 지속가능성을 보장받을 수 없기 때문이다. 협동조합 역시 마찬가지이다.

모든 조직체에서 윤리경영의 사회경제적 중요성이 커지게 되면서 사회적 책임(Social Responsibility)에 관한 국제 지침서가 만들어졌는데, 이것이 바로 'ISO 26000'이다.

이 인증은 윤리경영에 대한 국제 경향 또는 흐름을 반영하여 국제표준화기구(ISO) 산하 소비자정책위원회가 '기업의 사회적 책임'에 관한 내용, 이를테면 기업이 사회적책임을 제대로 수행하고 있는지를 평가하기 위해 2010년에 제정발표한 기업의 사회적책임 평가기준이라고 할 수 있다. 윤리경영에 관한 국제표준은 ISO 9000(품질인증), ISO 14000(환경보호인증)과 같은 범주에 포함되기도 한다.

ISO 26000의 원칙과 핵심 적용 분야

ISO 26000은 '기업의 사회적책임에 관하여 규정한 국제적 표준'이기 때문에 7가지 주제(핵심 분야)인 조직관리(거버넌스), 인권, 노동관행, 환경, 공정성(공정운영), 소비자관계, 지역공동체와의 관계에 대하여 기업들이 사회적으로 책임성을 가지고 활동하는가라는 기준을 포함한다.

ISO 26000 핵심 분야

· 조직관리(거버넌스) / 인권 / 노동 관행 / 환경

· 공정성(공정운영) / 소비자관계 / 지역공동체와의 관계

기업을 비롯한 사업조직체가 대내외적으로 경영활동을 수행할 때 이와 같은 핵심 적용 분야를 소홀히 할 경우 사회적인 감시뿐만 아니라 더 나아가 민사·형사 소송 등을 유발시켜, 그 조직체의 브랜드 명성을 포함한 사회적 이미지를 훼손시키게 된다.

　이러한 ISO 26000은 사업조직체의 사회적책임 이행정도를 평가하기 때문에, 윤리경영의 핵심 분야를 관통하는 이념이나 원칙으로서 기능한다. 그것은 책임성, 투명성, 윤리적 행동, 법규준수, 이해 관계자의 이익 존중, 인권중시, 행동규범의 국제성 등 대략 7가지로 요약된다.

ISO26000 기본원칙

- 책임성 / 투명성 / 윤리적 행동
- 이해 관계자의 이익 존중 / 인권배려(중시)
- 법규 준수 / 행동규범의 국제성

　또한 조직이 내부 구성원이나 외부 이해관계자들에게 인권을 비롯한 권리문제를 소홀히 하거나 공정거래 관행을 무시할 경우 조직체로서 지속가능성을 해치는 사회적 비난을 불러일으킬 수 있다.

　사실 기업활동에서 ISO인증이 의무 사항은 아니다. 그래도 국제적 거래 즉, 국제 간 입찰이나 외국기업 간 거래에서는 거의 의무 사항이 되므로 사실상 '국제인증'으로서 법적 구속력을 갖기도 한다.

윤리경영의 일반적 프로세스

정부의 국가청렴위원회(현 국민권익위원회)는 2007년에 '기업윤리경영 모델'을 발표한 바 있다. 이를 살펴보면 윤리경영 방침이 포함되고, 조직 및 시스템과 각 이해관계자로서 주주 및 투자자, 임직원, 고객, 협력업체, 지역사회, 환경으로 구성하며 이에 대하여 각 실행프로그램으로서 기업 윤리경영 모델의 단계별 추진방안도 제시한다.

- 윤리경영 도입기(1단계)
- 기반 구축 단계로서 윤리경영 조직을 구축하고, 전략을 수립한다.
- 도입기는 윤리경영을 도입하고자 하는 조직에 대한 가이드라인이며, 윤리경영 도입 1~2년차 기업을 대상으로 한다.

- 윤리경영 확산기(2단계)
- 심화 촉진 단계로서 도입기에서 수립한 윤리경영 세부전략의 중점적 실행단계이며 실행프로세스를 구축한다.
- 이 단계는 윤리경영을 정착시키려는 조직이 해야 하는 일에 대한 가이드라인이며, 윤리경영 도입 2~3년차 조직이 대상이다.

- 윤리경영 정착기(3단계)
- 핵심 전략화 단계로서 윤리경영 도입기, 확산기의 윤리경영 성과를 집약하여 이를 조직의 일반경영 전략에 반영한다.
- 윤리경영의 정착기에는 윤리경영을 조직체에 완전히 정착시켜 시스템화하여 조직체로서 사업수행에 대한 가이드라인의 기능을 하도록 하며, 윤리경영 도입 3~5년차 기업이 대상이 된다.

협동조합의 윤리경영

윤리경영은 엄격한 기준과 요구사항을 가지고 있다.

앞서 살펴본 ISO 26000의 기본원칙의 7가지는 그대로 협동조합에 요구되는 윤리기준이라고 해도 된다. 협동조합은 엄격한 윤리경영을 해야 한다는 의미이다. 협동과 헌신에 의한 단결을 조직체의 기본가치로 하는 협동조합이기에 더욱 그렇다.

협동조합이 활동이나 사업수행에서 윤리적 가치를 등한시할 경우 이미지가 훼손되고 매출을 포함한 사업성과가 하락되는 물질적 손실을 초래한다. 결국 협동조합으로 지속가능하지 못할 수도 있다.

협동조합은 사회적 경제체제 내에서도 대표적 조직인 만큼 조합 내부뿐만 아니라 지역사회의 신뢰를 확보하고 지속가능성 있는 조직이 되기 위해 기업보다 오히려 엄격하고 체계적 윤리경영이 실시되어야만 한다.

• 구성원 개개인의 적극적 참여

협동조합에서 윤리경영이 제대로 실현되려면 조합 내부적으로 당연히 투명성, 공정성 등이 확보되어야 하지만, 조합원 및 임직원 개개인이 적극적으로 실천하고 참여하는 태도가 무엇보다도 중요하다.

• 윤리경영을 위한 구체적인 시스템 구축

협동조합의 윤리경영을 실천하려면 구체적 '윤리강령'으로 문서화하고 이를 실행하는 실천조직 시스템을 갖추고 참여도를 높이기 위한 공감대형성이 필요하다.

'윤리강령'은 경영윤리 준수를 위한 협동조합 구성원(조합원, 임직원) 간의 '약속'을 문서로 구체화한 것이고, '시스템'은 협동조합 내에 윤리경영 실천을 위한 기구를 설계, 운영하도록 하는 것이며, '공감대형성'

은 협동조합 내부교육을 통해 윤리경영의 중요성과 효과에 대한 조합원의 이해와 공감대, 참여를 이끌어내는 과정이다.

· 협동조합이 조직으로서 그 본연의 특질인 윤리경영을 효과적으로 구현하기 위해서는, 윤리경영이 형식적 구호(口號)가 아니라 조합의 지속가능성을 높이는 일종의 경영문화로 정착이 되어야 한다.

• 협동조합 내부와 대외관계에서의 윤리경영 실천

협동조합은 조합 내부를 넘어 조합의 다양한 이해관계자를 포함한 대외관계에까지 윤리경영을 확산시키고 이를 통하여 지역사회에 기여할 수 있을 때에만 윤리경영의 목적을 달성할 수 있다.

· 윤리경영 기업의 경우, 자신뿐만 아니라 거래(협력)상대방에게까지 윤리적 의무준수를 요구하고 이를 함께 실천하려는 경향이 있어 윤리경영의 사회적 확산효과를 거두게 된다.

• 윤리경영에 대한 전략적 접근 필요

앞으로 협동조합의 윤리경영에 대한 요구 또는 필요성은 다양한 형태로 나타나리라 전망된다. 협동조합에서 윤리경영은 선언적 구호만으로 끝나서는 안 된다. 반드시 실천이 뒤따라야 한다. 협동조합의 윤리경영을 위해 사회적 활동이나 자금 투입 등 직접적 지원활동도 투입해야 한다. 그러므로 조합의 내부역량을 고려하는 전략적 접근이 요구된다.

· 캐나다 서부 브리티시 컬럼비아 주의 밴쿠버를 본거지로 하는 등산용

품협동조합MEC는 ISO 26000의 핵심 적용 분야의 하나인 환경에 특히 관심이 많다. 윤리헌장이라고 할 수 있는 'MEC헌장'을 만들고, 환경보존기금을 적립하여 브리티시 컬럼비아 주를 포함한 캐나다 주요지역의 환경보호활동을 한다. 또한 등산용품협동조합답게 등산용품을 직접 생산하면서 제품을 오래 쓸 수 있게 만들고자 노력한다. 이는 소비자가 제품을 오래 사용할 수 있어 폐기물을 줄일 수 있는 환경 보호의 실천행동이다.

협동조합 윤리경영의 기대효과

협동조합 조직의 정체성 자체가 이미 조합활동이나 사업수행에서 윤리경영의 의무를 암묵적으로 부과한다.

다만, 이 장에서 다룬 ISO 26000과 같은 윤리경영에 관한 국제 지침이나 규약이 제시하는 것처럼, 윤리경영에 대한 체계적 접근으로 협동조합의 가치와 원칙이 의미하는 윤리경영의 취지를 더욱 잘 실현할 수 있다.

그러면 협동조합이 체계적으로 윤리경영을 실천함으로써 어떤 기대효과를 실현할 수 있는지를 살펴보기로 한다.

• 협동조합의 제도적 환경 즉, 법률이나 규제에 대해 좀 더 체계적인 대응을 할 수 있다. 협동조합에게도 일반기업과 마찬가지로 활동이나 사업수행 시에 각종 법률, 규제가 제약조건으로 작용할 수 있기 때문이다.

• 기업의 사회적 책임을 국제규범이나 표준에 따라 이행하고 있음을 공식적으로 인정받을 수 있는 기회가 된다.

우리나라는 ISO 26000인증이 정부입찰 참여를 위한 중요한 요건이기 때문에, 향후 협동조합이 이러한 인증을 받는다면 정부입찰 시 경쟁 기업이나 협동조합에 비해 유리한 조건을 하나 더 가지게 된다.

• 협동조합의 의사결정이나 사업수행 프로세스가 크게 개선된다.

협동조합은 민주적 운영을 기본원칙으로 하지만 경우에 따라서는 중구난방식(衆口難防式) 운영이 될 위험이 없지 않다. 그러므로 처음부터 공정성, 투명성 등 협동조합의 사회적 책임(CSR)에 관계되는 요소를 협동조합의 활동이나 사업수행에 반영하면 의사결정 과정은 훨씬 개선된다.

• 여러 이해당사자들에게 협동조합과 사업수행의 브랜드 이미지를 좋게 만드는 좋은 수단이 된다.

예를 들어, 협동조합 활동이나 사업수행에 관계되는 환경 주체 즉, 핵심 고객이나 지역주민, 정부나 지방자치단체, 심지어는 협동조합 내부의 조합원이나 임직원 등이 협동조합을 우호적으로 바라보게 되고, 더 높은 참여와 헌신을 이끌어낼 수 있다. 대내외적으로도 협동조합과 지역사회의 관계는 더욱 좋아지며, 협동조합의 사업수행 기반은 크게 강화될 것이다.

'성공하는 협동조합'으로 이끄는 이정표

지금까지 협동조합기본법이 처음 시행된 이후 우리나라 기본법상으로 설립된 협동조합의 설립추세, 운영현황 등을 살펴보았다.

이어서 국내외의 많은 협동조합을 순례하였다. 역사적으로 오래 존속하고 있거나 해당 분야에서 성공하였다고 평가받는 협동조합뿐만 아니라, 북유럽국가의 노인자활공동체 같은 특별한 협동조합까지 훑어보았다. 그들 협동조합이 어떻게 탄생하였으며, 조합활동에서 부딪혔던 난관을 어떻게 극복하였는지 그 성공스토리를 들여다보았다.

그리하여 함께 뜻 깊은 협동조합 여행을 할 수 있었다. 우리는 협동조합을 설립하여 이를 안정적으로 정착시키고, 성공적으로 운영해가는 일이 그리 쉽지만은 않음을 알았다. 협동조합은 실패할 수 있고 성공하는 협동조합으로 가는 길은 멀고 험할 수도 있다.

아울러 협동조합 역시 사업조직 유형의 하나일 뿐이며, 그 운영상의 성공을 위해서는 다른 사업방식과 마찬가지로 전략과 혁신과 리더십이 필요하다는 사실을 깨달은 것 또한 큰 의미가 있다.

저자는 협동조합이 협동조합으로서의 가치와 정신(원칙)을 충실히 잘 따르는 것이 가장 중요하다고 누누이 강조하였다. 그러나 협동조합의 가치와 정신에 충실한 것은 협동조합의 지속가능성을 위한 시작에 불과함을, 협동조합인은 한시도 잊지 말아야 한다. 성공하고 지속가능한, 특히 경제적으로 지속가능한 협동조합이 되기 위해서는 협동조합 경영이나 사업에서 반드시 따라야 할 '이정표'가 있다.

협동조합의 가치와 정신을 사람의 '두 눈'이라고 한다면, 협동조합인이 따라야 할 이정표는 협동조합의 그 두 눈이 바라보는 곳으로 가기 위한 방향지시등이다. 길을 갈 때 두 눈 똑바로 뜨고 앞을 봐야 하듯이 협동조합인은 협동조합의 가치와 정신이라는 두 눈을 부릅뜨고 성공하는 협동조합으로 가기 위한 방향지시등을 켜고 가야 한다.

민주적 운영에 효율성을 동반하라

협동조합의 첫 번째 이정표!

효율(效率)은 협동조합인이 조합 운영이나 사업을 추진하면서 가장 먼저 마주치는 이정표이다. 협동조합이 이것을 회피하거나 우회할 수는 없다. 단도직입적으로 말해, 협동조합에서 비효율은 '악(惡)'이다!

협동조합은 친목단체가 아니며, 동호인 모임도 아니다. 복잡하게 생각할 것 없다. 협동조합은 너무도 명백한 사업조직으로서, 실현해야 할 미션과 조직목적이 있다. 사업추진이나 운영이 효율적이지 않아도 이러한 미션과 목적을 달성할 수 있는가?

'효율성'은 일반적으로 '투입(input)자원에 대한 산출물(output) 또는 성과의 비율'이라고 정의된다. 이러한 정의가 의미하는 바는 참으로 간단명료하다. 효율적이라는 것은 투입보다 산출 곧 성과가 많음을 뜻한다.

협동조합이든 다른 무슨 조직이든 효율적이지 않으면 절대 지속이 불가능하다! 협동조합이 성과창출 없이 어떻게 조합원의 복리를 증진하고 지역사회에 기여할 수 있겠는가?

역사적으로 중요한 여러 협동조합의 경영적, 사업적 시도는 모두 생산성 향상 즉, 효율적인 협동조합이 되기 위한 '몸부림'이었다. 이들 조합은 때로 경제사업을 효율화하기 위하여 자회사도 만들고, 때로 인수합병 전략을 사용하기도 하였다. 부작용도 있었으나, 이렇게 효율성을 추구한 결과 경쟁력을 확보할 수 있었다.

물론 완벽하게 효율성을 달성하였거나 최고수준의 경쟁력을 확보하였다고 하기는 어렵다. 이 조합들조차도 아직 완성이 아니라 진행형이다. 완벽하게 효율적인 협동조합이 되기 위하여!

흔히들 협동조합은 원가경영을 한다고 말한다. 원가경영을 지향해야 한다고 말하기도 한다. 그러나 원가경영을 오해하지 말아야 한다. 이익을 적게 내거나 이익률이 낮아도 된다는 말이 절대 아니다. 원가경영이란, 주로 협동조합에서 경영 유지를 위한 최소한의 이익만 남기고(유보하고), 조합사업 수행으로 인한 성과 대부분은 조합원에게 돌려준다는 의미이다.

거듭 말하지만, 협동조합 조직도 효율적이어야 한다. 한마디로 생산성이 높아야 한다. 경영상의 모든 노력 즉, 전략에서부터 최종 실행까지 효율적이어야 하며, 더불어 능률적[39]이기도 해야 한다.

한편, 협동조합의 민주성(민주적 운영)은 협동조합의 기본적이고 핵심적 가치이다. 다만 여기에도 함정이 있음을 명심해야 한다.

옛 속담에 '사공이 많으면 배가 산으로 간다'라는 말이 있다. 이와 같이 협동조합의 1인 1표에 따르는 민주적 의사결정은 자칫하면 조합 운영이나 사업추진에서 걸림돌로 작용할 수 있다. 이는 협동조합의 의사결정이 지연되는 부작용 즉, 조합이 부담하는 의사결정 비용이 높아진다는 의미이다. 이 또한 조합 경영의 효율성을 떨어뜨리게 한다. 특히 협동조합에서 자발적 참여도가 떨어지면 이러한 부정적 현상이 더욱 심화될 가능성이 높다.

조합원은 경영자, 때로는 직원이라는 2중, 3중의 지위에 속하게 된다. 이럴 때 조합원으로서의 평등한 지위(1인 1표제 등)는 경영자와 직원 관계 등 위계적, 수직적 지위와 명확히 구분되어야 한다. 이는 협동조합의 조직운영이나 사업수행에서 반드시 유의해야 할 부분이다.

협동조합의 궁극적인 미션은 조합원의 권익과 복리 증진이다. 하지

---

[39] 경영학에서 '능률'(efficiency)은 어떤 제품을 생산할 때 더 적은 비용(인건비, 재료비 등)이나 노력을 들이거나, 동일한 비용이나 노력으로 더 많은 생산물을 달성하는 것을 의미한다.

만 조직으로서 효율성을 희생해가면서까지 조합원의 복리증진에만 매달리라는 말은 아니다. 조합 설립목적을 달성하기 위한 사업수행이 효율적이지 못하여 성과를 못 낸다면 어떻게 '조합원의 권익과 복리 증진'을 실현할 수 있을지 의문이다.

민주적 운영에 효율성을 반영하라!

협동조합의 경영은 민주성과 효율성의 결합물

- 협동조합은 운동이면서, 사업이고 경영
- 협동조합의 사업은 효율적이어야 하며, 성과를 내야 함
- 로치데일협동조합에서 몬드라곤, 대니쉬크라운, 제스프리, 그리고 우리나라의 햇사레, 도드람양돈에 이르기까지 모든 협동조합의 경영적, 사업적 시도는 다 생산성 향상 즉, 효율적인 협동조합이 되기 위한 노력의 증거

조합의 경영을 스스로 평가해보라

협동조합의 두 번째 이정표!

사람은 자신의 언행을 되돌아보고 잘못된 부분이 있으면 스스로 반성할 수 있어야 훌륭한 인격자라고 할 수 있다. 하물며, 법인격체로서 사업조직인 협동조합은 더 말해 무엇하겠는가? 협동조합의 운영이나 사업수행을 반드시 협동조합 스스로 평가하여, 그 부족하거나 잘못된 과정이나 결과를 분석하고 개선이 필요한 사항을 반드시 찾아야 한다.

협동조합 스스로의 경영을 되돌아보라는 말이다. 이른바 '피드백경영'이라고 할 수 있다. 계획-실행-평가(Plan-Do-See(PDS))의 사이클에 따라 자체경영 평가에 의한 피드백 경영을 반드시 실행하라는 말이다.

따라서 협동조합이 사업모델을 체계적으로 정교하게 잘 수립해야 하는 것이 중요함과 같이, 경영평가나 운영평가 결과의 피드백도 이에 못지않게 절실히 필요하다. 경영평가 결과는 신규사업 계획 수립이나 사업계획 변경에 반영되는 등 피드백이 이루어져야 한다. 평가와 그 결과의 피드백 없는 협동조합 경영은 있을 수 없다.

다만 사업모델로서 협동조합의 초기단계인 우리나라 상당수 협동조합들이 전문인력 부족과 같은 역량부족의 사유로 조합 자체 경영평가 및 피드백을 제대로 실시하기는 쉽지 않아 보인다. 그러나 경영이나 사업실시에 대한 평가 및 피드백이 제대로 이루어지지 못하고 있다면 이런 상황은 협동조합 경영의 효율화를 위해 반드시 개선되어야 한다.

조합의 경영을 스스로 평가해보라!

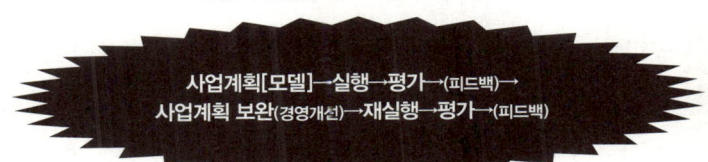

사업계획[모델]→실행→평가→(피드백)→
사업계획 보완(경영개선)→재실행→평가→(피드백)

- 지속가능한 협동조합이 되기 위해 충실하고 체계적인 사업모델이 기본적 사항
- 경영평가나 운영평가 결과의 피드백으로 신규 사업계획 수립이나 사업계획 보완, 개선에 반영하여 경영효율 증대 필요
- 초기단계인 우리나라 신생 협동조합의 경영개선 또는 경영활성화를 위하여 시급하고 절실한 과제

협동(조합)을 조직화시켜라(내부의 도덕적 해이 방지)

협동조합의 세 번째 이정표!

협동조합은 협동과 단결(연대)가 그 'DNA'이다. 본질이자 핵심이란

뜻이다. 그렇지만 조합 구성원의 '철저한' 역할분담이 이루어지지 않으면 협동조합의 고유한 특성이나 장점의 효과를 거둘 수 없을뿐더러 아예 성과 자체를 제대로 내지 못한다.

협동조합 구성원의 역할분담이란 협동조합의 조직화를 의미한다. 사람이 움직이고 활동하는 데 서로 기능과 역할이 다른 손과 발이 절대적으로 필요하듯이, 협동조합도 마찬가지이다. 법인 조직체인 협동조합의 사업수행이나 운영은 결국 사람이, 조합원이 한다. 다만 그 '사람'은 조직화(제도화)되어야만 계획적이고 효율적으로 조합의 사업이나 업무를 할 수 있다.

협동조합의 조직화는 크게 두 가지로 나눌 수 있다. 의사결정 체계상의 역할분담과 경영실행(사업수행)상의 역할분담이 바로 그것이다. 우선, 의사결정 체계상의 역할분담은 협동조합의 총회(또는 대의원총회)·이사회 조직과 그 구성원(임원) 선임 등을 말한다. 그 다음, 경영실행(사업수행)상의 역할분담은 협동조합의 활동(사업)을 부문별로, 분야별로 나누고, 각각 적합한 담당자 또는 역할 수행자를 배치한다. 조합 구성원을 적재적소(適材適所)에 배치하는 역할분담이다.

협동조합기본법 시행으로 5명 정도의 조합원으로도 협동조합에 의한 사업모델 수립 및 실행이 가능해졌으나, 조합원이 소수이므로 임직원을 겸직하는 경우가 많다.

그러한 까닭으로 의사결정과 이를 실행하는 주체가 겹치는 경우가 대부분인데 이럴 경우 조합 내부적으로 분명한 역할분담이 이루어지지 않으면, 그 협동조합은 사업이나 업무수행에서 일종의 무임승차 등 도덕적 해이가 반드시 발생할 뿐만 아니라 그 조합의 사업을 제대로 수행하기가 어렵다. 또한, 협동조합은 조합원의 자발적인 '협동'이라는 형이상학적인 개념을 바탕으로 존재하고, 운영하고 사업을 하는 조직 형태이지만, 조합원의 자발적인 협동이 잘 발휘되지 않을 수도 있다.

이러한 상황은 조합 내부 또는 사업수행에서 갈등의 요인이 되고, 그 협동조합의 사업이나 운영은 지체되거나 아예 사업수행 자체를 기대할 수 없을지도 모른다. 그러므로 협동조합은 반드시 구성원의 철저한 역할분담을 기반으로 조직화를 실시하여야 한다. 조직도나 업무규정 등의 방법으로 문서화를 해 놓는 것이 바람직하다.

협동조합의 조직, 사업수행에 관한 운영원칙(규칙)을 만들고, 이를 협동조합의 운영이나 사업수행에 제대로 적용하는 것도 협동조합 조직화의 과정에서 중요한 요소이기 때문이다.

협동조합 내부의 협동 수준을 좀 더 높이기 위해서는 곧 협동조합 구성원(조합원)의 자발적 협동을 확보하기 위해서는 조합원의 도덕적 해이를 막을 제도적 장치가 반드시 필요하다. 협동조합의 가치가 반영된 운영규칙 등 자치규칙을 만들고, 이를 협동조합의 운영이나 사업에 적용해나가는 것이 필수이다. 이 단순한 '진리'를 잊지 말자!

협동조합을 조직화(체계화)시켜라

조합활동 조직화(역할분담) 및 도덕적 해이 방지

- 협동조합 구성원의 역할분담은 협동조합의 조직화를 의미
- 협동조합다운 의사결정과 사업수행을 위한 조직화 필요
- 총회 및 이사회 구성, 적절한 임원 선임
- 각종 자문위원회 운영(복지·교육·사업추진위원회 등)
- 조합운영 또는 사업추진을 위한 철저한 역할분담
- 협동조합 운영규칙 제정, 역할분담이 잘된 조직체계 구축

'조합이기주의'에서 벗어나라(대외적 도덕적 해이 방지)

협동조합의 네 번째 이정표!

협동조합 스스로 '고립된 섬'을 만드는 실수를 하면 안 된다. 조합원이 자신이 속한 조합의 이익에만 집착하는 이기주의를 보이지 말라는 의미이다. 협동조합은 단계적(1·2·3차) 연대로 살아가야 하는 조직특성을 지닌다.

원론적인 얘기이지만 협동조합은 지역사회를 기반으로, 지역사회와 같이 가야 한다. 지역사회와 거기에 소재하는 협동조합은 동반자관계이다. 국제협동조합연맹의 '협동조합 7원칙' 중에서 제7원칙은 '지역사회에 대한 기여'를 강조한다.

어떤 협동조합이 내부적인 단결과 협동이 잘되고, 그리하여 사업성과가 좋다는 것만으로 그 협동조합의 장기적이고 경제적인 지속가능성이 보장되지는 않는다. '우리 협동조합만 잘 되면 충분하지 않은가?'라는 식의 협동조합 운영은 오래 가지 못할 가능성이 높다. 협동조합은 조합원에 의한 자주·자조·자립을 그 본질적 특성으로 하지만 조합원들이 자신의 협동조합의 이익에만 집착하는 것은 정말 바람직하지 않다. '조합이기주의'라고 볼 수밖에 없다.

특히 우리나라의 경우, 협동조합기본법 시행 이후 설립되는 조합의 과반수가 사업자협동조합이다. 이러한 사업자협동조합의 조합원은 자영업자 또는 소상공인인 경우가 많은데, 그 협동조합 소재지역 상권 내의 같은 업종이나 분야의 비조합원 사업자들과 이해관계가 충돌하거나 갈등관계가 생길 가능성이 상당히 높다.

만약에 협동조합이 지역사회와 조화를 이루고 협력하기보다 조합 내부의 권익과 복지증진 위주로 사업수행을 하다보면 그 조합이 소재하는 지역사회, 좀 더 자세히 말해 그 조합의 관련업종이나 분야, 상권과 갈등이 유발될 수 있다.

조합이기주의를 뛰어넘기 위해 노력하는 협동조합으로 서구맛빵협동조합은 좋은 참고사례이다. 이 조합은 조합원인 빵집사업자들이 모여 자금을 모으고, 기술개발하여 신제품(서구맛빵)을 만들었다. 그러나 조합원 자신들만 그 빵을 팔려고 하지 않는다. '우리만 잘 먹고 잘 살자!'라는 식으로 협동조합을 운영하지 않는다.

그들은 관련문제만 해결되면 대구 서구 관내를 포함한 지역사회 빵집들에 조합에서 개발한 빵의 판매권을 주기로 하였다. 비조합원 빵집에도 요청을 해 오면 서구맛빵을 자신들의 점포에서 판매를 할 수 있도록 개방하겠다는 이야기다. 비조합원 빵집사업자와도 공존공생해가며, 사업수행을 하는 것은 본받을 만하다.

조합이기주의에서 벗어나라

조합이기주의는 그 협동조합의 지속가능성을 가로막는다

• 조합이기주의는 협동조합의 지속가능성에 큰 장애요인
- 협동조합을 참여보다는 보상이나 배당을 받을 수 있는 복지조직으로 인식하는 조합원이 존재할 수 있음.
- 조합원이 협동조합만의 사업적 성공에만 집착할 경우 지역사회와 갈등, 이해상충이 발생할 수 있음.
• 조합이기주의에서 벗어나기 위한 협동조합 및 조합원의 자체적인 노력 필요(윤리헌장 제정, 의식개선 필요)

자발적으로 참여하고, 헌신적으로 협력하라

협동조합의 다섯 번째 이정표!

지금까지 성공하는 협동조합으로 가는 길을 안내하는 표지들을 잘 따라왔다고 해도 이 다섯 번째 이정표야말로 정말 놓쳐서는 안 된다. 협동조합에서 자발적 참여와 헌신적 협력은 협동조합의 지속가능성을 위하여 가장 중요하다.

어떤 협동조합이든지 그 리더(경영진)와 조합원들은 이 다섯 번째 이정표가 안내하는 성공하는 협동조합으로 가는 '자발적 참여, 헌신적 협력'이라는 길에서 절대로 벗어나지 않도록 하자! 모든 협동조합과 그 조합원들은 '우리들'의 협동조합의 지속가능성을 바라보아야 한다.

인간은 영원히 살기를 원하고, 조직 또한 오래도록 이어지기를 바란다. 그것도 건강하게 오래 살거나 존속하기를 간절히 원한다.

협동조합의 높은 지속가능성의 출발점은 그 조합원의 참여이다. 그것도 자발적인 참여에 의한 헌신적인 협동이다. 조합원들에게 자발적이고 헌신적인 협동 즉, '이타적(利他的) 협동'을 충분히 기대할 수 있다는 낙관론을 펴는 학자[40]도 있다.

저자도 모든 협동조합의 조합원은 자발적 협동의 가능성이 매우 높다고 믿고 싶다. 어려운 환경여건이나 부족한 내부역량을 보완하기 위

---

[40]　미국의 사회학자로 협동조합 원칙을 제시했던 보가더스(Emory S. Bogardus, 1882~1973)는 반사적 협동→본능적 협동(여기까지는 동물차원)→(이후부터는 인간차원)생존적 협동→경쟁적 협동→이타적 협동의 다섯 가지 차원 또는 단계적 협동이 존재한다고 하였다. 이와 함께 협동조합의 기본 이념인 협동을 바탕으로 한 협동조합 원리로 민주 , 자발성, 자치, 공평 , 상호성 , 보편성, 진보라는 7가지 원리를 제시하였다.(자료: 한국천주교중앙협의회 회보 『사목』1976년 5월호(제45호)에 게재된 「信用協同組合의 理論的 背景」 참조.)

하여 조합원들이 자발적으로 참여하는 헌신적 협력이 필요하다.

흔히들 협동조합의 장점으로 '해고 없는 경영'을 말한다. 그러나 해고 없는 경영은 조합원의 자발적인 참여와 헌신적 협력에 대한 보상이다. 협동조합이 동반성장, 공존공생을 지향하기에 직원 해고를 가능한 한 피하려는 노력은 바람직하다.

그러나 협동조합이 지속가능성을 장담할 수 없을 때, 그러한 해고 없는 경영은 불가능하다. 무능하고 나태한 직원의 고용을 끝까지 책임지는 것은 바람직하지 않으며, 자발적 참여와 헌신적 협력과 무관하다.

그동안 생산자조합, 소비자조합, 신용협동조합, 협동조합연합체(복합체) 등 많은 협동조합 사례를 들여다보았다. 세계 여러 나라의 주요 협동조합은 조합원의 자발적 참여와 역할분담으로 체계적으로 조직화되었으며, 협동조합의 가치에 충실한 운영규칙을 만들어 스스로를 규율했다. 그리하여 이들 협동조합 중에는 이미 1백 년을 넘어 오늘에 이르고, 새로운 미래를 향하여 항해를 계속하는 협동조합도 있다.

자발적으로 참여하고, 헌신적으로 협력하라!

조합원의 자발적 참여, 헌신적 협동은 협동조합의 높은 지속가능성의 필수조건이다

- 지속가능성을 높이기 위한 협동조합과 조합원의 준칙
- 조합의 비전과 사업모델을 분명히 할 것
- 자발적으로 참여하고, 헌신적으로 협력할 것
- 조합원 간 역할분담을 철저히 할 것
- 조합원교육(훈련)을 통해 역량을 강화할 것
- 조합원 간, 지역사회와의 원활한 의사소통을 유지할 것
- 경영결과에 대한 지속적 피드백 및 개선노력을 할 것
- 사업의 경쟁력확보를 위한 혁신노력을 지속할 것

협동조합 전도사를 자처하는 저자가 이 책을 탈고한 지금은 협동조합에 대한 신중론자가 되는 듯한 느낌이다. 그러나 '혼자서는 작은 일을 할 뿐이지만, 함께 할 때 우리는 많은 일을 할 수 있다'라고 한 헬렌 켈러 여사에 대한 적극적 공감이 흔들리는 것은 절대 아니다. 협동조합에 대한 저자의 신념까지 사그라드는 것은 아니다.

저자가 협동조합에 관하여 신중론자가 된 것은 성공하는 조합이 되기가 그리 만만치 않다는 우려 때문이다. 특히 우리나라는 협동조합에 의한 창업 또는 사업모델이 초기단계에 있다. 조합을 하기 위한 주변 환경여건, 이른바 법적·제도적 시스템을 아우르는 협동조합 생태계는 아직 미흡하고, 막상 조합에 참가하는 당사자 즉, 조합원의 협동조합에 대한 이해, 참여의식은 많이 부족하다.

저자는 협동조합기본법이 발의될 무렵에 본격적으로 협동조합 연구에 뛰어들었고, 2013년부터는 정부(중소기업청)의 협동조합활성화지원 사업에 참여하였다. 협동조합기본법에 따라 설립되는 협동조합의 현장에서 협동조합의 설립부터 운영, 경영난관 해소를 위한 컨설팅을 제공하는 등 바쁘게 움직여 왔다. 더불어 이들 협동조합의 조합원들과 애환과 고락을 같이 나누기도 하였다.

따라서 이 책은 협동조합에 대한 저자의 관심과 열정, 그리고 협동조합 현장에 대한 참여와 치열한 노력의 산물이다. 협동조합기본법상의 협동조합 1만 개가 설립될 날이 이제 멀지 않다. 협동조합, 사회적기업, 마을기업 등 사회적경제 분야 전체를 아우르는 사회적경제기본법도 국회에서 발의되어 곧 발효될 예정이다. 이는 협동조합관계자뿐만 아니라 일반 국민이, 이제 협동조합을 비롯한 사회적경제에 관심을 가져야 할 시대가 되었다는 의미이다.

우리나라에서도 협동조합이 서서히 시대의 중요한 흐름을 형성하고 있다. 동네민원도 '공유'(公有)개념을 활용하여 해결하고, 굳이 '내'가 소유하기를 원했던 주택, 자동차도 공유로 이용하려는 움직임이 활발하다. 권위를 자랑하는(?) 세계 석학이나 연구기관의 주장을 모두 그대로 받아들일 수는 없겠지만, 우리가 더 많이 행복하기 위해서는 과거의 성장방식이 아닌, 협동을 기본으로 하는 협동조합이나 마을기업 등에서 성장동력이 나와야 한다는 견해에 상당부분 동의한다.

그러나, 협동조합은 어렵다!

저자가 협동조합 현장에서 피부로 느끼고 체험한 끝에 얻은 결론이다. 자주·자립을 기본가치로 하는 협동조합이지만 대부분의 신생 협동조합들은 처음 설립할 때부터 경쟁력을 갖추기가 쉽지 않다. 아니, 정말 어렵다! 영아나 유아가 말을 배우는 데는 엄마와 눈을 맞추어 가며 수 천 번의 엄마 말을 들어야 하고, 스스로 일어서서 한 발자국 내딛는 데도 넘어지고 엎어지며 1년 이상의 시간이 걸린다. 그러나 결과는 어떤가? 결국은 일어서고 한 걸음씩 걷게 되고 뛰어다니지 않는가! 협동조합이 바로 그렇다.

저자가 좋아하고 존경하는, 존 F. 케네디 대통령은 뉴 프런티어(New Frontier, 새로운 개척자)라는 희망의 메시지로, 많은 사람들에게 용기를 주어 일어서게 만들었다. 협동조합은 우리나라에서 이제 '뉴 프런티어'이다. 새로운 개척자로 등장한 협동조합과 함께 가도록 하자!

이 책은 저자의 역량부족 때문에 미흡한 부분도 있지만, 협동조합을 하려는 분들과 여러 가지 어려움에 부딪힌 협동조합 및 그 관계자 여러분에게 나침반이 되고, 조그마한 디딤돌이나마 된다면 한 없이 기쁘고, 더 이상의 바람이 없을 것이다.

이제 책의 마지막 페이지를 맞이하게 되었다. 여기까지 같이 오면서 협동조합에 대해 느낀 점을 바탕으로 우리 모두 협동조합의 사회경제적 성공을 위하여 노력해보자. 모든 가능성은 열려 있다!

협동조합을 향한 저자의 열정이 이 책으로 끝나는 것이 아니듯이, 협동조합에 대한 여러분의 관심도 계속될 것으로 믿는다.

이 책에 인용된 협동조합 사례

협동조합 이름	분야	소속 국가
로치데일	소비재	영국
몬드라곤	노동자	스페인
라보뱅크	금융	네덜란드
미그로	소비재	스위스
선키스트	과일(오렌지)	미국
웨이크펀푸드	유통	미국
아메리칸 크리스털 슈거(ACS)	공산품	미국
레베 그룹	식료품유통	독일
바이바	농업기자재	독일
제스프리	과일(키위)	뉴질랜드
대니쉬크라운	양돈	덴마크
그리너리	청과물	네덜란드
알라푸드	유제품	덴마크, 기타
데자르댕	금융	캐나다
MEC(등산용품협동조합)	소비재	캐나다
안티고니쉬(지역)	협동조합 도시	캐나다
그라나롤로	낙농(우유)	이탈리아
라 루페	사회서비스	이탈리아
카라박(프로젝트)	공동육아	이탈리아
볼로냐(지역)	협동조합 도시	이탈리아
코프 아드리아티카	소비재	이탈리아
카디아이	사회서비스	이탈리아
무리, 콥안살로니	주택	이탈리아

코메타	농산물(감자)	이탈리)
리유니트	주류(와인)	이탈리)
로푸키리	노인공동체	핀란)
OP-포횰라	금융	핀란)
아물	유제품	인)
해피브릿지	노동자	한국
서구맛빵	제빵	한국
동네빵네	제빵	한국
안심협동조합	농산물	한국
강화마을	장류	한국
마중물	폐자재모음	한국
웰빙수라간	반찬	한국
햇사레	과일(복숭아)	한국
서울우유	유제품	한국
도드람양돈	양돈	한국
중곡제일시장협동조합	전통시장	한국
태평동락커뮤니티	주택	한국
원주협동사회경제네트워크	협동조합 도시	한국
불정농협	농산물	한국
남평농협	농산물	한국
외서농협	농산물	한국
서원농협	농산물	한국

참고 자료

단행본

신성식, 『협동조합 다시 생각하기』, 알마, 2014.

스테파노 자마니 외, 『협동조합으로 기업하라: 무한경쟁시대의 착한 대안기업』, 송성호 역, 북돋움, 2012.

그레그 맥레오드, 『협동조합으로 지역개발하라: 몬드라곤을 보는 또 다른 시각』, 이인우 역, 한국협동조합연구소, 2012.

에드가 파넬, 『협동조합 : 그 아름다운 구상』, 염찬희 역, 그물코, 2012.

카츠키 타케유키, 『꺼지지 않는 협동조합의 불꽃』, 이은선 역, 그물코, 2012.

존스턴 버챌, 『사람중심 비즈니스, 협동조합: 진화하는 조합원소유 비즈니스』, 장승권 역, 한울아카데미, 2012.

김현대 외, 『협동조합, 참 좋다: 세계 99%를 위한 기업을 배우다』, 푸른지식, 2012.

김현대, 『협동조합 도시』, 서울연구원, 한울, 2013.

농협대학교 협동조합경영연구소, 『협동조합학원론』, 청목출판사, 2013.

이대중, 『협동조합, 참 쉽다: 누구나 따라하는 설립실무』, 푸른지식, 2013.

김성오 외, 『우리, 협동조합 만들자』, 겨울나무, 2013.

김기섭, 『깨어나라! 협동조합: 더 좋은 세상을 만드는 정직한 노력』, 들녘, 2012.

중소기업청, 『2014소상공인협동조합 모범사례집』, 중소기업청, 2014

장종익, 『협동조합 비즈니스 전략』, 동하, 2014.

오사와 마리, 『생활 속의 협동: 더불어 사는 사회로』, iCOOP 생활협동조합연구소 역, 2009.

김형미 외 4인, 『한국 생활협동조합운동의 기원과 전개』, 아이쿱협동조합연구소, 푸른나무, 2012.

기획재정부, 『아름다운 협동조합 만들기』, 부키, 2012.

하현봉, 『협동조합으로 성공하기』, 삼우사, 2013.

제레미 리프킨, 『제3차산업혁명—수평적 권력은 에너지, 경제, 그리고 세계를 어떻게 바꾸는가』, 안진환 역, 민음사, 2012.

구도완, 『마을에서 세상을 바꾸는 사람들: 생태적 대안운동을 찾아서』, 창비, 2009.

한겨레경제연구소, 『사회적기업을 어떻게 경영할 것인가: 경영사례집1』, 아르케, 2011.

양세훈, 『마을기업과 사회적기업의 거버넌스』, 이담북스, 2012.

정윤성, 『마을기업—희망공동체; 농촌을 살리는 대안경제』, 씽크스마트, 2013.

이회수, 『살맛나는 세상을 꿈꾸는 사회적기업가 21인의 세상고쳐쓰기』, 부키, 2012.

마르크 건서, 『위대한 기업을 넘어, 영적 기업으로(Faith and Fortune)』, 한혜진·최태경 역, 한언, 2005.

이홍규·김성철, 『뉴미디어시대의 비즈니스 모델』, 한울, 2012.

iCOOP 생활협동조합연구소, 『세상을 바꾸는 소비자의 힘』, 한겨레출판, 2009.

연구논문

김수환, 「협동조합 해외 선진사례 및 도입방안 연구」, 중소기업연구원, 2009.
농협중앙회 조사연구소, 「미국 신세대협동조합의 성장배경과 시사점」, 권웅, 2009. 5.
박성재, 「성공적인 협동조합의 리더십에 관한 연구: 일선 농협을 중심으로」, 한국농촌경제연구원, 2011. 4.
알렉스 레이들로, 「서기2000년의 협동조합」, 한국협동조합연구소 역, 2000.
장원봉, 「소비자생활협동조합연합회의 공제조합운영에 관한 연구」, 아이쿱협동조합연구소, 2010.
장종익 외, 「친환경농업의 육성을 위한 지자체와 소비자생활협동조합의 협력방안」, 아이쿱협동조합연구소, 2011.
정은미 외, 「생협 경제사업의 성과와 정책과제=(The)economic fruits and policy tasks of consumer cooperatives in Korea」, 한국농촌경제연구원, 2011.
한창용, 「중소기업으로서의 협동조합의 가능성과 정책과제」, KIET(산업연구원), 2014.
허은영 외, 「문화예술 분야 협동조합 기초연구」, 한국문화관광연구원, 2012.
김란수, 「한국형 주택협동조합의 사회·경제적 실행 가능성과 제도 개선방안 연구」, 세종대 , 2013.
이용선, 「미국의 오렌지·포도산업」, 한국농촌경제연구원, 2004. 9.

정책자료

기획재정부 2012 협동조합 심포지엄, 기획재정부, 2012.
협동조합업무지침(제2012-15호), 기획재정부, 2012. 11.
협동조합업무지침, 기획재정부, 2014. 9.
한창용, 「중소기업으로서 협동조합의 가능성과 정책과제」ISSUE PAPER 2014-348, 산업연구원 (KIET), 2014.

기타

국내외 주요 협동조합 홈페이지